Olivier Kessler Hrsg.

Verlockung der Macht
Die Kunst, die offene Gesellschaft zu verteidigen

H0175831

Olivier Kessler Hrsg.

Verlockung der Macht
Die Kunst, die offene Gesellschaft zu verteidigen

Liberales Institut
1. Auflage
Zürich 2022

ISBN 978-3-952-55371-8

Umschlag: Jean-Baptiste Bernus, Liberales Institut
Korrektorat: Arnold Fröhlich

Printed in Switzerland

Für die freundliche Unterstützung dieser Publikation im
Rahmen des Projekts «Verlockung der Macht»
bedankt sich das Liberale Institut bei der Bonny Stiftung
für die Freiheit, Fondazione Fidinam, Reichmuth & Co,
Roman Roth sowie weiteren Unterstützern.

INHALT

EINFÜHRUNG

Machtskepsis als liberales Gebot

Olivier Kessler

Der Liberalismus ist die Philosophie der Freiheit. Liberalen geht es um das Erreichen und den Erhalt einer *offenen Gesellschaft*,[1] die sich durch individuelle Freiheitsrechte statt Kollektivismus, durch Vertragsfreiheit statt politische Befehle, durch Marktwirtschaft statt Planwirtschaft auszeichnet. Die Forschung zeigt, dass eine solche Ordnung zu wesentlich besseren Ergebnissen im Hinblick auf Frieden, Wohlstand, Fortschritt, Gerechtigkeit und Glück führt als *geschlossene Gesellschaften*. Deshalb erachten viele Liberale die Freiheit als ein geeignetes *Mittel*, um die oben erwähnten Zwecke zu erreichen. Freiheit wird aber oft auch als *Wert per se* erachtet, da sie ein wesentlicher Teil dessen ist, was es bedeutet, Mensch zu sein. Demnach ist die menschliche Würde untrennbar mit der individuellen Freiheit verbunden.

Im Hinblick auf das gesellschaftliche und politische Leben bedeutet Freiheit im liberalen Sinne die Minimierung menschlichen Zwangs. Es geht dabei nicht um natürliche Sachzwänge wie etwa die Notwendigkeit zu Atmen, Trinken oder Essen, sondern um menschliche Gewaltandrohung und -anwendung. Jeder soll seine Entscheidungen, was er mit seinem Körper und rechtmässig[2] erlangten Eigentum tun möchte, nach

---

[1] Dieser Begriff wurde von Karl R. Popper (1957) geprägt und in seinem Buch *Die offene Gesellschaft und ihre Feinde* detailliert beschrieben.

[2] «Rechtmässig» meint in diesem Zusammenhang, dass man den entsprechenden Eigentumstitel entweder durch ursprüngliche Erstaneignung (also Ressourcen, die zuvor von niemandem beansprucht wurden) oder freiwillig abgeschlossenen Vertrag (wie z.B. Kauf- oder Schenkungsverträge) erlangt, also durch friedliches oder freundliches Handeln. «Unrechtmässig» wäre der Eigentumstitel, wenn er durch eine feindliche Handlung wie etwa Raub,

eigenem Gutdünken treffen dürfen, solange er keinen Zwang gegenüber anderen Menschen anwendet. Dem zugrunde liegt das humanistische Ideal, wonach jeder Mensch Zweck per se sein soll, und nicht Mittel für die Zwecke anderer, zumindest nicht unfreiwillig.

Die Freiheit kann sinnvollerweise also nur durch ihre Abwehrrechte (gegen Zwang) definiert und universell durchgesetzt werden. Der Ökonom Roland Baader (1940–2012) formulierte es so:

> *«Das einzig wahre Menschenrecht ist das Recht, in Ruhe gelassen zu werden – von jedem, den man nicht eingeladen hat oder den man nicht willkommen heisst.»*

Nach liberaler Auffassung meint Freiheit nicht die Möglichkeit, etwas zu tun, wenn einem die dafür nötigen Mittel fehlen. Dies ist das sozialistische Verständnis von «Freiheit», dass in einem diametralen Widerspruch zum liberalen Freiheitsverständnis steht. Denn zur Durchsetzung solcher «Anspruchsrechte» müssten zentrale Abwehrrechte verletzt werden.[3] Es geht hier beispielsweise um Forderungen wie kostenlose Bildung und medizinische Versorgung oder ein «bedingungsloses Grundeinkommen». Denn die Gewährleistung von solchen sozialistischen «Freiheiten» erfordern Zwangsmassnahmen (Androhung eines Übels oder die Anwendung von Gewalt) gegen jene, die solche politischen Begehrlichkeiten gegen ihren Willen finanzieren oder durch unbezahlte oder unterbezahlte Arbeit bereitstellen sollen. Dies wiederum stellt einen fundamentalen Eingriff in den Grundgehalt der individuellen Freiheit dar und würde voraussetzen, andere Men-

---

Diebstahl, Drohung oder Täuschung erlangt worden wäre. Zur Unterscheidung zwischen friedlichem, freundlichem und feindlichem Handeln siehe: Andreas Tiedtke (2021). *Der Kompass zum lebendigen Leben*. München: Finanzbuchverlag.

[3] Vgl. dazu: Olivier Kessler (Juli 2017). *Die problematische Sozialdemokratisierung der Menschenrechte*. Liberales Institut. Abrufbar unter: https://www.libinst.ch/?i=die-problematische-sozialdemokratisierung-der-menschenrechte

schen gerade nicht «in Ruhe zu lassen», sondern sie zu terrorisieren. Die liberale Freiheitsdefinition kommt ohne Macht aus, die sozialistische hingegen erfordert Macht – sehr viel Macht sogar.

Macht als ärgste Widersacherin des Liberalismus

Dass die friedensstiftende, freiheits- und wohlstandsfördernde liberale Vision bislang noch nirgendwo auf der Welt konsequent umgesetzt werden konnte, liegt vor allem an ihrer ärgsten und hartnäckigsten Widersacherin: der Verlockung der Macht.

Wenn wir uns in diesem Werk mit *Macht* befassen, so ist damit nicht die Autorität einer Vorbilds- oder Vertrauensperson gemeint, die ein Mensch aufgrund seiner Erfahrung, Werte, Rolle, Ausstrahlung, Handlungen,[4] oder seines Wissensvorsprungs erlangen kann. Gewiss hat ein charismatischer Popstar oder Instagram-Influencer das Potenzial, Millionen von Fans zu beeinflussen, genauso wie ein wortgewandter Intellektueller auf die öffentliche Meinung einwirkt. Natürlich hat auch ein Arzt «Macht» über seine Patienten, ein Vorgesetzter über seine Untergebenen, eine Ehefrau über ihren Ehemann und umgekehrt. Mahatma Gandhi (1869–1948) war sogar überzeugt, die Liebe sei «die stärkste Macht der Welt». Doch wir wollen bei diesen Phänomenen in Abgrenzung zu unserem engeren Verständnis von Macht von *natürlicher Autorität* sprechen, weil sie nicht auf menschlichem Zwang basieren. Ein Patient kann seinen Hausarzt bei Unzufriedenheit wechseln. Ein Angestellter kann seinen freiwillig eingegangenen Arbeitsvertrag auflösen und sich eine andere Stelle suchen. Eheleute haben die Möglichkeit, sich scheiden zu lassen. All diese Beziehungen beruhen nicht auf Gewaltandrohung oder Gewaltanwendung, sondern auf Freiwilligkeit.

---

[4] Solange es nicht um zwangsinitiierende Handlungen geht.

Wenn also *Macht* als Hauptwidersacherin des Liberalismus beschrieben wird, so ist damit jene Macht gemeint, die es einem Einzelnen oder einer Gruppe von Menschen erlaubt, anderen ihren Willen durch die Androhung oder Ausübung physischer Gewalt aufzunötigen. Es geht nicht um die Fähigkeit, seine Mitmenschen mit guten Argumenten oder Angeboten (die sie ablehnen können) zu überzeugen, sondern diese gegen ihren Willen zu Handlungen oder Unterlassungen zu zwingen (die sie ablehnen würden, wenn sie die freie Wahl hätten). Die Machtfülle bestimmt sich folglich durch das Angriffspotenzial.

In der Geschichte bis und mit heute wurde Macht mit wandelnden Argumenten legitimiert. Oftmals geht die Rechtfertigung für eine «legalisierte» Zwangsanwendung durch den Staat mit der Verabsolutierung eines Werts einher. Irgendetwas – sei es eine Ideologie, eine Religion, eine wissenschaftliche Disziplin oder Studie, die Sicherheit, die Umwelt, das Klima, die Gesundheit etc. – wird dabei verklärt und als wichtiger als alle anderen Werte dargestellt, weshalb man diesem um jeden Preis (meist ist dieser Preis die Freiheit) mit politischem Zwang zur Durchsetzung verhelfen müsse. Verschiedene Interessengruppen favorisieren, gewichten, priorisieren dabei unterschiedliche Werte. Wenn viele dieser Gruppen auf staatlichen Zwang als Durchsetzungsinstrument ihrer Interessen setzen, ist das Ergebnis eine wachsende Machtballung beim Staatsapparat und eine zunehmende Entmachtung der Bürger in immer mehr Lebensbereichen – ein Phänomen, dass wir heute vielerorts beobachten können.

Je mehr Zwang in einer Gesellschaft verbreitet ist, desto stärker ist die individuelle Freiheit eingeschränkt und desto schlechter steht es um den Frieden, Wohlstand und das Glück. Das Ziel muss es deshalb sein, Macht, respektive die problematische Zwangsausübung in der Gesellschaft auf ein absolutes Minimum zu reduzieren, damit es allen willigen Individuen möglich ist, ein selbstbestimmtes Leben in Eigenverantwortung zu führen und so ihre selbstgesetzte Zielen mit eigens definierten Mitteln zu erreichen.

Ganz ohne Zwang geht es nicht

Es ist offensichtlich, dass eine exzessive Zwangsanwendung negative Folgen hat. Dennoch sollte man sich nicht der Illusion hingeben, Zwang könne gänzlich überwunden werden. In unserer imperfekten Welt, die von fehlerhaften Menschen, aber auch einigen Personen mit krimineller Energie besiedelt wird, dürfte dies eine unerreichbare Utopie darstellen. Eine gewisse Form der Zwangsausübung ist wohl unvermeidlich, um Zwang möglichst weit zu reduzieren. Nobelpreisträger Friedrich August von Hayek (1899–1992) meinte:

«Zwang kann nicht [...] völlig vermieden werden, weil die einzige Methode, ihn zu verhindern, die Androhung von Zwang ist.»[5]

Der grosse Ökonom des 20. Jahrhunderts, Ludwig von Mises (1881–1973), argumentierte in seinem Werk *Liberalismus* ähnlich:

«Der Liberalismus ist sich darüber ganz klar, dass ohne Zwangsanwendung der Bestand der Gesellschaft gefährdet wäre, und dass hinter den Regeln, deren Befolgung notwendig ist, um die friedliche menschliche Kooperation zu sichern, die Androhung der Gewalt stehen muss, soll nicht jeder einzelne imstande sein, den ganzen Gesellschaftsbau zu zerstören.»[6]

Dabei darf allerdings nicht vergessen werden, dass diejenigen, die eine Zwangsausübung mit der tatsächlichen oder vermeintlichen Fehlerhaftigkeit ihrer Mitmenschen zu

---

[5] Friedrich August von Hayek (1960). *Die Verfassung der Freiheit*, Band 3, Abt. B der gesammelten Schriften von F. A. von Hayek, Tübingen: Mohr Siebeck. S. 29.

[6] Ludwig von Mises (1927). *Liberalismus*. Jena: Gustav Fischer. S. 33.

rechtfertigen versuchen, genauso fehlerhafte Wesen sind und sich somit der Zwangseingriff selbst als grösster Fehler herausstellen könnte. Abraham Lincoln (1809–1865) hielt folgerichtig fest, dass kein Mensch gut genug sei, «einen anderen Menschen ohne dessen Zustimmung zu regieren».

Das Handeln seiner Mitmenschen als «fehlerhaft» oder sogar als «irrational» zu bezeichnen, ist ein rein subjektiver (und deshalb willkürlicher) Standpunkt, der keine objektive Legitimation dafür schafft, dass man den anderen durch Drohung oder Gewalt zu einer Verhaltensanpassung nötigen darf. Das Handeln ist aus Sicht des Handelnden immer rational, weil *a priori* niemand handeln würde, wenn er damit nicht seine Unzufriedenheit reduzieren oder seine Zufriedenheit erhöhen würde. Zwangsweise auf das Verhalten seiner Mitmenschen einzuwirken, ohne dass diese sich zuvor feindlich verhalten hätten, ist daher selbst eine feindliche Handlung.[7] Dass es einige Akteure in der Gesellschaft dennoch schaffen, solche feindlichen Handlungen vorzunehmen und damit durchzukommen, ohne bestraft zu werden, hat entscheidend mit ihrer Machtfülle zu tun.

Politische Fehler haben zudem ein wesentlich grösseres Schadenpotenzial, weil fehlerhaftes Handeln durch staatliche Befehle allen aufgezwungen wird und sich diese dadurch multiplizieren. Der Schaden hingegen, der durch individuelles Handeln angerichtet werden kann, bleibt aufgrund geringerer Multiplikatoreffekte tendenziell überschaubarer.

Die grosse Herausforderung besteht also darin, eine gesunde Balance zu finden. Zwang darf möglichst nur dort angewendet werden, wo es der Eindämmung von Zwang dient.

---

[7] Feindlich meint in diesem Zusammenhang eine Handlung, die Drohung, Zwang, Gewalt oder Täuschung beinhaltet. Vgl. dazu: Andreas Tiedtke (2021). *Der Kompass zum lebendigen Leben*. München: Finanzbuchverlag.

Zwangsanwendung als dominierendes Element illiberaler Politik

Für die «Sozialisten in allen Parteien» (F. A. Hayek) stellt Zwang das Kernelement ihrer Politik dar: Es wird versucht, den eigenen Vorlieben und Geschmäckern mittels Gebote, Verbote oder Umverteilung zum Durchbruch zu verhelfen, weil man die Andersartigkeit seiner Mitmenschen nicht erträgt oder die Ergebnisse freiwilliger menschlicher Interaktion nicht zu akzeptieren bereit ist. Auch dann, wenn der Einzelne anderen keinen Schaden zufügt, keinen Zwang anwendet und ihnen nichts wegnimmt, wird er in illiberalen politischen Systemen genötigt, sich dem Willen derjenigen zu unterwerfen, die aktuell die Macht über das Gewaltmonopol innehaben und allen ein bestimmtes Verhalten diktieren wollen.

Doch nach Ludwig von Mises muss es ein freier Mensch «ertragen können, dass seine Mitmenschen anders handeln und anders leben, als er es für richtig hält, und muss es sich abgewöhnen, sobald ihm etwas nicht gefällt, nach der Polizei zu rufen».[8] Denn wer sich nicht an diesen Kategorischen Imperativ Immanuel Kants hält und den Lebensstil anderer durch Zwangsausübung unterdrücken will, muss auch damit rechnen, dass die eigene Lebensart früher oder später von anderen verboten wird.

Einzig unter Liberalen besteht Einigkeit darüber, dass Zwang grundsätzlich eine lästige und schädliche Angelegenheit ist. Sie sind sich darüber im Klaren, dass Zwangsanwendung Konflikte schürt und Entwicklungsmöglichkeiten behindert, weil die individuelle Wahlfreiheit eingeschränkt wird und damit auch die Potenziale des «Wissens der vielen» nicht zur Blüte kommen können, was andernfalls zu höheren Lebensstandards und einer Reduktion der Armut geführt hätte. Zwang darf deshalb nur zur Verminderung von Zwang angedroht oder angewendet werden, jedoch keinesfalls, um die

---

[8] Ludwig von Mises (4. Auflage, 2006, Ersterscheinung: 1927). *Liberalismus*. Sankt Augustin: Academia Verlag. S. 48.

individuelle Freiheit und das wohlerworbene Eigentum zu gefährden, ohne dass die Bedrohten ursprünglich selbst Zwangsmassnahmen initiiert und damit gegen das Nichtaggressionsprinzip verstossen hätten.

Wenn der Regeldurchsetzer zum Tyrannen wird

Woran soll sich jener orientieren, der Zwang anwenden will, um Zwang in der Gesellschaft zu minimieren, damit seine Handlungen den Umfang des gesellschaftlichen Zwangs am Ende nicht erhöht?

Der Antwort auf diese Frage können wir uns am ehesten annähern, indem wir uns fragen, welche verschiedenen Arten von Zwängen es gibt und welche sinnvollerweise durch einen Regeldurchsetzer verhindert werden sollen. Entscheidet man sich dafür, dass Zwangsanwendung mit einer institutionalisierten Form der Zwangsanwendung (wie den Staat) bekämpfen will, so muss man sich bewusst sein, dass die Macht der Regeldurchsetzungsorgane (und damit die Gefahr des Machtmissbrauchs) umso grösser wird, je weniger eng der Definitionsbereich des Zwangsbegriffs gefasst ist. Denn je öfter die so definierten Zwänge in der Gesellschaft vorkommen,[9] desto mehr müsste der Regeldurchsetzer Zwang anwenden, um Zwang zu verhindern.

Damit ist schon einmal klar: Es braucht einen eng definierten Zwangsbegriff, wenn man der Entartung und Pervertierung der Regeldurchsetzer zuvorkommen will. Kann eine Machtakkumulation nicht von Vornherein ausgeschlossen werden, wird das System früher oder später ins Totalitäre abgleiten, also eine in alle Lebensbereiche hineinbefehlende Politik. Weil es keine absolute Sicherheit geben kann, gilt es

---

[9] Sie kommen deshalb öfter vor, weil bei einer weniger engen Definition von «Zwang» mehr Handlungen als «zu bekämpfende Zwangshandlungen» kategorisiert werden, nicht weil die Handlungen per se mehr oder weniger vorkommen würden.

demütig zu akzeptieren, dass ein Regeldurchsetzungsorgan nicht jede Form des Zwangs verhindern kann und soll.

Drei Arten des Zwangs

Allgemein bedeutet der Begriff *Zwang* die Androhung oder Zufügung eines objektiv schweren Nachteils, sodass ein Individuum, das ohne diesen Zwang anders gehandelt hätte, nun ausschliesslich nach dem Willen eines anderen handelt, anstelle seines eigenen. Der objektiv schwere Nachteil besteht dabei in einer Verletzung von Leib, Leben und Eigentum des Menschen.

Konkreter lässt sich dieser Zwang in drei Arten unterteilen. Erstens gibt es den *Regeldurchsetzungszwang*, der allein der Durchsetzung allgemeiner Rechtsregeln dient. Besteht die Funktion dieser Rechtsregeln darin, schweren Zwang in der Gesellschaft zu verhindern, ist der Regeldurchsetzungszwang Voraussetzung der individuellen Freiheit und des Friedens.[10]

Zweitens gibt es den *staatlichen Zwang*, welcher (wie der Regeldurchsetzungszwang) die Androhung oder Anwendung von Gewalt beinhaltet. In Abgrenzung zum Regeldurchsetzungszwang dient dieser staatliche Zwang jedoch nicht der Eindämmung von Zwang in der Gesellschaft. Vielmehr wird Zwang angewendet, um die Menschen zu einem von der politischen Klasse gewollten Verhalten zu nötigen oder ihnen

---

[10] In der Regel geht man davon aus, dass diese Regeln von einem Staat durchgesetzt werden müssen. Viele klassisch Liberale sehen darin die einzig legitime Staatsaufgabe, weil es letztlich um die Sicherung der individuellen Freiheit geht. Doch es sind auch andere Formen der Regeldurchsetzung denkbar, wie z.B. die freiwillige Kooperation von Privaten, die sich gegen feindliches Handeln verbünden und gemeinsam dagegenhalten, indem sie ihre Kräfte bündeln. Die Idee dieser Solidarisierung ist es, ein genügend grosses Potenzial für allfällige Vergeltungsmassnahmen gegen Kriminelle zu schaffen, sodass diese die Kosten einer feindlichen Handlung als höher einschätzen als der mögliche Ertrag und deshalb vom kriminellen Akt absehen.

einen bestimmten Lebensstil vorzuschreiben. Hierbei handelt
es sich aus liberaler Sicht um verwerflichen Zwang. Eine der-
artige Zwangsanwendung unterscheidet sich letztlich kaum
vom «Recht des Stärkeren» in einer barbarischen Gesellschaft:
In beiden Fällen wird Gewalt zur Durchsetzung von Sonderinteressen auf Kosten anderer angedroht oder angewendet, anstatt zur Gewährleistung einer der Allgemeinheit dienenden,
gerechten Ordnung. Dass die Gewaltandroher oder -anwender
oftmals dennoch behaupten, im allgemeinen Interesse zu handeln, ändert nichts an der Tatsache, dass ihre Handlungen anderen Menschen gegenüber einen feindlichen Charakter aufweisen.

Drittens gibt es auch noch den *privaten Zwang*, der aus
liberaler Optik ebenfalls verwerflich ist. Dieser zeichnet sich
dadurch aus, dass der Zwingende das staatliche Gewaltmonopol *nicht* hinter sich weiss. Jedoch stellt auch er einen anderen
vor die Wahl, sich entweder seinem Willen zu unterwerfen
oder schwere Nachteile zu erleiden. Friedrich August von
Hayek schlug vor, dass nur der *schwere* private Zwang sinnvollerweise durch die Anwendung eines Regeldurchsetzungs-
zwangs verhindert werden sollte.[11] Denn in anderen Fällen des
leichteren Zwangs, in welchen die angedrohten Nachteile weniger gravierend sind, müsste ein staatlicher Regeldurchsetzer
zur Verhinderung dieses milden Zwangs mehr Zwang ausüben (z.B. den Bürgern zwangsweise noch mehr Steuergelder
abnehmen, um die staatlichen Kontroll- und Überwachungsor-
gane finanzieren zu können), als er damit verhindern könnte,
womit er mehr Schaden als Nutzen stiften würde.

Während es unter Liberalen bereits umstritten ist, ob
man die Bekämpfung des *schweren* Zwangs einem Staatsapparat mit Gewaltmonopol und dem Recht auf Besteuerung delegieren sollte, so darf die Bekämpfung des *milderen* Zwangs aus
Sicht aller liberaler Strömungen erst recht keine Staatsaufgabe

---

[11] Philipp Batthyány (2007). *Zwang als Grundübel in der Gesellschaft?* Tübingen:
Mohr Siebeck. S. 5.

sein. Vielmehr sollten sich die Akteure der Zivilgesellschaft (also nicht-staatliche Akteure) darum kümmern und dort, wo es möglich ist, mit verhältnismässigen und geeigneten Massnahmen gegensteuern.

Definitionsschwierigkeiten

Im Hinblick auf die Definition von schwerem und mildem Zwang bestehen allerdings einige ernstzunehmende Herausforderung. Aus der Praxeologie – der Lehre vom menschlichen Handeln, die von Ludwig von Mises begründet wurde – wissen wir, dass Nutzen und Schaden keine objektiv bezifferbaren, sondern persönliche und subjektive Werte sind. Was für den einen schwer wiegt, mag für den anderen weniger schlimm sein, während es in einem anderen Fall gerade umgekehrt sein mag. Nutzen und Schaden sind deshalb auch nicht interpersönlich vergleichbar, weil es keine Masseinheit wie Meter, Liter oder Gramm gäbe, mit welcher man sie nach einem objektiven Standard ordnen könnte.

Die Schwierigkeit besteht deshalb darin, dass man nicht mit objektiven Standards definieren kann, was *schwerer* und was *leichter* Zwang ist, sondern dass auch dieses Unterfangen eine Frage der subjektiven Bewertung (resp. der Willkür) ist. Wir kommen damit wieder zur Frage, wer die Macht hat (und ob überhaupt jemand diese Macht haben soll), diese Standards in allgemeinverbindlichen Gesetzen festzuschreiben, weil es dadurch immer Gewinner und Verlierer und somit ungelöste Konflikte gibt. Offensichtlich verstrickt man sich in Widersprüche, wenn man vom klassisch liberalen Ideal ausgeht, wonach alle frei und gleich an Naturrechten geboren werden, und man gleichzeitig eine staatliche Ordnung fordert, die frei von Willkür sein sollte. Denn dies stellt praxeologisch ein unmögliches Unterfangen dar.

Diesen Schwierigkeiten zum Trotz besteht auch das klassisch liberale Ideal – in Abgrenzung zu illiberalen Positionen – grundsätzlich in einer Gesellschaft, die sich auf den Regeldurchsetzungszwang beschränkt, um den verwerflichen und schädlichen Zwang (die Androhung oder Durchführung von Angriffen auf Leib, Leben und Eigentum) so weit wie möglich zu minimieren.

Soweit zum Soll-Zustand aus liberaler Sicht. Kommen wir nun zum Ist-Zustand und zur Frage, wie man von hier ausgehend zum Soll-Zustand gelangen könnte.

Ausbreitung des öffentlichen Rechts

Vom liberalen Ideal haben wir uns heute weit entfernt. Es ist kaum ein Bereich unseres Lebens mehr übrig, in welchem der Staat nicht illegitimen Zwang auf die Bürger ausübt, um die Geschmäcker, Präferenzen und Sonderinteressen jener Gruppen für allgemeinverbindlich zu erklären, die das staatliche Gewaltmonopol am stärksten zu beeinflussen und kontrollieren vermögen.

So werden wir etwa zur Finanzierung von Opern und Theatern angehalten, zur Unterstützung von Landwirten und taumelnden Banken, zur Leistung von «Entwicklungshilfe» an Diktatoren und Kohäsionsmilliarden an die EU, zur Bezahlung überrissener Beamtensaläre, dreister Behördenpropaganda und einseitig berichtenden Medien, zur Finanzierung von an reiche Günstlinge vermietete «Sozialwohnungen»[12] bis hin zum städtischen Fahrradverleih, der die private Konkurrenz aus dem Markt drängt. Wir werden genötigt, Gender-Lehrstühle und NGOs zu unterstützen, die mit unserem Geld oftmals teure Abstimmungskämpfe gegen unsere eigenen Überzeugungen betreiben. Ohne staatliche Lizenzen werden uns viele Berufe und Tätigkeiten verboten, die von anderen freiwillig nachgefragt würden. Es gibt den Krankenkassenzwang, den AHV-Zwang (bei Angestellten auch den Pensionskassen-

---

[12] Vgl. dazu: Pierre Bessard und Olivier Kessler (2020). *64 Klischees der Politik: Klarsicht ohne rosarote Brille.* Zürich: Edition Liberales Institut. S. 205-208.

zwang), den Annahmezwang bei Zahlungen in staatlicher Währung, den Schulzwang, den Militärdienst-, Zivildienst oder Zivilschutzzwang und so weiter und so fort.

Dass heute grosse Teile unseres Systems den Charakter einer Befehlswirtschaft aufweisen, ist kein Zufall, wie der Publizist Henry Hazlitt (1894–1993) betont: Der Staat habe einen unstillbaren Appetit und Drang, seine Kompetenzen, Befugnisse und Zwangsinstrumente ständig auszudehnen. Selbst wenn man ihm lediglich Kompetenzen im Bereich der Bereitstellung von Sicherheit einräumen wollte, so sei eine Versuchung zur Machtausweitung realistischerweise dennoch ständig zu erwarten:

«Wir brauchen einen Staat, um innerer und äusserer Gewalt und Aggression vorzubeugen oder sie zu minimieren und um den Frieden zu erhalten. Jedoch sind wir verpflichtet, anzuerkennen, dass keiner Gruppe von Menschen vollständige Macht anvertraut werden kann. Alle Macht unterliegt dem Missbrauch, und je grösser die Macht, desto grösser die Wahrscheinlichkeit des Missbrauchs. Aus diesem Grund sollten dem Staat nur minimale Befugnisse eingeräumt werden. Allerdings war die Neigung jeder Regierung allenthalben, selbst die minimalen Befugnisse dazu zu nutzen, ihre Zuständigkeiten auszuweiten. Und jede Regierung wird mit Sicherheit grosse Kräfte aufwenden, um noch grössere Vollmachten zu usurpieren.»

Diese Tendenzen spiegeln sich auch im Recht wider: Das öffentliche Recht, das durch eine Untertanenbeziehung zwischen staatlichen Akteuren (denen man eine privilegierte Position einräumt) und Bürgern gekennzeichnet ist, dehnt sich auf Kosten des alle Parteien gleichbehandelnden Privatrechts immer weiter aus. Diese Entwicklung geht auf Kosten der Freiheit der Bürger. Die Macht des Staates wächst auf immer ungesundere Weise. Was sind die Gründe dafür? Und wie kann man diesen Trend abbremsen, stoppen und umkehren? Davon handelt dieses Buch.

Die Illusion des allgemeinwohlorientierten Machthabers

Weit verbreitet ist der Glaube, die Tendenz zur Unfreiheit hänge vor allem mit dem aktuellen politischen Personal zusammen. Dieses sei unfähig, der falschen Partei zugehörig oder korrupt. Sobald man dieses ausgewechselt habe, werde alles gut. Politische Wahlen verkommen unter dieser Prämisse zu einem Schicksalsakt und einem grandiosen Spektakel, zu dessen Beeinflussung unvorstellbar hohe Summen fliessen. Doch was, wenn die Tendenz zur wachsenden Unfreiheit gar nicht primär an Personalfragen, sondern am System selbst liegt? Was, wenn auch die noch so nobelsten und hehrsten Vorsätze der Politiker durch Anreize innerhalb der staatlichen Maschinerie korrumpiert werden?

Tatsächlich ändern Wahlen meistens nur sehr wenig an der Tatsache, dass der Einfluss des Staates unweigerlich wächst. Die Eigeninteressen der gewählten politischen Entscheidungsträger divergieren (unabhängig der Parteizugehörigkeit) oft nur minim. Dazu gehören die Wiederwahl sowie die Maximierung des eigenen Einflusses und Einkommens. Auch wenn es historisch vereinzelt herausragende, entschlossene und umsetzungsstarke Persönlichkeiten wie etwa Margaret Thatcher (1925–2013) gegeben haben mag, die der Politik ihres Landes einen liberalen Stempel aufzudrücken vermochten, so ist dies doch eher die Ausnahme als die Regel. So warnte der Philosoph Karl R. Popper (1902–1994) vor der Fokussierung auf das politische Personal:

> *«Es scheint mir Wahnsinn, alle unsere politischen Bemühungen auf die schwache Hoffnung zu gründen, dass die Auswahl hervorragender oder auch nur kompetenter Herrscher von Erfolg begleitet sein wird.»*[13]

---

[13] Karl R. Popper (6. Aufl., 1980, Erstauflage: 1957). *Die offene Gesellschaft und ihre Feinde*. Bern: Francke. S. 172.

In seinem Buch *Macht: Wie Erfolge uns verändern* zeigt der Psychologieprofessor Ian Robertson, weshalb die Hoffnung auf wohlwollende politische Machthaber meist enttäuscht wird: Je grösser die Macht eines Entscheidungsträgers sei, desto stärker werde seine Gehirnfunktion geschädigt, was ihn zu Korruption und Machtmissbrauch treibe.[14] Grund dafür sei unter anderem der Testosteronspiegel im Blut, der umso höher sei, je weiter oben man sich in einer Hierarchie befinde.[15] Ein hoher Testosteronspiegel mache die Machthaber egozentrischer und empathieloser gegenüber der Sichtweise anderer.[16] Die Mitmenschen verkämen dabei in der Wahrnehmung der Machthaber zunehmend zu Objekten und Werkzeugen, die man *benutzen* dürfe.[17] Dies gelte umso mehr nach einer gewonnenen Wahl, wie Robertson schreibt:

> *«Eine der grössten Gefahren für die Welt entspringt dem Testosteronschub im Blut machthungriger Spitzenpolitiker nach einem Sieg. Dieser Hormonschub ist wie ein Rausch. Wie ein Bergsteiger, der immer nach dem nächsten, noch gefährlicheren Gipfel Ausschau hält, findet es der machtgierige Politiker schwierig, sich mit den Mühen der Ebene aufzuhalten und ganz gewöhnliche Alltagspolitik zu betreiben – er will dieses chemische Hochgefühl, das ihm ein spektakulärer Sieg bringt. Leider muss bei dieser Droge, wie bei allen Drogen, der nächste Schuss stärker sein, um die gleiche Wirkung hervorzubringen.»*[18]

Schranken der Machtausübung

Da längerfristig weniger ins Gewicht fällt, *wer* die Macht hat, sondern es das Hauptproblem ist, dass überhaupt jemand die Macht hat, über andere Menschen zu bestimmen, wollen wir

---

[14] Ian Robertson (2013). *Macht: Wie Erfolge uns verändern*. München: dtv. S. 311.
[15] a. a. O., S. 120.
[16] a. a. O., S. 126.
[17] a. a. O., S. 275.
[18] a. a. O., S. 147.

uns in diesem Buch der Frage zuwenden, wie man Macht grundsätzlich eindämmen könnte. Mit welchen Strategien könnte der heute omnipräsente Missbrauch staatlicher Zwangsanwendung minimiert oder sogar beseitigt werden? Eine denkbare Möglichkeit ist der Appell zur Besinnung auf die Ethik, also die Hoffnung auf Einsicht der Machthaber und auf freiwilligen Machtverzicht, wenn sie auf den Nutzen für die Allgemeinheit hingewiesen werden, der eine solche Selbstbeschränkung mit sich brächte. Dabei könnte die *Goldene Regel* ein guter Leitstern sein: «Was du nicht willst, dass man dir tu, das füg' auch keinem andern zu.» Niemand wird gerne von einem anderen Menschen herumgeschubst oder gezwungen, gegen den eigenen Willen und die eigenen Überzeugungen zu handeln. Dieser Erkenntnis zufolge dürfte man als Machthaber auch keine Mitmenschen zu irgendwelchen Handlungen oder Unterlassungen zwingen, die nicht dem Schutz von Leben, Eigentum und Freiheit dienen.

So löblich und zielführend eine Rückbesinnung auf ethisch besseres Verhalten im Hinblick auf die Zwangsreduktion in der Gesellschaft sein mag, so wäre es doch reichlich naiv, sich allein darauf zu verlassen. Vielmehr braucht es — ergänzend zu den inneren Grenzen der Machtausübung — auch äussere Grenzen, welche die Möglichkeiten der Zwangsanwendung beschränken.

Gesucht sind raffinierte Mechanismen und Anreize, um die Staatsgewalt nachhaltig im Zaum zu halten. Dieser anspruchsvollen Aufgabe, solche Machtausübungsgrenzen zu entwickeln und zu skizzieren, nehmen sich die Autoren in diesem Buch an. Je mehr solche Mechanismen implementiert werden, desto robuster dürften die offene Gesellschaft und die freie Marktwirtschaft werden und desto eher scheint das Ziel einer friedlichen, prosperierenden und freien Ordnung in greifbare Nähe zu rücken. Es lohnt sich jedenfalls, darüber nachzudenken. Es freut mich, dass Sie, geschätzte Leserin, geschätzter Leser, uns bei diesem wichtigen Unterfangen begleiten.

******

Den Einstieg macht Stefan Blankertz, der den Begriff der Macht genauer unter die Lupe nimmt und die Mechanismen durchleuchtet, welche zu Machtunterschieden führen. Letztlich verlaufe der Machtkampf unserer heutigen Zeit zwischen jenen Gruppen, welchen die Staatstätigkeit unter dem Strich nütze und jenen, welchen sie schade. Ein zentrales Mittel zur Durchsetzung von Sonderinteressen auf Kosten anderer sei es, den Eigennutz durch ein Mäntelchen des vermeintlichen Allgemeinnutzes zu tarnen, um den Widerstand der Geschädigten gegen die diskriminierenden Massnahmen zu verringern.

Im ersten Kapitel befasst sich Urs Leemann mit einer zentralen Ursache der wachsenden staatlichen Macht: einem weit verbreiteten, aber problematischen Gleichheitsverständnis, wonach Differenzen als Ungerechtigkeit empfunden werden und der Korrektur durch eine starke Stelle bedürfen: dem Staat. Es gelte, dieses Gleichheitsideal durch ein positiveres zu ersetzen. Auf einen weiteren konkreten Vorschlag zur Limitierung der staatlichen Einmischung geht Florian Follert in seinem Text ein: die Politikerhaftung. Richtig ausgestaltet könnte eine solche Politiker präventiv davon abhalten, fatale Entscheide zu fällen, deren Konsequenzen dann nicht sie, sondern die Allgemeinheit auszubaden habe. In meinem eigenen Beitrag schlage ich eine Trennung von Medien und Staat vor, weil alles andere mit grosser Wahrscheinlichkeit zu einer Korrumpierung des (macht)kritischen Journalismus führt, ohne welchen der Erhalt der offenen Gesellschaft schwierig bis unmöglich sein dürfte.

Im zweiten Kapitel befassen sich die Autoren mit dem Potenzial des politischen Wettbewerbs bei der Begrenzung der

Macht. Jürg Marcel Tiefenthal zeigt, wie eine konkrete Verfassungsreform zur Stärkung des Föderalismus aussehen könnte. Doch der politische Wettbewerb ist nicht nur innerhalb nationaler Grenzen entscheidend, wie Philip Bagus und Andreas Marquart belegen. Sie führen uns eindrücklich vor Augen, warum kleine Gebietskörperschaften aus Sicht der Bürger grundsätzlich besser und Bestrebungen zur Dezentralisierung entscheidend sind, um Machtallüren im Zaum zu halten. Robert Nef befasst sich in seinem Beitrag mit dem Machtbegrenzungspotenzial der Demokratie und gibt zu bedenken, dass die Demokratie aus sich heraus – entgegen weit verbreiteter Erwartungen – keine freiheitliche Ordnung garantiert. Stets müsse diese von einem dezentralen politischen Wettbewerb und einer entsprechenden liberalen Kultur flankiert sein, damit sie nicht zur Mehrheitsdiktatur ausarte, in welcher genauso Macht von Menschen über Menschen ausgeübt werde.

Der vor zwanzig Jahren verstorbene bedeutende Philosoph Robert Nozick (1938–2002) hielt das Nachdenken über Utopien für unverzichtbar. Im Gegensatz zu jenen Utopien, die sich der Frage widmen, wie sich eine Gesellschaft ernähren, kommunizieren, arbeiten sollte und wie man dies möglichst detailreguliert durchsetzen könne, war sich Nozick bewusst, dass es keine für alle Menschen gültige Lebensweise gibt, auf die sich alle einigen könnten. Deshalb plädierte er für einen Minimalstaat, der den Rahmen für verschiedene utopische Gemeinschaften bilden würde, die lediglich zwei Bedingungen erfüllen müssten: Sie dürften nicht aggressiv gegen andere Gemeinschaften sein, und sie dürften keinen Menschen gegen seinen Willen festhalten.

Über solche und weitere Utopien, die ein friedlicheres Zusammenleben jenseits von Zwangseinflüssen zum Ziel haben, denken die Autoren im dritten Kapitel nach. In meinem eigenen Beitrag zeige ich nicht nur auf, welche zentrale Rolle die Privateigentumsrechte für den Erhalt der offenen Gesellschaft haben, sondern versuche auch zu skizzieren, wie eine

Gesellschaft, die den vollständigen Schutz der Eigentumsrechte gewährleistet (also sozusagen die Utopie des hundert-
prozentig realisierten Kapitalismus), profitieren würde. Während viele Ansätze in diesem Buch gedanklich einen Minimalstaat voraussetzen, um die Freiheit und das Eigentum der Bürger besser zu schützen, weist Hans-Hermann Hoppe darauf
hin, dass der grösste Fehler genau dieses Festhalten an einem
staatlichen Gebilde mit Gewaltmonopol und Besteuerungsrecht sein könnte. Denn dabei handle es sich um einen enteig-
nenden Eigentumsschützer, der unweigerlich wachsen *müsse*.
David Dürr zeigt anschliessend, wie sich entschlossene Individuen vom Zugriff des Staates lösen könnten.

Abschliessend präsentiert Jesús Huerta de Soto Strategien, wie liberale Reformen in die Tat umgesetzt werden könnten. Auch wenn dies im aktuell sozialdemokratisierten öffentlichen Meinungsklima kaum realistisch erscheint, so macht
dieser Beitrag dennoch Mut und weist auf die durchaus intak-
ten Chancen der Freiheitsbewegung hin. Es wäre fehl am Platz,
den Einsatz für die Freiheit aufzugeben und in eine Art Nihilismus zu verfallen, weil gerade dies der sichere Untergang der
offenen Gesellschaft wäre. Wie heisst es doch so schön: «Wer
kämpft, kann verlieren. Wer nicht kämpft, hat schon verloren.»

EINSTIEG

Macht und Widerstand

Stefan Blankertz

Macht ist ein Wieselwort. Dass jemand an der Macht – oder am «Drücker» – sei, sagt man von einem Regierungschef, den das Volk oder dessen Repräsentanten wählten. Der «Machthaber» steht eher euphemistisch für einen Diktator. «Die Mächtigen» gehen meist mit «den Reichen» Hand in Hand und üben eine gesellschaftlich unerwünschte Übermacht aus. Wer dagegen «die Macht über seinen Wagen verliert», hat das Nachsehen und verursacht einen Unfall, bei dem andere oder er selber Schaden nehmen. Und wen die «Ohnmacht» umnachtet, ist nicht mehr Herr seiner selbst. Jeder, der etwas «macht», hat auch etwas Macht. Der Begriff «Machtmissbrauch» deutet darauf hin, dass es auch eine nicht-missbräuchliche Anwendung von Macht gibt. Oder verhält es sich gar so, dass dem Menschen – vielleicht allem Lebendigen – ein «Wille zur Macht» eignet?

Die Vielschichtigkeit von komplexen Begriffen erschwert die Debatte. Sie durch eine Definition zähmen zu wollen, schlägt allerdings regelmässig fehl. Zum einen lässt sich nichts definieren, ohne dabei nicht-definierte Worte zu verwenden; mithin verschiebt die Definition das Problem nur. «Ich verstehe im Folgenden unter ‹Macht› die Ausübung von politisch organisierter Kontrollgewalt.» Ausübung? Politisch? Organisiert? Kontrolle? Gewalt? Oder: «Ich verstehe im Folgenden unter ‹Macht› die Ausübung von gesellschaftlichem Einfluss.» Gesellschaftlich? Einfluss? Neben diesem erkenntnistheoretischen Problem aber bedeutet der Versuch der Zähmung von Vielschichtigkeit der Begriffe durch Definition zum anderen vor allem die Reduzierung von Komplexität auf

Kosten des möglichen Verständnisses eines in der Tat viel-
schichtigen Sachverhalts.

Insofern geht es im Folgenden zwar um die Anwendung des Machtbegriffs im politischen Bereich, jedoch umfasst
er sowohl die formalisierten Instanzen («staatlicher») Macht als
auch die Agenturen informell organisierter, gesellschaftlicher
(«privater») Macht. Und wo von «Ohnmacht» die Rede ist, ist
kein medizinischer Vorfall gemeint, sondern das Ausgeliefert-
sein eines Menschen oder einer Gruppe von Menschen an objektive Umgebungsbedingungen oder an ihnen fremde Machtverhältnisse.

Machtverhältnisse analysieren: Die Instrumentarien

Wenn wir gesellschaftliche Machtverhältnisse analysieren wollen, kommen wir offensichtlich nicht aus ohne Bezugnahme
auf soziale Gruppen. Ein Einzelner ist immer ohnmächtig gegenüber der ihn umgebenden Gesellschaft und den eventuell
herrschenden politisch-staatlichen Strukturen. Selbst der
mächtigste Potentat der Erde herrscht nicht ohne die Personen,
die ihm zuarbeiten, die seine Befehle durchsetzen, die ihm ge-
horchen und die sich nicht trauen, ihm Widerstand entgegenzusetzen.[1]

Ebenso wäre Widerstand nicht als isolierte Tat eines
Einzelnen wirkmächtig: Zwar kann die Tat eines Einzelnen das
Fanal zu einem Aufstand geben, als Startschuss fungieren, falls
andere seinem Beispiel folgen – folgt ihm freilich niemand, haben es die Häscher des Potentaten leicht, ihn auszuschalten.

---

[1] Am deutlichsten herausgearbeitet hat dies bereits Mitte des 16. Jahrhunderts
Étienne de La Boétie in seiner berühmten Schrift *Discours de la servitude volon-
taire*, dt. *Von der freiwilligen Knechtschaft*, verschiedene Ausgaben, z.B. hg. und
eingeleitet von Heinz-Joachim Heydorn (Frankfurt/M. 1968: EVA) oder in der
Übersetzung von Gustav Landauer (Frankfurt/M 2009: Trotzdem-Verlag). Eine
englische Ausgabe (*The Politics of Obedience: The Discouse of Voluntary Servitude*)
wurde von Murray Rothbard eingeleitet (New York 1975: Free Life Editions).

Doch sogar das ist vielleicht müssig. Denn sofern die einzelne Tat keine Bewunderer und Nachahmer in der Bevölkerung findet, braucht man sich überhaupt nicht mit ihm auseinanderzusetzen. Die Sache erledigt sich von allein.

Macht und Widerstand stellen zutiefst soziale Phänomene dar und lassen sich nur als solche analysieren.

Allerdings gibt es in der menschlichen Gesellschaft (im Unterschied zum Tierreich)[2] keine Macht ohne Widerstand. Macht muss sich immer gegen Widerstand durchsetzen. Darum sieht sich die Macht ständig gezwungen, ihre Wirkmächtigkeit zu «beweisen», das heisst, sie hat unter Beweis zu stellen, dass sie in der Lage ist, Widerstand gegebenenfalls zu überwinden. Wenn dieser Beweis ausbleibt, wird der Widerstand überhandnehmen.

Widerstand ist mithin «primäre Verhaltensweise», wie der Ethnologe Christian Sigrist es paradox formulierte.[3] Um die Richtigkeit dieser Aussage zu begreifen, brauchen wir nicht einmal, wie er es tat, in die sogenannte vorgeschichtliche Zeit der menschlichen Gesellschaft zurückzugehen. Denn wir beobachten zu keiner Zeit, dass Macht fraglos agiert, nicht herausgefordert wird und auf Drohgebärden im Fall von Widerstand verzichtet. Michel Foucault, der Philosoph der Macht nach Friedrich Nietzsche, wies darauf hin, dass die Macht sogar aktiv Anlässe schaffe, um den Beweis ihrer repressiven Kraft zur Schau zu stellen, damit bloss keiner es wagt, aufzumucken.[4]

---

[2] Vorformen von Widerstand finden sich wohl erst bei Primaten, deren Sozialstruktur meist eher von flachen und schnell wechselnden Hierarchien gekennzeichnet ist.

[3] Christian Sigrist, *Regulierte Anarchie* (Freiburg i. Br. 1967; Nachdrucke Frankfurt/M. 1979 und Münster 1994 mit jeweils wichtigen erweiternden Vorworten). Zu meiner Rezeption der Sigrist'schen Theorie vgl. Stefan Blankertz, *Einladung zur Freiheit: Werkbuch libertäre Theorie und Praxis*, Berlin 2020 (edition g. 118), S. 89f, S. 97-102, S. 182-186.

[4] Michel Foucault, *Überwachen und Strafen*, Frankfurt/M. 1976 (Suhrkamp).

Die Instrumente zur Analyse der Macht, die ich im Folgenden skizzieren möchte, sind der *Klassen-* und *Interessenbegriff* sowie die Begriffe *Zweckrationalität* und *Machtrationalität*.

Die Zweckrationalität der «Klasse»

Den Begriff der «Klasse» als gesellschaftlich-politisch bedeutsame Machtinstanz lehnten Liberale wie Ludwig von Mises und Anarchisten wie Murray Rothbard ab, da er sie zu sehr an den marxistischen Duktus erinnerte. Ludwig von Mises schlug stattdessen «Kaste» vor und Murray Rothbard schloss sich ihm als Lippenbekenntnis an,[5] um dann doch an den meisten Stellen von «Klassen» zu sprechen. «Kaste» mit ihrem Verweis auf das indische Sozialsystem starrer Schichtungen ist allerdings

---

[5] Vgl. Murray Rothbard, *Macht und Markt* (1970), Band 3 von *Mensch, Wirtschaft und Staat*, Wien 2021 (mises.at), S. 963. Für mich definiert Rothbard «Klasse» richtig so: «Der Föderalist James Madison wird sowohl von Marxisten als auch von Konservativen dafür gepriesen, Aussagen wie die folgende gemacht zu haben: ‹Das Interesse der Landbesitzer, der Manufakturen, der Händler, der Finanziers reift zusammen mit weiteren weniger wichtigen Interessen notwendigerweise in zivilisierten Nationen heran und teilt sie in unterschiedliche Klassen, die durch unterschiedliche Stimmungen und Meinungen geprägt sind.› Die Einsicht, dass es zahlreiche ökonomische Klassen und Interessen gibt, hat nicht auf Madison gewartet, sondern ist allgemein bekannt. Der Irrtum besteht darin, dass gesonderte, differierende und antagonistische Interessen eben nicht *in* der Gesellschaft entstehen, sondern nur *in Relation zum Regierungshandeln* (d.h. als antagonistische soziale ‹Kasten›) – kurz, dass die Fraktionierung auf genau der Regierung beruht, deren Ausmass und Macht Madison vergrössern will, um der Fraktionierung entgegen zu wirken. Umgekehrt also führt man den sozialen und ökonomischen Klassenkampf um so grimmiger und um so fanatischer, je grösser das Ausmass und die Macht der Regierung wird» (*Conceived in Liberty*, Band 5, posthum Auburn 2019 [Mises Institute] veröffentlicht, S. 271). Es lässt sich durchaus argumentieren, dass *Klasse als Ausdruck des Interesses in Relation zum Staat* genau das ist, was Karl Marx unter «Klasse» im Unterschied zur sozio-ökonomisch definierten «Schicht» verstand. Diesen Begriff der «Klasse» lege ich in meinem *Libertären Manifest* (edition g. 104) zugrunde. Vgl. auch Stefan Blankertz, *Mit Marx gegen Marx*, Berlin 2014 (edition g. 111).

völlig ungeeignet, weil man in eine «Kaste» hineingeboren wird ohne Chance, ihr zu entkommen. Bezogen auf gesellschaftliche Gruppen wie «Unternehmer», «Arbeiter» und «Landwirt» ist das sicherlich eine schlechte Analogie.

Eine grosse Verwirrung um den Klassen-Begriff stammt zudem daher, dass er beständig – teilweise auch von vulgär-marxistischen Autoren – mit dem der sozio-ökonomisch definierten «Schicht» vermengt wird. Im Englischen ist eine Differenzierung von «Klasse» und «Schicht» gar nicht möglich, beides ist «class», «working class» ist die marxistische Arbeiterklasse, «middle class» ist die soziologische Mittelschicht.[6]

Ich schlage vor, unter «Klasse» die Interessenlage bezogen auf den Staat zu verstehen im Unterschied zur «Schicht», die den Sozialstatus nach Bildung, Beruf, Einkommen und Herkunft bezeichnet. Der Apotheker (soziologisch zur «Mittelschicht» gehörig) und der superreiche Unternehmer, der staatliche Subventionen erhält (soziologisch zur «Oberschicht» zählend), haben das gleiche Interesse an einem steuerstarken, tief in die gesellschaftlichen Verhältnisse eingreifenden Staat. Allerdings können sie unterhalb dieses gemeinsamen Interesses durchaus einander widersprechende Interessen hegen, was die spezielle Ausgestaltung einzelner Massnahmen der Staatsgewalt betrifft: Die Gesamtklasse der Staatsprofiteure untergliedert sich in Fraktionen, die sich zum Teil aufs schärfste gegenseitig bekämpfen. Das kann in bestimmten bedauerlichen historischen Situationen bis zum Bürgerkrieg führen. Vielleicht will der Konzernchef seine Medikamente an den Apotheken vorbei in einer eigenen Verkaufskette an die Frau oder den Mann bringen. Vielleicht will der Apotheker, dass der Pharmakonzern zerschlagen wird, der ihm die Preise oder sogar das Sortiment diktiert.

---

[6] Der Begriff «(social) stratification» wird nur fachsprachlich gebraucht; manchmal auch in der deutschen Soziologie als «Stratifizierung».

Eine zweite Kritik am Klassenbegriff aus der Denktra-
dition Ludwig von Mises' (auch ihr hat Murray Rothbard sich
bisweilen angeschlossen, freilich ohne sie in seinen Analysen
irgendwie zu berücksichtigen) lautet: Die Vorstellung, es gäbe
über-individuelle Interessen, fällt an sich schon in die Katego-
rie kollektivistischer Konstrukte, weil nur das Individuum
handelt. Der gestaltpsychologische Satz von der «Übersummativität» – das Ganze sei mehr als die Summe der Teile – stellt in
dieser Sichtweise bereits eine Ideologie dar.

Freilich, wenn zehn Personen in gemeinsamer, arbeits-
teiliger Tätigkeit mehr schaffen, als sie jeder auf sich gestellt
schaffen könnten, haben wir damit eine hervorragende Illust-
ration für das, was «Übersummativität» bedeutet. Genauso
verhält es sich im Bereich politischen Einflusses. Ein einzelner
Apotheker – um beim Beispiel zu bleiben – vermag mit seinem
Interesse an der Exklusivität des Vertriebs von verschreibungs-
pflichtigen Medikamenten rein gar nichts zu bewirken. Wirkung wird erst erreicht, wenn sich eine gewisse Menge an Personen mit gleichen oder ähnlichen Interessen organisieren und
in der Öffentlichkeit zur Geltung bringen.

Darüber hinaus hat das Modell, demzufolge jeder isolierte Einzelne sich eine «Meinung» (zum Beispiel über sein Interesse) bildet, um dann erstaunt festzustellen, dass andere die
gleiche «Meinung» vertreten wie er und man also gemeinsam
versuchen könnte, sie politisch durchzusetzen, wenig für sich.
Meinungen entstehen im intersubjektiven Resonanzraum und
im sozialen Austausch. Die Erkenntnis gemeinsamer Interessen ist ein zwischenmenschlicher Prozess der Abstimmung
und gegenseitigen Einstimmung.

Allerdings wäre aus der Mises-Rothbard-Kritik doch
eine wichtige Erkenntnis zu ziehen: Das gesellschaftliche Interesse determiniert nicht gleichsam automatisch das Handeln
einer Person, die zu der in Frage stehenden Gruppe gehört. Der
Apotheker kann durchaus entscheiden, für eine Liberalisierung des Marktes einzutreten, und sich sagen, er verfüge über

ausreichende Ideen und Energien, auch unter solch einer Bedingung erfolgreich zu sein. Der besagte Konzernchef mag entscheiden, dass er für einen Subventionsabbau stimmt, und sich
in der Lage fühlen, das Unternehmen auch dann profitabel zu
leiten. Beide werden sich im Falle solch einer Entscheidung
aber nicht nur geschäftlichen Schwierigkeiten gegenüberse-
hen, sondern auch dem Unverständnis oder sogar der Feindse-
ligkeit innerhalb ihresgleichen begegnen.

Es ist also davon auszugehen, dass es zur Bündelung
von gesellschaftlichen Interessen kommt: Diese Interessen sind
gerichtet auf die Tätigkeit der politischen Macht. Sie wollen,
dass die politische Macht in ihrem Sinne und zu ihrem Vorteil
handelt. Da dem Einzelnen, der möglicherweise zu einem solchen Bündel gehören könnte, dennoch ein Handlungsspielraum bleibt, ist es für das jeweilige Interesse von besonderer
Bedeutung, einen hohen Organisationsgrad zu erreichen. Ein
Apotheker-Verband, der 25 Prozent der Apotheker zu seinen
Mitgliedern zählt, wird weniger Einfluss generieren können
als einer, der auf einen Organisationsgrad von 75 Prozent verweisen kann.

Noch besser ist es selbstredend, wenn der Verband
mehrere Berufsgruppen zusammenzuführen versteht. Dann
allerdings wird die Interessenlage deutlich schwieriger. Es
ergibt sich hier das Problem einer Balance: Eine grössere, um-
fassendere Organisation generiert mehr gesellschaftliche
Macht, aber einen geringen gemeinsamen Nenner von Interessen; eine exklusivere Organisation kann mit nur geringerer
Masse aufwarten, dafür jedoch mit klarer definierten Interessen.

Als übergeordnetes Klasseninteresse sehe ich in diesen
Fällen an, dass subventionierte oder rechtlich bevorteilte Unternehmen sich einerseits die Freiheit ihrer wirtschaftlichen
Handlung gegenüber Bestrebungen der Verstaatlichung bewahren wollen, andererseits die jeweiligen Subventionen und
rechtlichen Vorteile zu erhalten oder auszubauen trachten: Das

Klasseninteresse ist «staatskapitalistisch»; die Klasse der Staatskapitalisten zerfällt jedoch in zahlreiche «Fraktionen» oder Interessengruppen.

Okkupation des Allgemeininteresses: Die Machtrationalität

Mit der Frage des Organisationsgrads versus Interessenklarheit bin ich schon mitten in dem Thema, auf das ich ergänzend zu «Zweckrationalität» eingehen möchte: «Machtrationalität». Die Klasse konstituiert sich durch das gemeinsame (übergeordnete) Interesse. Das gemeinsame Interesse übersetzt sich aber nicht umstandslos in Macht, in Einfluss auf den Staatsapparat. Jedes einzelne oder «partikulare» Interesse steht in einer gesellschaftlichen Konkurrenz zu anderen Einzelinteressen, die ihm entweder direkt zuwiderlaufen oder zumindest mit ihm um Ressourcen buhlen.

Bei der Übersetzung eines Einzelinteresses in ein Interesse, das sich gesellschaftlich-politisch durchsetzen lässt, ist die zentrale Währungseinheit das «Allgemeininteresse». Das Einzelinteresse muss in der Lage sein, sich als «Allgemeininteresse» zu definieren und auszugeben, es muss seinen Charakter eines Einzelinteresses vertuschen, negieren oder überwinden. Erst wenn der Verband der Apotheker die Aufrechterhaltung ihres Exklusivrechts als Dienst an der allgemeinen Gesundheit zu etablieren vermag, vermag er gegenüber anderslautenden Interessen zu obsiegen.[7]

Die Notwendigkeit, das Einzelinteresse in das Allgemeininteresse zu verwandeln, besteht unabhängig von der jeweiligen Staatsform; sie gilt in der Diktatur genauso wie in der Demokratie. Was Diktatur von Demokratie unterscheidet, ist

---

[7] Bevor er zum Feind des Liberalismus *par excellence* wurde, hat Pierre Bourdieu die für die Politik typische Umwandlung von Partikular- in Allgemeininteressen als «alchemistisches Kunststück» beschrieben, das wesentlich über «Kommissionen» laufe: Pierre Bourdieu, *Über den Staat: Vorlesungen am Collège de France 1989-1992* (posthum 2012 ediert), Berlin 2017: Suhrkamp, S. 71.

(a) das Verfahren, durch das der Ausgleich hergestellt
     wird: in der Demokratie nämlich formal über Wahlen,
     in der Diktatur informell über Beeinflussung der jewei-
     ligen Machthaber; und

(b) wie katastrophal sich eine Niederlage auswirkt, wenn
     man sein Interesse *nicht* durchsetzt: Sofern die Demo-
     kratie ein Minimum an Minderheitenschutz bietet,
     bleibt den Unterlegenen die Möglichkeit des Versuchs,
     erneut ihr Interesse zu etablieren. In der Diktatur kann
     eine Niederlage im schlimmsten Fall zur physischen
     Auslöschung führen.

Allerdings sehen wir in hochentwickelten Demokratien mit weitgehenden Eingriffen der Staatsgewalt in das gesellschaftliche Leben, dass die Auseinandersetzungen der Par-
tikularinteressen immer verbissener werden und dass sich der
Minderheitenschutz immer schwieriger aufrechterhalten lässt.
In dem Masse, in dem der politische Gegner mir Schaden zu-
fügen kann, werde ich weniger bereit sein, seinen eventuellen
Sieg in einer demokratischen Abstimmung zu akzeptieren.

Bei der Machtrationalität gilt es, im Unterschied zur
Zweckrationalität vor allem zweierlei zu bedenken:

1. Zum einen sollten die ökonomischen oder sozialen
    Kosten, das eigene Interesse durchzusetzen, für andere
    bedeutende Interessengruppen nicht zu hoch und zu
    offensichtlich ausfallen. Die Verlierer, also die Träger
    der Kosten und die Erleider der Nachteile, müssen aus
    schlecht organisierten oder gesellschaftlich stigmati-
    sierten Gruppen bestehen. Andererseits ist es nötig, ge-
    nügend grosse bzw. reiche Gruppen auszuwählen, auf
    dass es sich lohne, sie anzuzapfen. Nehmen wir als Bei-
    spiel den berühmten militärisch-industriellen Kom-
    plex: Die Rüstungsindustrie mag ein Interesse an grös-
    seren Aufträgen haben. Aber sobald die Mittel hierfür
    aus dem Bereich der Sozialausgaben abgezogen wer-
    den, hat sie die gesamte Verteilungsbürokratie gegen

sich – und eine pazifistisch orientierte Öffentlichkeit dazu. Sie braucht, um sich durchzusetzen, das Bedrohungsszenario eines Kriegs, der die Patrioten geneigt macht, die Mittel bereit zu stellen. Verlierer wären dann die bösen «unsolidarischen» Feinde des Vaterlandes. Wenn sie dagegen, um ein satirisches Beispiel zu nennen, darauf setzt, die Kaninchenzüchter-Vereine zu enteignen (vielleicht gelingt es ihnen sogar, die Ökologie-Verbände oder «Fridays for Future» als Bündnispartner zu rekrutieren), könnte sich herausstellen, dass eine nur magere Summe herausspringt, mit der sich kein Super-High-Tech-Fighter finanzieren lässt.

2. Zum anderen dürfen die Konsequenzen der Umsetzung des Interesses nicht den Bestand des Staats objektiv gefährden. Wenn die Rüstungsindustrie, um den Konflikt mit der Verteilungsbürokratie der Sozialausgaben ebenso wie mit den Kaninchenzüchtern zu vermeiden, die zusätzlichen Mittel durch neue Staatsschulden zu finanzieren gedenkt, könnte es wohl sein, dass die wirschaftlichen Konsequenzen das ganze Gemeinwesen ins Wanken bringen. Viele der sogenannten «failed states» entstehen auf genau diese Weise: Spezielle Interessengruppen haben sich politisch etabliert und agieren ohne Rücksicht auf die objektiven ökonomisch-gesellschaftlichen Notwendigkeiten. Es ergibt sich eine Abwärtsspirale: Bei knapper werdenden Mitteln steigt der Druck zu verschärfter Steuerausbeutung und dazu, dass man zusätzliche Staatsschulden macht, was wiederum die Wirtschaftskraft senkt und dann aufs Neue den Druck steigert, bis nichts mehr zu holen ist, selbst für die herrschende Klasse nicht mehr. Oder das aufgebaute militärische Bedro-

hungspotenzial gleitet den Politmanagern[8] aus den Händen und eskaliert zu einem Krieg, der nicht zu gewinnen ist.

Fehlschlüsse in der Machtanalyse

Der prägende – meist negativ konnotierte – Einfluss von Interessengruppen oder eben Klassen auf die staatliche Politik ist so augenfällig, dass ihn meines Wissens niemand in Frage stellt. Allerdings werden üblicherweise drei Fehler bei der Wertung begangen.

1. Die Kritik am Einfluss der Interessengruppen – oft auch als «Lobbyismus» bezeichnet – ist selektiv und richtet sich gegen Interessen, die aus der Sicht des Wertenden abzulehnen seien. So betreiben die Vertreter der Arbeitgeber «Lobbyismus», die Gewerkschaften dagegen leisten zu honorierende Arbeit. Der militärisch-industrielle Komplex hat einen schlechten Ruf, die Verteilungsbürokratie des Sozialstaats und die ihr zuarbeitenden (schein-)privaten Unternehmen bleiben von *grundsätzlicher* Kritik weitgehend verschont. Die Pharmaindustrie und Ärztelobby sind übler beleumundet als die (gesetzlich verordneten) Krankenkassen.

2. Egal welche der Interessen- bzw. Lobbygruppen im Fokus der Abwertung stehen: Die Kritiker entwerfen einen idealen Staat, der frei vom Einfluss dieser jeweils indizierten Gruppen agieren kann, um das Allgemeinwohl zu befördern. Den Staat macht diese Sicht der Dinge als «Opfer» der Interessengruppen aus, er befinde sich in deren «Geiselhaft», aus der er «befreit» werden müsse (durch Volksabstimmungen, durch Enteignungen, durch Verbot von Lobbyismus, durch

---

[8] Man denke an Frank Zappas satirische Kennzeichnung der Politik als «Unterhaltung-Abteilung» des militärisch-industriellen Komplexes.

36

Kampf gegen Korruption, durch Abschaffung der Parteien und was sonst so an Vorschlägen unterbreitet wird). Diese Sicht der Dinge übersieht, dass der Staat die Ursache des Agierens der Interessengruppen ist: Ihr Interesse richtet sich darauf, dass der Staat etwas tun solle, was ihnen nützt, oder unterlassen, was ihnen schadet. Hätte der Staat keine Macht, ihnen entweder zu nutzen oder zu schaden, entfiele die Notwendigkeit zum Lobbyismus. Das Allgemeinwohl ist ein Konstrukt, dass ausserhalb des Machtkampfs der Interessengruppen um die Schalthebel der Staatsgewalt keinen Bestand hätte. Oder andersherum gesagt: Ein sinnvoller Begriff des Allgemeinwohls ergäbe sich nur, sofern alle ohne Einwände das gleiche Interesse teilen und sofern keine Auseinandersetzung über Definitionsmacht und Deutungshoheit bezüglich des Allgemeinwohls stattfinden: Dann gäbe es freilich keinen Konflikt und das Allgemeinwohl würde sich umstandslos durchsetzen. Sobald über das, was das Allgemeinwohl sei, eine Debatte entsteht, stellt sich die Machtfrage, welcher speziellen Auffassung zu folgen sei.[9]

3. Die vulgär-marxistische Interpretation (die sich weitgehend durchgesetzt hat) lautet: Die privaten Interessengruppen der Mächtigen («herrschende Klassen») würden sich einen Staat schaffen, der ihren Interessen nutze. Der Staat sei das Ergebnis, nicht der Ursprung der Klassenteilung. Diese auf Friedrich Engels zurückgehende Sichtweise hat ethnologische Befunde gegen

---

[9] Dies stimmt übrigens genau mit Jean-Jacques Rousseaus Aussagen im *Gesellschaftsvertrag* überein: Das Allgemeinwohl ergebe sich als kleinster Nenner aus dem Für und Wider in der Gesellschaft (die berechtigte Frage lautet, ob dieser kleinste Nenner überhaupt grösser als 0 sei); sobald aber Interessengruppen existierten, höre die Republik auf zu bestehen.

sich, wie namhafte marxistische Ethnologen zeigten,[10] und sie stimmt nicht mit der Theorie von Karl Marx überein, dessen Analyse als Treiber der «ursprünglichen Akkumulation» die Staatsgewalt identifizierte. Wie dem auch sei: Die Behauptung, die Klassenteilung sei der Ursprung (und nicht die Folge) des Staats, kann nicht erklären, wie es möglich ist, dass sich in einer Situation ohne Herrschaft Klassen bilden, die zum Nachteil anderer agieren – denn dazu benötigen sie entweder die Zustimmung der anderen (dann liegt keine Herrschaft vor) oder sie müssen diese mit organisierter Gewalt zur Kooperation zwingen und damit ist der Tatbestand einer Staatsgewalt erfüllt.

Machtverhältnisse analysieren: Widerstand

Wie sieht die Analyse der Macht mit den dargelegten Instrumenten des Klassen- und Interessenbegriffs sowie der Begriffe

---

[10] «Entgegen allen Versuchen, Herrschaft zur Elementarstruktur aller menschlichen Gesellschaften zu hypostasieren, wird hier die Position vertreten, dass als Elementarformen menschlicher Vergesellschaftung Gleichheit, Gegenseitigkeit, Kooperation, Solidarität, Opposition, Normativität zu begreifen sind – dass politische Herrschaft aber nicht zu ihnen gehört. […] Meine Theorie [wendet sich] gegen die Verharmlosung der Herrschaftsproblematik als eines Oberflächenphänomens. […] Auch wenn ich die zugespitzte Formulierung von Pierre Clastres, der […] die politische Zentralisierung als den vorgängigen Prozess bezeichnet, in dieser Allgemeinheit mit Skepsis betrachte, so gilt sie doch zumindest für zahlreiche Fälle der Entstehung von Klassenstrukturen. Die Bedeutung von Herrschaftsverhältnissen für die gesellschaftliche Evolution, für die Ausbildung von Klassengesellschaften und ihre perennierende gesellschaftliche Funktion hat Marx […] formuliert. […] Umso auffälliger ist der Abfall in den Ökonomismus, den wir in Engels' ‹Anti-Dühring› feststellen […]: ‹Gewalt spielt [bei der Entstehung der Klassengesellschaft] gar keine Rolle.› […] In mechanistischer Weise [sieht Engels] das Verhältnis von Ökonomie und Politik als determiniert.» Christian Sigrist, im Vorwort zur Neuauflage der *Regulierten Anarchie* (1967), Frankfurt/M. 1979 (Syndikat), S. XIIff. Vgl. auch Stefan Blankertz, *Widerstand*, Berlin 2017 (edition g. 109), S. 100f.

Zweckrationalität und Machtrationalität aus? Die Spaltung ist
in letzter Instanz die zwischen der Klasse, die von der Staatstätigkeit profitiert, und derjenigen, denen sie schadet.[11] Die Betrachtung von Sklavenbesitzern und Sklaven, von Feudalherrn
und Bauern bereitet kein Kopfzerbrechen: Auf der einen Seite
haben wir die, die von der unterworfenen Arbeit anderer ohne
deren Zustimmung leben, auf der Gegenseite die, die von ihrem Arbeitsprodukt nahezu alles oder jedenfalls einen be-
trächtlichen Anteil abgeben müssen.

Allerdings beginnt es schon früh, dass sich die Herren
damit rechtfertigen, ihre Herrschaft würde auch den Unterworfenen nützen, sei es, dass sie vorgeben, sie gegen Feinde zu
schützen (Feinde wohlgemerkt, die sie meist selber produziert
haben), sei es, dass sie vorgeben, ohne ihre Anleitung würden
die Unterworfenen nicht produktiv arbeiten können, sei es,
dass sie vorgeben, ohne ihre Instanzen der Rechtsprechung
würden die Unterworfenen übereinander herfallen und sich
gegenseitig massakrieren.[12] Aus derlei Unsinn spricht aller-

---

[11] Der vielleicht erste, der dies analysiert hat, war John C. Calhoun (vgl. Murray
Rothbard, *Für eine neue Freiheit* [1973/78], Band 1, Berlin 2012 [edition g. 102],
S. 54f und S. 62f). Er diente als Vizepräsident der Vereinigten Staaten zwischen
1825 bis 1832 unter den Präsidenten John Quincy Adams und Andrew Jackson
und verteidigte zwar das Recht der Bundesstaaten, die Gesetze der Union nicht
zu ratifizieren («Nullifikationsdoktrin»), war allerdings leider auch ein Kriegs-
treiber und befürwortete zu Beginn des 19. Jahrhunderts einen Eingriff der
USA in europäische Auseinandersetzungen; ebenfalls verteidigte er die Institution der Sklaverei. Soziologisch gehörte er ganz klar der von ihm definierten
Klasse der Staatsprofiteure an.
[12] Man hält es kaum für möglich, aber diese Mär wird noch heute wiederholt.
Steven Pinker gefällt sich in der Pose des modernen Hobbes und behauptet
gegen alle ethnologischen und historischen Befunde: «Wie ein Bauer, der seine
Tiere daran hindern will, sich gegenseitig zu töten, so versucht auch ein Herrscher, seine Untertanen von jenem Kreislauf aus Überfällen und Fehden abzuhalten, welcher die Ressourcen nur hin und her schiebt oder Rechnungen zwischen ihnen begleicht, aus seiner Sicht aber nur tödliche Verluste mit sich
bringt.» Steven Pinker, *Gewalt*, Frankfurt/M. 2013 (Fischer), S. 83. Zur

39

dings nur eins: das schlechte Gewissen der Herrn, sich ohne
Gegenleistung des Arbeitsproduktes ihrer Unterworfenen zu
bemächtigen. Denn wenn sie tatsächlich einen nutzbringenden
Service leisten würden, könnten sie, statt die anderen gewaltsam zu unterwerfen, auf deren freiwillige Kooperation setzen.
Mit anderen Worten: Sie könnten dann unternehmerisch tätig
werden und bräuchten keine Gewalt.

Diese Struktur herrscht bis heute. Jede Rechtfertigung
der Staatsgewalt mit der Angabe von Wohltaten, die sie angeblich zu bieten habe, scheitert daran, dass der, der tatsächliche
Wohltaten verteilen will, dazu keine Gewalt einzusetzen
braucht. Freilich ist es bei der heutigen Komplexität der Steu-
ererhebung, der Differenzierung von Subventionen, der Vielzahl der staatlich kostenlos oder zu einem politischen (statt zu
einem marktmässigen) Preis angebotenen Leistungen und der
schier unübersehbaren rechtlichen Regelungen wirtschaftlicher, privater und gesellschaftlicher Handlungen kaum möglich, eine genaue Linie zwischen denen zu ziehen, die von der
Staatstätigkeit profitieren, und denen, die draufzahlen oder auf
andere Weise verlieren.

Heute ist Widerstand nicht mehr wie früher ein klares
«wir (hier unten)» gegen «die (dort oben)». Um Widerstand zu
leisten und zu organisieren, bedarf es der Einsicht, dass der zunehmende Einfluss der Staatsgewalt auf das gesamte wirtschaftliche, soziale und private Leben Wohlstand vernichtet,
Lebensfreude abwürgt und die kreative Kraft zur Lösung von
gesellschaftlichen Problemen so weit reduziert, dass sie unlös-
bar zu werden drohen.

detaillierten Auseinandersetzung mit Pinker vgl. Stefan Blankertz, *Widerstand*,
Berlin 2017 (edition g. 109).

I.
CHECKS
& BALANCES

Anpassung der Gleichheitserwartung zur Begrenzung staatlicher Macht

Urs Leemann

Vor einiger Zeit habe ich am Besuchstag der Primarschule meiner Tochter teilgenommen. Auf dem Programm standen Gruppenvorträge der Schüler, zu deren Themen sie auch ein Poster gestalten und dieses vor der Klasse erläutern mussten. Die Gruppen bewerteten sich gegenseitig mit Punkten, sowohl hinsichtlich der Qualität des Vortrags als auch des Posters. Auch die am Besuchstag anwesenden Eltern durften (anonym) mitbewerten. Vier Gruppen hatten ausgezeichnete Inhalte und aufwändig gestaltete Poster, die fünfte Gruppe dagegen hatte offensichtlich weit weniger Vorbereitungszeit für die Inhalte des Vortrags wie auch für die Gestaltung des Posters aufgewendet. Der Vortrag war kaum vorbereitet, niemand wusste, was er oder sie wann zu sagen hatte, und auch das Poster war nicht viel mehr als eine Skizze. So kam es, dass die vier gut vorbereiteten Gruppen am Ende je zwei Punkte und die fünfte Gruppe einen «Goodwill»-Punkt auf ihrem Konto hatten.

Die Lehrerin selbst wollte die gegenseitige Punktevergabe nicht beeinflussen und hatte deshalb für sich das Recht beansprucht, ihren Punkt erst am Ende des Wettbewerbs zu vergeben. Wie sich nun herausstellte, hatte sie allerdings nicht damit gerechnet, sich letztlich in einer entscheidenden Rolle zu finden: Entweder kürte sie mit ihrem Punkt eine der vier gut vorbereiteten Gruppen zur Siegerin, oder aber sie sorgte für Gleichstand zwischen allen Gruppen, indem sie ihren Punkt an die fünfte Gruppe vergab. Die Schüler hatten dieses «Dilemma» sofort erkannt und ihre Lehrerin lautstark aufgefordert, ihren Punkt *wirklich derjenigen Gruppe zu geben, die sie persönlich am besten bewertete.*

Unschwer zu erraten, standen am Ende der Stunde alle fünf Gruppen mit je zwei Punkten da. Die Enttäuschung der ersten vier Gruppen sowie das Erstaunen der fünften standen allen Beteiligten gleichermassen ins Gesicht geschrieben. Die Stimmung war am Tiefpunkt, und man merkte den Kindern die Ratlosigkeit geradezu an. Sie wollten eine Siegerin, und sie wollten eine Begründung, weshalb gerade diese Gruppe gewinnt. Sie wollten sehen, dass es eben einen Unterschied macht, ob man viel oder wenig Zeit in die Vorbereitung investiert, ob man Aufwand betreibt oder eben nicht. Sie waren sogar bereit, mit einer möglichen Niederlage umzugehen, die sie in diesem Moment vielleicht als ungerecht empfunden, aber mit einer nachvollziehbaren Begründung dann letztlich wohl verstanden und akzeptiert hätten. Stattdessen erfuhren sie Gleichheit. Und waren darüber enttäuscht.

Die Lektion, die sie soeben gelernt hatten, war: *Es macht keinen Unterschied, wie viel man sich anstrengt, am Ende bekommt jeder eine Medaille.* Es war beeindruckend zu sehen, dass die Kinder dies ganz offensichtlich als ungerecht empfanden. Ebenso konnte man ihnen aber auch anmerken, dass sie die Entscheidung ihrer Lehrerin nicht wirklich einordnen konnten und dementsprechend verwirrt waren.

Für etwas Entspannung – und vielleicht auch zum Frustabbau – hätte die anschliessende Turnstunde sorgen sollen, in der die Kinder das Programm auswählen durften. Sie entschieden sich für das Spiel *Keulenvölkerball*, bei dem es darum geht, mit einem Ball die Keule eines gegnerischen Spielers zu treffen und so für dessen Ausscheiden zu sorgen. Der erste Satz war höchst energiegeladen. Die Kinder rannten, die Bälle und Keulen flogen nur so in der Turnhalle herum, bis eine Mannschaft – komplett ausser Atem – letztlich knapp gewonnen hatte.

Die Pause vor dem zweiten Satz wurde – ich muss es zugeben: zu meinem Entsetzen – jedoch nicht zur Erholung und Flüssigkeitsaufnahme verwendet, sondern für eine Reflexion des Spielverlaufs. Im Mittelkreis der Turnhalle sitzend, mussten die Kinder über ihre Empfindungen und ihre Gefühle während des Spiels berichten. Mia beschwerte sich, dass sie trotz zweimaligen Zurufens den Ball von Aaron nicht erhalten und der stattdessen selber geschossen hatte. Der dermassen «beschuldigte» Aaron musste sich daraufhin vor allen rechtfertigen. Luzia fand es cool, dass die Keule von Dominik quer durch die Halle flog, während dieser wütend war, weil er sie in der weiten Hallenecke holen musste und dadurch Zeit verloren hatte. Die gut gemeinte Reflexionspause endete mit der Aufforderung der Lehrerin, die Kinder sollten sich im weiteren Spiel doch bitte *die Aussagen und Empfindungen der andern zu Herzen nehmen und alle am Spiel beteiligen.*

Der zweite Satz war tot.

Aaron, eine freie Keule im Schussfeld, zögerte im letzten Moment und warf stattdessen den Ball zu Mia, die darüber derart erschrak, dass sie den Ball fallen liess und dieser ins gegnerische Feld rollte. Beide waren für den Rest des Spiels paralysiert, während Luzia sich auch nicht mehr freuen konnte, weil im gesamten weiteren Spiel schlicht keine Keule mehr durch die Halle flog. Die Turnstunde war vorbei, noch bevor eine der beiden Mannschaften den zweiten Satz für sich entschieden hatte.

Problematisches Gleichheitsideal

Die Geschichte hat sich tatsächlich so zugetragen. Die darin beschriebene Lehrerin verkörpert in fast paradigmatischer Weise das krampfhafte Gleichheitsideal, das derzeit viele moderne westliche Gesellschaften durchdringt. Gleichheit bzw. Gleichbehandlung ist in vielen Bereichen unseres Lebens, etwa in der Rechtsprechung oder wo die Leistungsfähigkeit einzelner aus objektiven Gründen eingeschränkt ist, ein durchaus hehres Ziel, das es anzustreben gilt. Von diesen Fällen soll auch im gesamten Text nicht die Rede sein. Ein dem Beispiel der Lehrerin zugrundeliegendes Verständnis bzw. die Geisteshaltung einer absoluten Gleichheit führt jedoch dazu, dass der Staats- und Bürokratieapparat immer weiter ausufert, sich immer tiefer in immer mehr Lebensbereiche der Bürger einmischt, deren Verhalten mit immer mehr Gesetzen und Verordnungen steuert, die allesamt eines gemein haben: Sie sind gut gemeint, haben einen hohen ethisch-moralischen Anspruch und wollen den Bürger an der Hand nehmen und zum «rechten» Leben führen, da dieser, wenn allein gelassen, dazu nicht imstande sei.

Wer in frühester Kindheit verinnerlicht hat, dass jeder im Leben Anspruch auf eine Medaille hat, wird im späteren Leben nur wenig Widerspruch gegen Eingriffe in seinen persönlichen Lebensbereich erheben. Die Eingriffe dienen ja schliesslich der Gleichheit, was, wie in der Schule gelernt, etwas Gutes ist.

Das Perfide an der Sache ist, dass die angelernte Akzeptanz des (meist staatlichen) Eingriffs in den eigenen Lebensbereich implizit mit der Erwartung bzw. dem Verständnis erfolgt, in einem späteren Fall selber Anspruch auf Gleichheit erheben zu können. Wer heute etwas akzeptiert, darf morgen etwas fordern. Ganz selbstverständlich werden die Kinder der ersten vier Gruppen also in einem anderen Fall für sich denselben Ausgleich einfordern, wie er der fünften Gruppe beim Vortrag zukam. Die Lehrerin wird dann nicht anders handeln können, als jeweils allen Kindern den Ausgleich zu gewähren, weil sie sonst ihre unterschiedliche Handhabung begründen müsste. Die Kinder ihrerseits sehen sich aufgrund ihrer Erfahrung im Recht, die Forderung auf Ausgleich zu stellen. Und mit welcher Begründung sollte man ihnen dieses Recht absprechen, wenn sie dieses Gleichheitsideal erst einmal verinnerlicht haben?

Wer nicht versuchen will, die eigenen Interessen bzw. den eigenen Anspruch auf Gleichheit selbst mit roher Gewalt durchzusetzen, braucht einen Staat bzw. dessen Machtinstrumente. Es erstaunt daher nicht, dass der Staat in dieser Konstellation, wenn auch zunächst bloss als Erfüllungsgehilfe, zunehmend jedoch als proaktiv handelnder Akteur, immer mehr Macht erhält. Schliesslich sieht er sich, in einer ähnlichen Situation wie die Lehrerin, dazu verpflichtet, dem geforderten Gleichheitsanspruch Rechnung zu tragen und für dessen Umsetzung und Einhaltung zu sorgen.

Aufblähung des staatlichen Machtapparats

Und dafür stehen ihm in zunehmenden Masse immer grössere finanzielle und personelle Ressourcen zur Verfügung. Während die Steuereinnahmen alleine des Bundes in der Schweiz 1990 noch 29.5 Mia. Franken betrugen, waren es 2020 mit 68.2 Mia. bereits mehr als doppelt so viel. In derselben Zeitspanne haben sich die Personalausgaben des Bundes von 4.1 Mia. Franken auf über 8.6 Mia. ebenfalls mehr als verdoppelt. In den Kantonen und Gemeinden sieht die Situation ganz ähnlich aus.

Mit dieser Fülle an Ressourcen ist der Staat, in Gestalt seiner handelnden Akteure – mit anderen Worten den Staatsangestellten – längst nicht mehr bloss in der Rolle des Umsetzers, sondern des aktiven Gestalters. Und man kann es ihm nicht einmal verübeln. Denn wem gewaltige Ressourcen für die Umsetzung zur Verfügung stehen, der wird selber zum Gestalter, und diese Rolle ist natürlich weitaus interessanter als diejenige des blossen Umsetzers. Das Gute anzustreben ist nicht mehr gut genug, wenn man Zeit und Ressourcen für das Beste hat, den «Swiss-Finish». Und natürlich will jeder, der von den Leistungen des Staates profitiert, das Beste für sich selber, was wiederum dazu führt, dass dem Staat als Umsetzer noch mehr Ressourcen zur Verfügung gestellt werden müssen. Der Effekt ist hinlänglich bekannt, und er wird mit dem Parkinsonschen Gesetz zum Bürokratiewachstum beschrieben: «*Arbeit dehnt sich in genau dem Mass aus, wie Zeit für ihre Erledigung zur Verfügung steht.*»

Mit Blick auf diese Entwicklung, kommt man nicht umhin, neben Parkinson auch an den berühmten Lehrsatz des Paracelsus zu denken: «*Alle Dinge sind Gift, und nichts ist ohne Gift; allein die Dosis macht, dass ein Ding kein Gift ist.*» Was in der Medizin für den einzelnen Menschen Gültigkeit hat, gilt auch für die gesamte Gesellschaft. Die Dosis ist ausschlaggebend, ob etwas schädlich ist oder nicht.

Mit der Erwartung, dass jeder einen absoluten Gleichheitsanspruch hat, ist die Schwelle zum Gift längst überschritten. Die Überschreitung zeigt sich jährlich anschaulich in den medienwirksamen Publikationen und Veranstaltungen über die *dümmsten Gesetze* oder die *Anzahl zusätzlicher Seiten an Erlassen*, welche jeweils auf den 1. Januar des neuen Jahres in Kraft treten. Aber auch sie vermögen – ausser einem Kratzen an der Oberfläche – der permanenten Ausweitung staatlicher Macht nichts entgegenzusetzen.

Mit immer weiteren Massnahmen – sprich Gesetzen, Verordnungen, Regelungen, Geboten an das Verhalten oder die Sprache – wird versucht, Gleichheit zu schaffen. Eine derart sozialisierte Erwartungshaltung, wonach die Welt gerecht zu sein hat und eine höhere Instanz für den Ausgleich sorgen muss, führt in eine sich immer schneller drehende, verhängnisvolle Spirale. Die Erwartungshaltung führt dazu, dass sich der Staat in der Verantwortung sieht, die Gleichheit sicherzustellen. Er übernimmt damit aber selber immer mehr eine gestaltende Rolle, die selbstverständlich eben gerade mit Machtausweitung verbunden ist und schürt damit selber wieder neue Erwartungen.

Diese Spirale hat sich, um mit Paracelsus zu sprechen, längst zu einem Gift entwickelt. Ein Gift, das ähnlich wie ein Rauschmittel funktioniert. Wie ein Opiat ist es verführerisch, wenn man selber davon profitiert. Doch man wird es kaum mehr los und muss im Gegenteil die Dosis ständig erhöhen, um die gleiche Wirkung zu erzielen.

Ohne eine massive Korrektur der sich ständig ausweitenden staatlichen Eingriffe resultiert am Ende eine Gesellschaft, die unter einer unbezahlbaren, überregulierten und bürokratischen Last ächzt und sich selbst ihrer eigenen Stärken beraubt. Wir befinden uns auf bestem Weg dazu. Eine Korrektur, die einem Entzug gleichkommen mag, muss zwingend bei der Ursache ansetzen. Konkret, bei der inzwischen in der Gesellschaft sozialisierten und von einzelnen Interessengruppen auch massiv bewirtschafteten Erwartungshaltung an Gleichheit.

Negativ induzierte Gleichheit als Nährboden für Machtzuwachs

Das Merkmal, das der einleitend beschriebenen Geschichte zugrunde liegt, könnte man *negativ induzierte Gleichheit* nennen. Sie entspricht der Wertehaltung, *jemand* müsse auf Gedeih und Verderb dafür sorgen, dass Gleichheit geschaffen wird, weil sonst irgendjemand – man selbst oder jemand anderes – benachteiligt oder von etwas ausgeschlossen wird. In diesem Verständnis darf Gleichheit von allen gegenüber allen eingefordert werden, und zwar jederzeit. Vielmehr noch wird geradezu signalisiert, dass jeder die Erwartung haben darf, dass die eigenen Wünsche und Erwartungen erfüllt werden.

Mit Blick auf die eingangs geschilderte Geschichte, in welcher die Lehrerin ein Beispiel der Sozialisierung wie aus dem Lehrbuch geliefert hat, erstaunt es nicht, dass diese Kinder in ihrem späteren Leben als Erwachsene es als selbstverständlich hinnehmen, dass der Staat die Rolle dieser externen Instanz übernimmt. Der Samen für die Entwicklung einer derartigen Erwartungshaltung wird in frühester Jugend gesät, und er kann langsam, aber stetig gedeihen, während er laufend noch durch Erlebnisse im eigenen Umfeld oder der Erfahrung aus Medienberichten bestätigt und gestärkt wird.

Damit sich etwas tief im persönlichen Werteraster eines Menschen verankern kann, besteht bis zum Erreichen des

Erwachsenenalters also reichlich Gelegenheit zur Einfluss-
nahme. Doch die Gesellschaft besteht nun mal nicht aus natürlicher oder künstlich erzwungener Gleichheit aller, sondern
aus einzigartigen Individuen, und sie wird in dieser Vielfalt
auch erst lebendig, spannend und kreativ. Mit dem Anspruch
an Gleichheit wird aber gerade diese wertvolle Verschiedenheit durch Normierung ausgeglichen und auf eine gerade noch
akzeptable – oder besser: zumutbare – Bandbreite von Unter-
schiedlichkeit zurechtgestutzt. Wer aus diesem genormten
Rahmen herausragt, wird psychologisch abgeklärt. Wer sich
nicht konsensfähig ausdrückt, wird im besten Fall ignoriert
oder gleich für gesellschaftsunfähig befunden, nicht selten
selbst ausgegrenzt und isoliert.

Eine solcherart verstandene Gleichheit bedeutet Kon-
formität anstelle von Individualität, Angepasstheit anstatt
Skeptizismus, Nivellierung auf dem kleinsten gemeinsamen
Nenner. Nicht ein Strecken zur Decke, sondern ein Bücken
zum Boden wird angestrebt. Das macht es einfacher, die Individuen kollektiv zu einem gewünschten Verhalten zu bringen.
In der Schule, wie im späteren Leben.

Was dabei komplett übersehen oder aber zum Teil bewusst ignoriert wird, ist, dass dieses Gleichheitsverständnis
bzw. diese Wertehaltung für eine Gesellschaft erstens enorm
teuer ist und zweitens – und viel schlimmer noch – langfristig
in höchstem Masse lähmend wirkt. Es ist fatal, wenn individuelle Leistung und das Risiko, das man zu deren Erbringung bereit ist einzugehen, nicht honoriert werden – aus dem einzigen
Grund, weil sie zu Ungleichheit führen könnten.

Die Problematik, sich dagegen zu wehren oder zumindest das eigene Unbehagen auszudrücken, wird dadurch erschwert, dass die Effekte eines staatlichen Handelns zur Schaffung von Gleichheit erst mit enormer Zeitverzögerung in der
Gesellschaft sichtbar werden. Der zeitliche Unterschied führt
zu einer Verwässerung, was eine Diskussion über Ursachen
und Wirkungen enorm schwierig macht. Wer sich gegen staat-

liche Ausweitung der Macht zur Schaffung von Gleichheit zur
Wehr setzt, muss mit hypothetischen Erwartungen argumentieren. Mit diesen Argumenten bewegt man sich oft jedoch selber ausserhalb der sozialisierten, nivellierten Gesellschafts-
norm, was einen gerade auf der moralischen Ebene unglaub-
lich angreifbar macht. Das erfordert Rückgrat und Schmerzto-
leranz.

Die Reaktion ist bei vielen Menschen entweder eine
Art *gleichgültige Akzeptanz*, wenn man nicht betroffen ist, oder
aber eine massive Überreaktion, wenn man echt oder vermeintlich betroffen ist. Ein Blick auf die selbst von kleinsten
Gesellschaftsgruppen ständig lauter vorgetragenen Forderungen nach Gleichheit und das zunehmende öffentliche Anpran-
gern von subjektiv erlebter Ungleichheit in den (sozialen) Medien zeugen davon. Die Entwicklung scheint nicht zu stoppen
und vermittelt vielen Menschen den Eindruck, dagegen irgendwie machtlos zu sein. Man kapituliert vor dem Faktischen
und redet sich ein, dass es ja bestimmt einen guten Grund für
dieses oder jenes geben müsse, auch wenn man ihn selbst nicht
zu erkennen vermag.

Positiv induzierte Gleichheit und Eigenverantwortung

Die zentrale Frage lautet also, wie sich Macht, die sich aus dem
so definierten negativ induzierten Gleichheitsverständnis ab-
leitet, begrenzen lässt. Wie bereits erwähnt, geschieht dies am
wirkungsvollsten dadurch, dass nicht bei den Auswirkungen,
sondern bei der Ursache angesetzt wird. Mit anderen Worten,
indem man die negativ induzierte durch eine *positiv induzierte
Gleichheit* ersetzt, welche für ihr Entstehen und ihre Aufrechterhaltung möglichst wenig oder sogar überhaupt keine staatliche Macht benötigt. Eine solcherart positiv induzierte Gleichheit beruht auf der Möglichkeit, dass jeder Mensch nach der
Verbesserung der eigenen Situation streben kann.

Während die negativ induzierte Gleichheit auf dem Verständnis basiert, dass Gleichheit wie ein generelles Gebot per se für alle gelten soll und somit möglichst gratis zu haben ist, macht die positiv induzierte Gleichheit genau hier einen Unterschied. Die positiv induzierte Gleichheit steht nicht wie ein für alle universell gültiges, ethisch und moralisch korrektes Gebot im Raum, sondern erfordert das aktive Mitwirken jedes Einzelnen. Der wesentliche Schritt ist der Wechsel von einer *passiven Erwartungs- oder Anspruchshaltung* zu einer *aktiven, eigenmotivierten Gestaltungshaltung* des einzelnen Menschen. Diese aktive Gestaltungshaltung kennt in einem freiheitlichen demokratischen Wertesystem ein zentrales Element: die Eigenverantwortung.

Diejenige Eigenverantwortung, aufgrund welcher die einleitend beschriebene unvorbereitete Gruppe von Schülern erkennt, dass ihr schlechtes Abschneiden beim Vortrag ihnen selbst zuzuschreiben ist. Sollten sie dies nicht erkennen und akzeptieren wollen oder können, dann sollte das «System» – im obigen Fall die Lehrperson – ihnen zumindest eine Beurteilung geben, dank der sie sich mit ihrem Verhalten und dem daraus resultierenden Ergebnis auseinandersetzen können. Eigenverantwortung greift auch dann, wenn ein Unterschied in der Leistung nicht so offensichtlich ist, wie bei den Vorbereitungsarbeiten der Gruppen und wo die Beurteilung möglicherweise sogar eine subjektive Komponente hat. Mit ihrem Votum an die Lehrerin, im Vortrag eine Siegergruppe zu küren und die Punktevergabe zu begründen haben die Kinder geradezu gezeigt, dass sie in der Lage sind, mit Ungleichheit umzugehen und Eigenverantwortung zu übernehmen. Nur, dass ihnen diese leider nicht zugestanden wurde.

Genauso, wie es keine absolute Gleichheit gibt, existiert auch keine absolute objektive Gerechtigkeit. Mia ist nun einmal vielleicht weniger geschickt im Umgang mit dem Ball und bekommt ihn deswegen auch weniger oft zugespielt. Ebenso Dominik, der durch die ganze Halle rennen muss, weil er weniger gut in der Abwehr von scharf geschossenen Bällen ist. Dies mit einer Reflexion und einem Appell ausgleichen zu wollen, führt im besten Fall zu Mittelmässigkeit.

Der Wechsel von einer passiven Erwartungs- zu einer aktiven Gestaltungshaltung und die damit verbundene Stärkung der Eigenverantwortung kann bewusst gefördert werden. Dabei muss jedoch die Mitwirkung jedes Einzelnen als zentrale Voraussetzung für den individuellen Anspruch auf Gleichheit verankert werden. Wenn dies gelingt, dann sind insbesondere der permanenten staatlichen Machtausweitung (sei sie direkt gewollt oder stellvertretend für bestimmte Interessengruppen) wirksam Grenzen gesetzt – durch eine sich ihrer Selbstverantwortung bewussten und damit selbstbewussten Zivilgesellschaft aus höchst unterschiedlichen, aber allesamt gleichwertigen Individuen.

Auswege aus der Spirale

Der direkteste, wenn auch vielleicht nicht innovativste Weg, die aktive Gestaltungshaltung und damit die Eigenverantwortung zu fördern, ist derjenige, die finanziellen und damit auch personellen Ressourcen des Staates und damit direkt die staatliche Macht zu begrenzen. Wer nicht die Ressourcen dazu hat und wessen Möglichkeiten zur Verschuldung limitiert sind, kann sich schlicht nicht mit allem befassen. Jeder Privathaushalt und jede Unternehmung muss sich, wenn natürlich auch in unterschiedlichem Masse, aus ökonomischen Gründen nach diesem Grundsatz richten und Prioritäten setzen. Die Entscheidung, etwas bewusst *nicht* zu tun, ist auch ein klares Signal an die Erwartungshaltung Dritter in dem Sinne, dass Eigenverantwortung in denjenigen Bereichen explizit gefordert ist, wo etwas bewusst nicht hoheitlich gelöst wird. Das sind nicht mehr und nicht weniger als die Kernanliegen des Liberalismus.

Die Ressourcen zu limitieren, kann beim Staat faktisch nur über eine Begrenzung der Steuereinnahmen erfolgen. Natürlich gekoppelt mit der Auflage, dass diese gewollte Begrenzung nicht durch eine zusätzliche Verschuldung umgangen wird.

Doch was bedeutet es, wenn sogar eine von Bundesrat und Parlament befürwortete Senkung von Steuereinnahmen von der Gesellschaft abgelehnt wird? So aktuell geschehen in der Volksabstimmung vom Februar 2022, bei der es um die von Bundesrat und Parlament unterstützte Abschaffung der Emissionsabgabe ging. Mit Blick auf die Argumente der Gegner der Abschaffung fällt auf, dass hier genau die oben angesprochenen Themen im Zentrum standen. Es wurde vorgebracht, dass die Bürger von einer Abschaffung der Emissionsabgabe nichts hätten, im Gegenteil: Sie müssten dafür höhere Steuern bezahlen oder einen Abbau von staatlichen Leistungen in Kauf nehmen. Exakt also die sozialisierte Erwartungshaltung, dass gerechte Gleichheit zu herrschen hat und dass mit weniger Steuereinnahmen der Staat seine Leistungen zugunsten der Bürger abbauen müsste. Diese Erwartungshaltung, welche zu einem ständigen Wachstum des Staates führt, bringt die leistungserbringende Gesellschaft an ihre Grenzen.

Es braucht langfristige und konsequente Anstrengungen liberaler Gruppierungen, die darauf abzielen, die finanziellen und personellen Ressourcen des Staates zu begrenzen. Im Zuge dieser Begrenzung ist es insbesondere auch von Bedeutung, dass Massnahmen in die Wege geleitet werden, um den ständigen Anstieg von gebundenen und stark gebundenen Ausgaben zu reduzieren. Vor allem diese beschlossenen und faktisch unantastbaren Ausgaben müssen kritisch hinterfragt und bereinigt werden, da sie den Handlungsspielraum und die Flexibilität enorm einengen.

Ohne eine wirkliche Krise, welche unmittelbare und rasche Anpassungen erfordert, weil das Bisherige nicht mehr aufrechterhalten werden kann, wird es einen langen Atem brauchen, um die Bedeutung der aktiven Gestaltungshaltung jedes einzelnen Menschen zu verdeutlichen. Es braucht einen permanenten Dialog über die Wichtigkeit der Eigenverantwortung, und es braucht den Mut zu betonen, dass niemand ohne aktive Mitwirkung erwarten darf, dass es Gleichheit gibt. Die Menschen brauchen in der heutigen komplexen Welt die Kompetenz, mit Eigeninitiative, Risiken und Unternehmertum umgehen zu können. Dies sollte Pflichtstoff in der Schule sein, um die Schüler von heute auf die Welt von morgen vorzubereiten. Eine Welt, in der sie als selbstbewusste, aktive, eigenmotivierte, risikokompetente und gestaltende Erwachsene agieren und sich nicht darauf verlassen oder gar erwarten, dass der Staat die Verantwortung übernimmt.

Keine Herrschaft ohne Verantwortung: Zu einer Politikerhaftung aus rechtsökonomischer Perspektive

Florian Follert

Die zunehmende Komplexität einer vernetzen Welt, globale Märkte und Krisen verändern menschliches Handeln und die Beziehung zwischen dem Staat und seinen Bürgern. Skandale und politische Fehlentscheidungen sorgen für eine erhöhte Aufmerksamkeit.[1] Zudem sind die Bürger durch soziale Medien besser informiert und gegenüber den Regierenden tendenziell kritischer eingestellt. Die Regierungsskepsis kann aus ökonomischer Perspektive gestützt werden. Politiker in einer Demokratie sind für eine bestimmte Periode gewählte Vertreter der Bürger. Ausgehend vom Eigennutzaxiom[2], einer hohen Gegenwartspräferenz[3] und einem Informationsvorsprung[4] er-

---

[1] Man denke beispielsweise an die Energiepolitik der Bundesrepublik Deutschland (vgl. *Follert/Gleißner/Möst*, What Can Politics Learn from Management Decisions? A Case Study of Germany's Exit from Nuclear Energy after Fukushima. Energies 2021, 3730), die zu Beginn der COVID-19-Pandemie problematische Impfstoffbeschaffung durch die Europäische Union (vgl. *Gleißner et al.*, EU's Ordering of COVID-19 Vaccine Doses: Political Decision-Making Under Uncertainty. International Journal of Environmental Research and Public Health 2021, 2169), oder die ökonomisch unsinnige Verteilung von FFP2-Masken durch Apotheken in Deutschland (vgl. *Gleißner/Follert*, Wie das teure FFP2-Masken-Desaster hätte vermieden werden können. *WirtschaftsWoche online* vom 23.03.2021, https://www.wiwo.de/politik/deutschland/coronakrise-wie-d as-teure-ffp2-masken-desaster-haette-vermieden-werden-koennen/27028752. html).

[2] Vgl. etwa *Schumpeter*, Capitalism, Socialism, and Democracy, New York 1950; *Downs*, An Economic Theory of Democracy, New York 1957.

[3] Vgl. zu diesem Charakteristikum der demokratischen Regierung *Hoppe*, Demokratie. Der Gott, der keiner ist, Waltrop/Leipzig 2003.

[4] Vgl. etwa *Daumann*, Interessenverbände im politischen Prozess: Eine Analyse auf Grundlage der Neuen Politischen Ökonomie, Tübingen 1999; *Daumann/*

geben sich erhebliche Ermessensspielräume für den politischen Akteur. Der Markt, auf dem Politiker ihre Dienstleistung – den Bürger in der Gesetzgebung bzw. in der Regierung zu vertreten – anbieten, ist mithin durch zahlreiche Unvollkommenheiten charakterisiert. Insbesondere gilt dies für politische Entscheidungen, deren Wirkungen sich erst in späteren Legislaturperioden entfalten und deren Kosten nicht die politischen Entscheider, sondern die gesamte Bevölkerung, oder zumindest Teile davon, tragen. Wenn wir davon ausgehen, dass menschliches Handeln einer mehr oder weniger systematischen Abwägung zwischen den erwarteten Kosten und dem Nutzen folgt, kann darüber diskutiert werden, wie die Kosten einer unerwünschten Handlung erhöht werden können.

Das demokratische System kann als Markt betrachtet werden, auf dem Parteien respektive Kandidaten ihre Dienstleistung anbieten. Dieses Angebot wird von Bürgern, deren Opportunitätskosten zu hoch sind,[5] sich selbst zur Wahl zu stellen, nachgefragt. Der vorliegende Beitrag zielt darauf ab, mit der Haftung eine originär marktwirtschaftliche und im unternehmerischen Kontext etablierte Institution vorzuschlagen, die bei adäquater Umsetzung eine anreizsteuernde Wirkung auf den politischen Akteur entfalten und eine zunehmende Machtausbreitung begrenzen könnte.

Der Beitrag folgt nachstehender Struktur: In Kapitel 1 wird zunächst in ökonomischer Manier dargelegt, warum der Markt für politische Dienstleistungen ein in hohem Masse unvollkommener Markt ist. Darüber hinaus wird aufgezeigt, welche Probleme hieraus aus Bürgersicht entstehen. Anschlie-

---

Follert, COVID-19 and Rent-Seeking Competition, New Perspectives on Political Economy 2020, 52-69.

[5] Zudem lässt ein demokratischer Staat keine Selbstregierung zu, vgl. *Rothbard*, Man, Economy, and State, Scholar's Ed., Auburn, Ala. 2001, 1283. Zur Effizienz kleiner Einheiten und zum Thema Sezession siehe etwa *Hoppe*, Small is Beautiful and Efficient: The Case for Secession, Telos 1996, 95-101; *Marquart/Bagus*, Wir schaffen das – alleine! München 2017.

ssend wird in Kapitel 2 das Konzept der Haftung als zentrale Institution eines Marktes vorgestellt und gezeigt, dass das Aktienrecht eine Blaupause liefert, die sich möglicherweise analog auf den Politikbetrieb – wenngleich mit Anpassungen – übertragen liesse. Im Zentrum des Beitrags steht die Idee der verhaltenssteuernden Wirkung einer Politikerhaftung, die in Kapitel 3 präsentiert wird. Hierzu werden insbesondere Anforderungen formuliert, aus der Ansätze einer Operationalisierung abgeleitet werden. Die Ergebnisse werden schliesslich in Kapitel 4 zusammengefasst.

1. Der Markt für Politik und seine Unvollkommenheiten

Eine funktional ausgerichtete Unternehmertheorie knüpft die Unternehmereigenschaft nicht an das Sachziel oder die Organisation eines Betriebs, sondern an die Erfüllung unternehmerischer Funktionen.[6] Insofern ist jedes Individuum Unternehmer im Hinblick auf den Einkommenserwerb und die hiermit verbundenen Fähigkeiten und Kenntnisse.[7] In einer spezialisierten und arbeitsteiligen Gesellschaft entstehen somit zahlreiche Märkte, auf denen Individuen ihre Fähigkeiten anbieten und die Leistungen anderer Individuen nachfragen. Die Ökonomik geht davon aus, dass sich die Marktteilnehmer von ihrem Gewinnstreben leiten lassen. Sie bewerten den Austausch von Gütern und Dienstleistungen anhand ihrer subjektiven Präferenzen und sind durch ihren spezifischen Möglichkeitsraum beschränkt.[8] Diese Herangehensweise ermöglicht die

---

[6] Ein Überblick der etablierten Unternehmertheorie sowie eine Erweiterung findet sich bei *Gerbaulet*, Zur funktionalen Analyse des Unternehmers im Lichte der Organisation – Eine Erweiterung der dynamischen Grundfunktionen. Betriebswirtschaftliche Forschung und Praxis 2018, S. 736-767.

[7] *D. Schneider*, Allgemeine Betriebswirtschaftslehre, 3. Aufl., München/Wien 1987, 5; *Huerta de Soto*, Sozialismus, Wirtschaftsrechnung und unternehmerische Funktion, Stuttgart 2013, 15 f.

[8] Zur Subjektivität des Werts bahnbrechend *Menger*, Principles of Economics, Auburn, Ala. 2007; zur Logik des menschlichen Handelns und mithin

Übertragung des ökonomischen Denkens auf das gesamte menschliche Handeln und alle hiermit in Verbindung stehenden Sozialsituationen.[9] Insofern ist es nur naheliegend, dass auch der Politikbetrieb in einer Demokratie als Markt interpretiert werden kann.[10] Auf diesem Markt stellen sich bestimmte Individuen zur Wahl und bieten eine politische Dienstleistung an, die sie im Falle der Wahl in Stellvertretung des Wählers durchführen.[11] Diese Wähler artikulieren die Marktnachfrage, sodass durch die Wahl ein auf die Dauer der Legislaturperiode befristeter (impliziter) Vertrag zwischen dem Wähler und dem

Entscheidens insbesondere *von Mises*, Human Action, The Scholar's Ed., Auburn, Ala. 1998.

[9] Eine Anwendung des ökonomischen Denkens im Sinne der Fokussierung auf eine Verbesserung der persönlichen Situation findet sich bereits bei *Smith*, An Inquiry into the Nature and Causes of the Wealth of Nations, London 1776 [der Wohlstand der Nationen, München 1974]. Eine Anwendung der ökonomischen Methode auf eine Vielzahl menschlicher Handlungssituationen erfolgt durch *Becker*, The Economic Approach to Human Behavior, Chicago, IL 1976 sowie *Frey*, Ökonomie ist Sozialwissenschaft, München 1990.

[10] Vgl. etwa *Becker*, Competition and Democracy, The Journal of Law and Economics 1958, 105-109; *Follert*, Die Bürger-Politiker-Beziehung im Lichte der Neuen Politischen Ökonomie. der moderne staat 2018, 233-255; *ders.* Improving the Relationship between Citizens and Politicians: Some Economic Remarks from an Agency-Theoretical Perspective. Munich Social Science Review, New Series 2020, 171-184. *Stadelmann/Frank*, Market Failure on the Market for Political Services: A Basic Evaluation Framework. Munich Social Science Review, New Series 2021, 33-46. In Bezug auf Recht und Justiz spricht auch *Benson*, The Enterprise of Law, Oakland, CA 2011, 87 von einem «Political Market».

[11] Eine eingehende Auseinandersetzung mit dem Markt für politische Dienste und seinen Unvollkommenheiten findet sich bei *Stadelmann/Frank* [Fn. 10]. Ich gehe hier der Einfachheit halber von einer Anbieterseite, die aus politischen Akteuren und von einer Nachfragerseite, die aus Wählern besteht, aus. In praxi muss insofern eine Differenzierung stattfinden, als politische Akteure zu verschiedenen Parteien zusammengeschlossen sind und etwa das deutsche Wahlsystem zwei Stimmen vorsieht, die sich einerseits auf einen Direktkandidaten und andererseits auf die Wahl einer Partei beziehen, vgl. *Follert*, dms 2018. Um die Analyse möglichst allgemein zu halten und den Blick auf das Wesentliche nicht zu verstellen, wird hier auf diese Unterscheidung verzichtet.

politischen Akteur zustande kommt.[12] Für die Durchführung der Stellvertretung des Wählers beansprucht der politische Akteur eine Vergütung, die den Preis der Dienstleistung darstellt und aus dem Steueraufkommen geleistet wird.

Dieser Markt für politische Dienstleistungen weist Unvollkommenheiten auf, die durch die Prinzipal-Agenten-Beziehung zwischen Politiker und Wähler verschärft werden. Letztere ist dadurch charakterisiert, dass die Information unvollständig sowie zwischen Anbieter und Nachfrager ungleich verteilt ist. Vor der Wahl (vor Vertragsschluss) beziehen sich diese Informationsdefizite vor allem auf die Eigenschaften des politischen Akteurs. Nach der Wahl ist es dem Prinzipal kaum oder nur zu hohen Kosten möglich, die Handlungen des Agenten zu beobachten. Wenn wir – wie in der Neuen Politischen Ökonomie üblich – von einem politischen Akteur ausgehen, der primär danach strebt, die Annehmlichkeiten seiner Position zu konsumieren und diesen Konsum unter der Nebenbedingung seiner Wiederwahl ungehindert fortzusetzen,[13] dann ergeben sich erhebliche Ermessensspielräume (was im Folgenden auch *diskretionäres Potenzial* genannt wird). *Frey*[14] fasst diesen Umstand pointiert zusammen:

> *«Die Regierung ist […] nur im Wahlzeitpunkt direkt von der Wählermeinung abhängig; zwischen den Wahlen kann sie sich politische Maßnahmen erlauben, die kurzfristig bei den Wählern nicht beliebt zu sein brauchen. Diesen Spielraum nutzen die Regierungspolitiker aus, um eine möglichst sichere Wiederwahl zu erreichen. Die wirtschaftspolitischen Instrumente werden derart eingesetzt, daß die Konjunkturlage auf die nächste Wahl hin besonders günstig ist.»*

---

[12] Zur Idee der «Contractual Democracy» siehe insbesondere *Gersbach*, Contractual Democracy. Review of Law & Economics 2012, 823-851.

[13] Vgl. hierzu insb. *Downs* [Fn. 2].

[14] *Frey*, Moderne Politische Ökonomie, München/Zürich 1977, 40.

Wenn wir ferner die hohe Gegenwartspräferenz des politischen Akteurs berücksichtigen, ist eine staatliche Verschuldungstendenz durch demokratische Politiker nicht unwahrscheinlich.[15] Durch die Vertragsdauer, die grundsätzlich einer Legislaturperiode entspricht, hat der Prinzipal keine rechtliche Möglichkeit, seinen Agenten für Fehlverhalten zu sanktionieren.[16]

Im Vergleich zu anderen Märkten gibt es jedoch Besonderheiten, die im öffentlichen Diskurs nur selten thematisiert sind. Die Marktstruktur ist dadurch charakterisiert, dass einer Vielzahl von Nachfragern vergleichsweise wenige Anbieter gegenüberstehen. In einem solchen Oligopol ist es nicht unwahrscheinlich, dass zwischen den Anbietern Preisabsprachen stattfinden, was wir hinsichtlich des Preises für die Tätigkeit des politischen Akteurs (der Parlamentarierentschädigung) insofern feststellen, als dieser Preis nicht durch ein Zusammenspiel von Angebot und Nachfrage, sondern durch Zusammenwirken einer Mehrheit der politischen Akteure (in Form eines Gesetzes) einseitig durchgesetzt wird.[17] Der politische Akteur legt den Preis für seine Dienstleistung ähnlich einem Monopol fest. Die subjektive Wertschätzung der Dienstleistung durch die Nachfrage, die sich auf einem konventionellen Markt in Form der Zahlungsbereitschaft als Prohibitivpreis offenbart, bleibt unberücksichtigt.[18] Insofern kann dem Preis auf dem Markt für

---

[15] Vgl. z.B. *Hoppe* [Fn. 3], 83 ff.

[16] Vgl. hierzu *Follert* dms 2018, 242 f.

[17] Vgl. etwa *Follert* dms 2018, 244. Eine Alternativregelung wird etwa von *Gebauer*, Grundgesetz 2030. Modernisierungsvorschläge für eine Erhaltungssanierung Reinbeck 2021, 40; sowie *Follert*, MSSR 2020, 177 f., vorgeschlagen, die dafür plädieren, die Parlamentarierentschädigung an einen Referenzwert zu koppeln, der sich aus dem Durchschnittsgehalt ausserhalb der Politik vor der Amtszeit ergibt und insofern auch den Gedanken der individuellen Opportunitätskosten widerspiegelt.

[18] Dabei ist es nur eine Randbemerkung, dass die Anzahl der Nachfrager der politischen Dienstleistung grösser ist als die Anzahl derer, die den Preis für diese Dienstleistung entrichtet.

politische Dienstleistungen keine Signalfunktion zukommen. Die Höhe der Abgeordnetenvergütung ist somit weder ein Indikator für die Knappheit der Dienstleistung noch für die Wertschätzung der Tätigkeit.[19]

2. Haftung aus ökonomischer Perspektive

Insbesondere die im Rahmen einer Agenturbeziehung geschilderten Probleme sind aus verschiedenen anderen Bereichen bekannt, etwa aus der ökonomischen Analyse des Gesellschaftsrechts im Allgemeinen und dem Recht der Aktiengesellschaft im Speziellen. Die rechtsökonomische Forschung thematisiert Institutionen, welche die Ermessensspielräume reduzieren können. Eine dieser Institutionen, die den Kern des vorliegenden Aufsatzes darstellt, ist die Haftung. Sowohl die juristische als auch die betriebswirtschaftliche Literatur hat sich im Rahmen der Unternehmensverfassung eingehend mit dem Konzept der Vorstandshaftung befasst, sodass sich wichtige Implikationen ableiten lassen, inwiefern der Ansatz eine Reduzierung der durch diskretionäre Spielräume entstehenden Macht des politischen Akteurs bewirken könnte.

Während aus rechtlicher Perspektive insbesondere der Ausgleich des Geschädigten die Etablierung einer Haftung motiviert,[20] rückt die Ökonomik die Beeinflussung des Verhaltens in den Vordergrund, was auch für den hier betrachteten Fall als primäres Ziel adressiert wird. Es wird grundsätzlich davon ausgegangen, dass sich Menschen in ihren Handlungen von einer zumindest intuitiven Abwägung zwischen dem

---

[19] Natürlich ist es rein praktisch nicht vorstellbar, dass die Vergütung des politischen Akteurs individuell ausgehandelt wird, dennoch wäre es denkbar, dass hier bestimmte Gremien, (vgl. *Follert,* dms 2018, 244), die einerseits den politischen Akteur und andererseits den Wähler vertreten, zu Beginn einer jeden Legislaturperiode einen Preis anhand eines Systems aushandeln, wie es von den Tarifparteien bekannt ist.

[20] Vgl. hierzu *Schäfer/Ott,* Lehrbuch der ökonomischen Analyse des Zivilrechts, 6. Aufl., Berlin 2021, 166 mit weiteren (juristischen) Nachweisen.

Nutzen und den jeweiligen Kosten leiten lassen.[21] Gerade die
Folgen einer Handlung sind oftmals mit zeitlichem Versatz
feststellbar und insofern unsicher. Der Preis einer Handlung
ergibt sich insofern als Produkt aus der Wahrscheinlichkeit
und den Kosten, die etwa in einer Strafzahlung bestehen kann,
wie es *Becker* (1968)[22] am Beispiel des rationalen Kriminellen
demonstriert. Eine Handlung wird folglich umso teurer, je
wahrscheinlicher der Eintritt des negativen Ereignisses ist,
bzw. je höher die Strafe ist.

Die Wirkung unternehmerischer Entscheidungen ist
zum Entscheidungszeitpunkt selten genau absehbar. *Eucken*[23]
gilt als Verfechter des Prinzips der Haftung in der Marktwirtschaft[24]: «Wer den Nutzen hat, muß auch den Schaden tragen.»
Die Institution der Haftung kann aus ökonomischer Sicht bewirken, dass Entscheidungen einem strukturierten Prozess folgen und sich auf eine fundierte Erörterung möglicher Szena-
rien stützen. Um dies zu erklären, muss berücksichtigt werden,
dass die Folgen der Entscheidung eines Agenten – etwa des
Vorstands einer Aktiengesellschaft – nicht ihn, sondern unmit-
telbar die Gesellschaft und mittelbar die Eigentümer des Unternehmens treffen. Ziel ist es, diese negativen Auswirkungen
beim Entscheider zu internalisieren.[25] Es wird angenommen,
dass die Wahrscheinlichkeit einer Fehlentscheidung, die beim
Prinzipal zu Kosten führt, durch den Sorgfaltsmassstab, mit

---

[21] Vgl. statt vieler *Kirchgässner*, Homo Oeconomicus, 4. Aufl., Tübingen 2013.

[22] *Becker*, Crime and Punishment: An Economic Approach. Journal of Political Economy 1968, 169-217.

[23] *Eucken*, Grundsätze der Wirtschaftspolitik, 7. Aufl., Tübingen 2004, 279

[24] Als essentielle Institution einer marktwirtschaftlichen Ordnung wird die Haftung auch von *Starbatty*, Marktwirtschaft gibt es nicht ohne Haftung. Frankfurter Allgemeine Zeitung vom 18.01.2010, 10, erachtet. Auch *Richter/Furubotn*, Neue Institutionenökonomik, 4. Aufl., Tübingen 2010, 17, sehen die Haftung als «elementare konstitutionelle Regel[ung]» des «klassischen li-beralen Staates» an.

[25] Vgl., auch im Folgenden, Cooter/Ulen, Law and Economics, 6. Aufl., Boston u.a. 2012, 199-204.

dem der Agent die Entscheidung vorbereitet und die relevanten Determinanten analysiert, beeinflusst werden kann. Hierzu wird angenommen, dass die Wahrscheinlichkeit eine abnehmende Funktion des Sorgfaltsniveaus ist. Ziel ist es, dass der Entscheider im Rahmen seines Entscheidungsprozesses einen optimalen Sorgfaltsmassstab wählt, bei dem die Gesamtkosten ihr Minimum erreichen. Eucken[26] überträgt die ökonomische Überlegung treffend in den unternehmerischen Kontext:

> «*Investitionen werden um so sorgfältiger gemacht, je mehr der Verantwortliche für diese Investition haftet. Die Haftung wirkt insofern also prophylaktisch gegen eine Verschleuderung von Kapital und zwingt dazu, die Märkte vorsichtig abzutasten. [...] Die Kostenrechnung wird maßgebend. Wenn man für ein neugekauftes Unternehmen vollständig haftet, so wird man sich genau überlegen, ob man das Unternehmen kaufen soll.*»

Existiert keine Haftung, berücksichtigt der Entscheider lediglich die bei ihm anfallenden Kosten und wählt mit Blick auf die Gesamtkosten einen zu niedrigen Sorgfaltsmassstab, da die Vorbereitung einer sorgfältigen Entscheidung wiederum mit Kosten einhergeht.[27] Allerdings besteht durch eine Universalhaftung, die nicht an die Verletzung eines bestimmten Sorgfaltsniveaus geknüpft ist, die Gefahr, dass ökonomisch sinnvolle Projekte durch einen risikoaversen Entscheider nicht realisiert würden.[28] Um einerseits eine Internalisierung negativer externer Effekte und insofern eine verhaltenssteuernde Wirkung zu erreichen, aber andererseits keine Fehlanreize zu setzen und der Unvollkommenheit der Entscheidungssituation hinreichend Rechnung zu tragen, ist es erforderlich, dass es

---

[26] *Eucken* [Fn. 23], 280.

[27] Vgl. hierzu *Schäfer/Ott*, [Fn. 20], 172-175.

[28] Zum Spannungsfeld zwischen Haftung und Innovation siehe *Pies/Sass*, Haftung und Innovation – Ordonomische Überlegungen zur Aktualisierung der ordnungspolitischen Konzeption, List Forum für Wirtschafts- und Finanzpolitik 2010, 261-280.

korrespondierend zur Haftung einen Haftungsfreiraum gibt. Gäbe es keine Enthaftungsmöglichkeit, würde dies bei einem risikoscheuen Entscheider tendenziell dazu führen, dass er nur noch Projekte realisierte, die ein geringes Risiko aufweisen.[29]

3. Reduktion diskretionärer Potenziale durch eine Politikerhaftung

3.1. Grundidee

Die Unvollkommenheiten des Marktes für politische Dienstleistungen innerhalb einer Demokratie eröffnen dem politischen Akteur als Verwalter fremden Eigentums[30] diskretionäre Handlungsspielräume, die er im eigenen Interesse zulasten des Wählers ausnutzen kann. Ein zentrales Problem ist, dass politische Fehlentscheidungen bisweilen keine persönlichen Konsequenzen für den politischen Akteur nach sich ziehen, sodass nach ökonomischem Verständnis eine sog. «Kleinkostenentscheidung vom Typ II» vorliegt, deren Merkmal es ist, dass der Entscheider selbst keine persönlichen Konsequenzen trägt, die Entscheidungsfolgen für andere Individuen jedoch entsprechende Wirkungen entfaltet.[31] Daraus lässt sich ableiten, dass bei einem politischen Akteur, wenn er – wie Menschen im Allgemeinen – mehr oder weniger systematisch auf Anreize reagiert, durch eine Erhöhung der (erwarteten) Entscheidungskosten eine Verhaltensänderung angestossen werden kann. Eine denkbare Methode der Kostenerhöhung wäre die Einführung einer Politikerhaftung.

Eine ex-ante verhaltenssteuernde Wirkung entfaltet das Verursacherprinzip, das Konsequenzen seiner Entschei-

---

[29] Vgl. etwa *Graumann/Grundei*, Business Judgment Rule. Die Betriebswirtschaft 2005, 652.

[30] Vgl. hierzu etwa *Hoppe* [Fn. 3], 71 f.

[31] Vgl. *Kirchgässner*, Towards a theory of low-cost decisions. European Journal of Political Economy 1992, 305-320.

dung beim politischen Akteur internalisiert. Die Einheit von Entscheidung und Haftung ist, wie gezeigt, ein Grundpfeiler der Marktwirtschaft. Es ist aus ökonomischer Perspektive schwer nachvollziehbar, warum gerade Politiker nicht die persönliche Verantwortung für ihre Entscheidungen tragen sollten. *Gersbach*[32] formuliert es treffend:

> «*What we need is a device that can complement elections and can be integrated in a democracy. One of our major ideas is that office-holders should be rewarded for promises kept and punished for promises broken.*»

Im parlamentarischen System ist diese Sanktionierung hingegen nur bedingt gegeben, was diskretionäres Potenzial eröffnet. Eine steuernde Wirkung könnte erzielt werden, wenn Politiker für ihre Entscheidungen mit ihrem Privatvermögen haften würden. Im Folgenden sollen, aufbauend auf der ökonomischen Analyse des Zwecks einer (Politiker)Haftung, zentrale Mindestanforderungen herausgearbeitet werden, die eine solche Institution beinhalten sollte.

3.2 Mindestanforderungen an eine Politikerhaftung

Eine grenzenlose Haftung, die nicht an bestimmte, nachprüfbare Tatbestandsmerkmale geknüpft ist, würde aller Voraussicht nach zu Fehlanreizen führen. Politisches Entscheiden findet wie jedes menschliche Handeln unter der Unsicherheit der Zukunft und einer begrenzten Information statt, sodass wir im betriebswirtschaftlichen Sinne von schlecht strukturierten Entscheidungsproblemen sprechen, die in den meisten Fällen nur heuristisch lösbar sind.[33] Gerade neuartige Situationen mit erst

---

[32] *Gersbach*, Redesigning Democracy, Berlin 2017, 4.

[33] Vgl. etwa *Adam*, Planung in schlechtstrukturierten Entscheidungssituationen mit Hilfe heuristischer Vorgehensweisen, Betriebswirtschaftliche Forschung und Praxis 1983, 484-492. Eine Entscheidung, die ausnahmsweise vergleichsweise einfach zu treffen gewesen wäre, war die (Vor)Bestellung der COVID-

im Zeitablauf besseren entscheidungsrelevanten Informationen stellen Politiker vor Herausforderungen. Eine einseitige Haftung könnte eine zu vorsichtige Bewertung fördern, sodass Chancen – beispielsweise für grundlegende Reformen – nicht ergriffen werden. Ziel einer Haftung ist es daher weder, die Entscheidungsfreiheit der politischen Akteure einzuschränken, noch politisches Handeln unter Generalverdacht zu stellen. Vielmehr kann eine Haftung bewirken, dass Entscheidungen fundierter, insb. unter Kosten- und Nutzenaspekten, getroffen werden. Vor allem soll erreicht werden, dass Entscheidungen hinsichtlich des Prozesses und der Annahmen dokumentiert werden, sodass ex-post eine Überprüfung – unter den im Entscheidungszeitpunkt gültigen Bedingungen[34] – stattfinden kann.

In dem Masse, in dem eine nachträgliche Überprüfung zu den einer Entscheidung zugrundeliegenden Informationen und deren Bewertung möglich ist, ist es erforderlich, dass sich politische Akteure von einer persönlichen Haftung befreien können, indem sie nachweisen, dass sie im Rahmen ihrer Entscheidung einen adäquaten Sorgfaltsmassstab angewandt haben. Die Institution einer Politikerhaftung sollte folglich mit einer Regelung einhergehen, die dem politischen Akteur einen Haftungsfreiraum gewährt, sofern bestimmte Merkmale erfüllt sind.[35]

19-Impfstoffe durch die Europäische Union im Jahre 2020, vgl. *Gleißner et al.*, IJERPH 2021.

[34] Ansonsten bestünde die Gefahr eines Rückschaufehlers, vgl. *Follert/Gleißner/Möst*, Energies 2021; *Daumann et al.*, Political Decision Making in the CO-VID-19 Pandemic: The Case of Germany from the Perspective of Risk Management. International Journal of Environmental Research and Public Health 2022, 397.

[35] So kennt das Aktienrecht (etwa § 93 Abs. 1 Satz 1 AktG der Bundesrepublik Deutschland) zahlreicher Staaten die sogenannte «Business Judgment Rule», die einem Vorstand bei einer *unternehmerischen Entscheidung*, die *auf Basis angemessener Information* und *zum Wohle der Gesellschaft* getätigt wurde, einen «sicheren Hafen» gewährt, vgl. etwa *Brömmelmeyer*, Neue Regeln für die

Wenn wir die Politikerhaftung als logische Konsequenz einer marktlichen Betrachtung des politischen Prozesses
verstehen, dann ist es folgerichtig, dass dem politischen Akteur
zugestanden wird, sich gegen diese persönliche Haftung zu
versichern. Haftpflichtversicherungen sind nicht nur im privaten Kontext etabliert, sondern auch ein Instrument, mit dem
sich beispielsweise Angehörige bestimmter Berufe gegen einen
Rückgriff auf ihr privates Vermögen absichern können. Auch
für Vorstände von Aktiengesellschaften gibt es einen Markt,
auf dem sogenannte «Directors-and-Officers-Versicherungen»
(D&O) angeboten werden. Hieraus lassen sich drei primäre
Anforderungen ableiten, die eine Politikerhaftung aus rechts-
ökonomischer Sicht erfüllen sollte:

(1) Effektivität im Hinblick auf die Anreizwirkung.
(2) Möglichkeit der Enthaftung durch den politischen
    Akteur.
(3) Möglichkeit der Versicherbarkeit.

3.3 Operationalisierung und Limitationen

Die Idee einer Politikerhaftung wird in der deutschsprachigen
Öffentlichkeit insbesondere vom liberalen Publizisten und
Rechtsanwalt *Carlos A. Gebauer* unterstützt. Jüngst formulierte
Gebauer[36] einen Vorschlag für eine Operationalisierung dieser
Institution. Wie auch *Follert*[37] geht Gebauer von der verhaltens-
steuernden Wirkung einer Politikerhaftung aus, die jedoch von
einem entsprechenden Haftungsfreiraum begleitet werden
muss. Insbesondere nimmt *Gebauer* Anleihen beim deutschen

Binnenhaftung des Vorstands – Ein Beitrag zu Konkretisierung der Business
Judgment Rule. Zeitschrift für Wirtschafts- und Bankrecht 2005, 2066-2070.
[36] Vgl. *Gebauer* [Fn. 17].
[37] Siehe insbesondere *Follert*, dms 2018; *ders.* MSSR 2020; *ders.*, Warum haften
Politiker eigentlich nicht mit ihrem Privatvermögen? *WirtschaftsWoche* 45 vom
30.10.2020, 40; *ders.* Neue Regeln für neues Vertrauen: Ökonomische Überlegungen zur Bürger-Politiker-Beziehung, LI-Paper, Liberales Institut Zürich
(Hrsg.) 2021.

Aktienrecht. § 93 Abs. 1 Satz 1 AktG definiert, wann die Sorg-
faltspflicht eines Vorstandsmitglieds nicht verletzt ist:

> «*Eine Pflichtverletzung liegt nicht vor, wenn das Vor-
> standsmitglied bei einer unternehmerischen Entscheidung
> vernünftigerweise annehmen durfte, auf der Grundlage an-
> gemessener Information zum Wohle der Gesellschaft zu han-
> deln.*»

Als Kernmerkmale können wir insofern die *unternehmerische Entscheidung*, die *angemessene Information* sowie das
Wohl der Gesellschaft anführen.[38] In Analogie hierzu schlägt *Gebauer* folgende Formulierung für die Politikerhaftung im Falle
einer Verletzung der «Sorgfalt eines ordentlichen und gewissenhaften Mandatsträgers» vor:

> «*Eine Pflichtverletzung liegt nicht vor, wenn der Abgeord-
> nete bei einer politischen Entscheidung vernünftigerweise
> annehmen durfte, auf der Grundlage angemessener Informa-
> tion zum Wohle des Volkes zu handeln.*»[39]

Sofern dies erfüllt ist und der politische Akteur die entsprechenden Beweise vorbringt, haftet dieser nicht für den ent-
standenen Schaden. Aufgrund der ökonomischen Überlegungen gehen wir hier von der Effektivität der Anreizwirkung aus
und auch das zweite Erfordernis einer Enthaftungsmöglichkeit
ist gegeben. Um eine weitere Annäherung an den Markprozess
zu ermöglichen, ist es nur konsequent, dass *Gebauer* in seinem
Vorschlag die Versicherbarkeit des Haftungsrisikos aufführt:

> «*Schließt der Abgeordnete eine Versicherung zur Absiche-
> rung gegen Risiken aus seiner beruflichen Tätigkeit ab, ist
> ein Selbstbehalt von mindestens 10 Prozent des Schadens bis
> mindestens zur Höhe des Eineinhalbfachen seiner festen
> jährlichen Abgeordnetendiäten vorzusehen.*»[40]

---

[38] Vgl. etwa *Graumann/Grundei*, DBW 2005, 652-656.
[39] *Gebauer* (Fn. 17), 39.
[40] *Gebauer* (Fn. 17), 39.

Im Hinblick auf den Vorschlag einer Vergütung, die sich an der bisherigen Einkommenssituation des Abgeordneten orientiert, ist auch diese Regelung folgerichtig. Durch den Selbstbehalt kann aus ökonomischer Perspektive erreicht werden, dass das Risiko nicht vollends umverteilt werden kann. Gleichzeitig orientiert sich die Selbstbeteiligung jedoch an der individuellen Einkommenssituation des politischen Akteurs. Dies unterstützt einerseits die Effektivität der Politikerhaftung und erfüllt andererseits die marktliche Anforderung an eine Versicherbarkeit von Risiken.

Es stellt sich die Frage nach der konkreten Umsetzung der Tatbestandsmerkmale. Als Charakteristika einer *politischen Entscheidung* dürfte gelten, dass ihre Wirkungen eine Vielzahl von Bürgern betreffen, dass ihre Wirkungen in der Zukunft liegen und daher unsicher sind und sie daher einen Ermessensspielraum zulassen.

Als weitaus problematischer erscheint das Merkmal «Wohle des Volkes». Aus der Perspektive des methodologischen Individualismus sind Kollektivbegriffe grundsätzlich mit Vorsicht zu beäugen. Die Präferenzen der Bürger sind in hohem Masse subjektiv, heterogen und lassen sich nicht einfach zu einer «Volkspräferenz» aggregieren.[41] Diese Problematik ist bereits aus Aktiengesellschaften mit vielen Eigentümern bekannt. Zwar wird teilweise vorgeschlagen, ein eigenes Unternehmensinteresse zu konstruieren, was jedoch ebenfalls dem Individualprinzip zuwiderläuft, sodass der Vorstand einer Aktiengesellschaft nicht umhinkommen wird, einen Eigentümer nach bestimmten Merkmalen zu typisieren,[42] an dem sich das Handeln ausrichtet. Eine sinnvolle Typisierung ist bereits aus rechtlichen und politischen Gründen im Rahmen

---

[41] Hierzu bereits *Arrow,* Social Choice and Individual Value, New York 1951.

[42] Aus betriebswirtschaftlicher Sicht siehe etwa *Olbrich,* Wertorientiertes Controlling auf Basis des IAS 36? Zeitschrift für international und kapitalmarktorientierte Rechnungslegung 2006, 43-44.

einer Politikerhaftung nur schwer vorstellbar, was eine Operationalisierung erschwert. Aus ökonomischer Sicht wäre es im Hinblick auf das Effizienzkriterium allenfalls nachvollziehbar, dass für bestimmte Entscheidungen konkrete Adressaten typisiert werden und dargelegt wird, dass deren individueller Nutzen aus einer Entscheidung die ökonomischen Nachteile anderer Gruppen überkompensiert, sodass der Wohlfahrtseffekt insgesamt positiv ist.

Es erscheint daher als sinnvoll, die «angemessene Information» als wichtigstes Merkmal einer verantwortungsbewussten politischen Entscheidung heranzuziehen.[43] Um von «angemessenen Informationen» ausgehen zu können, muss im Rahmen einer entscheidungsvorbereitenden Risikoanalyse insbesondere aufgezeigt werden, welche positiven und negativen Abweichungen von einem Erwartungsszenario mit der *politischen Entscheidung* verbunden sind. Als sinnvoll kann die Erstellung einer aus dem unternehmerischen Kontext bekannten Entscheidungsvorlage angesehen werden. Diese Entscheidungsvorlage sollte Ziele, Nebenbedingungen, alternative Handlungsoptionen sowie eine Szenarioplanung inklusive der zugrundeliegenden Annahmen beinhalten.[44] Ein solches Vorgehen dient einerseits dem Dokumentationszweck sämtlicher zum Entscheidungszeitpunkt bekannten Informationen sowie deren Bewertung und kann dem politischen Akteur als Entlastung dienen. Andererseits werden dem Entscheider die kritischen Parameter nochmals vor Augen geführt, was die Verbindlichkeit der Entscheidung erhöht und einen höheren Sorgfaltsmassstab fördern kann. Schliesslich ist eine Gesamtbeurteilung der verschiedenen Handlungsoptionen unter Be-

---

[43] Vgl. *Follert/Gleißner*, Die Geister, die ich rief. Mit neuen Institutionen zu einem neuen Vertrauen in die Politik. Wirtschaftliche Freiheit vom 08.04.2021.
[44] Vgl. etwa *Graumann*, Die angemessene Informationsgrundlage bei Entscheidungen. Das Wirtschaftsstudium 2014, 317-320; *Gleißner/Stein/Wiedemann*, Die Business Judgement Rule als Treiber der Evolution des Risikomanagements. Der Betrieb 2021, 1485-1490.

achtung des prognostizierten Nutzens und der erwarteten Risiken durchzuführen (risikoadäquate Bewertung).

Die vom wahlpolitischen Kalkül losgelösten Herausforderungen und Inhalte sind bei der Vorbereitung politischer Entscheidungen weitgehend identisch wie bei unternehmerischen Entscheidungen unter Unsicherheit. Es geht um die Klarstellung der Ziele, das Aufzeigen der Handlungsalternativen sowie der damit verbundenen Risiken.[45] Wie auch bei strategischen Managemententscheidungen kann eine Handlungsoption dabei durchaus mit einer spezifischen Erhöhung bestimmter Risiken verbunden sein, mit dem Ziel andere – grössere – Risiken zu reduzieren.

Die Forschung im Bereich des betriebswirtschaftlichen Risikomanagements einschliesslich der Entscheidungs- und Bewertungstheorie hat im Rahmen unternehmerischer Entscheidungen ein breites Instrumentarium im Umgang mit Unsicherheit entwickelt, das auch gewissenhaften politischen Entscheidungen zum Alltag gehören sollte.[46] Eine quantitative Risikobewertung schliesst die Erweiterung der Zielsetzungen um normative Aspekte keineswegs aus und schränkt die Freiheit des politischen Akteurs nicht übermässig ein.[47] Entscheidend ist lediglich, dass diese Erwägungen dokumentiert sind und ihr Einfluss auf etwaige Zielgrössen hinreichend analysiert wird.

Freilich stehen der ökonomischen Idee politische und rechtliche Herausforderungen gegenüber. So wurde in diesem Aufsatz von einem abstrakten *politischen* Akteur ausgegangen. Hinsichtlich der Operationalisierung stellt sich die Frage nach dem konkreten Adressaten. Es ist nachvollziehbar, dass sich die Politikerhaftung – wie *Gebauer* es vorschlägt – auf den ein-

---

[45] Vgl. *Gleißner et al.*, IJERPH 2021, mit dem Fallbeispiel EU-Impfstoffbeschaffungspolitik.

[46] Als Beispiel der Operationalisierung siehe *Daumann et al.*, IJERPH 2022.

[47] Vgl. *Daumann et al.*, IJERPH 2022, 15.

74

zelnen Parlamentarier bezieht. Aufgrund des gegenwärtigen politischen Systems bringt dies jedoch zwei Probleme mit sich. Zum einen vertreten Mitglieder eines Parlaments nicht nur ihren Wahlkreis – sofern sie per Direktmandat gewählt wurden –, sondern das gesamte Volk.[48] Zum anderen könnten praktische Usancen, wie der sog. «Fraktionszwang», die Operationalisierung erschweren. Gleichzeitig könnte eine Politikerhaftung jedoch bewirken, dass sich jeder einzelne Parlamentarier mit den Chancen und Risiken seiner Entscheidung auseinandersetzt.

4. Abschliessende Bemerkungen

Der Vorschlag kann und will weder eine verfassungsrechtliche noch demokratietheoretische Erörterung ersetzen. Vielmehr erscheint es als nutzenstiftend, neben dem Bedarf einer Politikerhaftung einen operationellen Rahmen abzustecken. Jedoch ist es unerlässlich, dass weitere Wissenschaftsdisziplinen an einer möglichen Operationalisierung dieser Institution mitwirken. Dabei kann es aus liberaler Perspektive kein schlagendes Argument sein, dass etwa der Status quo des Rechts eine Politikerhaftung nicht zuliesse.

Die Analyse zeigt, dass adäquate Institutionen helfen können, Regierungsmacht zu begrenzen, Skandale und andere Vergehen zu verhindern und möglicherweise sogar neues Vertrauen bei den Bürgern aufzubauen. Diese Auswüchse sind freilich «kein notwendiges Attribut aller repräsentativen oder demokratischen Regierungen, sondern ein notwendiges Produkt nur aller unbeschränkten oder omnipotenten Regierung […]. Nur eine in ihrer Macht eingeschränkte Regierung kann eine anständige Regierung sein […].»[49]*

---

[48] Hierzu und zu weiteren Limitationen siehe bereits *Follert*, dms 2018, 247 ff.
[49] *von Hayek*, Recht, Gesetzgebung und Freiheit, Band 3, Die Verfassung einer Gesellschaft freier Menschen, Landsberg a.L. 1981, 26.
* Ich danke Univ.-Prof. Dr. Frank Daumann für wertvolle Hinweise.

Trennung von Medien und Staat: Bedingung zur Kontrolle der Macht

Olivier Kessler

Es ist eine Binsenweisheit, dass die staatliche Macht ohne «Checks & Balances», ohne gegenseitige Kontrolle der politischen Gewalten und ohne Begrenzung staatlicher Befugnisse unweigerlich korrumpiert. Mit dem Gewaltmonopol ausgestattet, sehen sich die Vertreter des Staates der permanenten Versuchung ausgesetzt, die individuelle Freiheit der Bürger einzuschränken, um die eigene Macht auszuweiten.

Aus diesen Gründen wurde die Idee der Gewaltenteilung aus der Taufe gehoben. Den Staat gelte es in verschiedene Untereinheiten aufzuteilen, wovon keine zu mächtig werden dürfe. Vielmehr sollen sich die Behörden gegenseitig in Schach halten. Der französische Staatsphilosoph Charles-Louis Montesquieu (1689–1755) formulierte den Leitgedanken der Gewaltenteilungslehre so:

> «*Alles wäre verloren, wenn ein und derselbe Mann oder dieselbe Körperschaft der Fürsten, des Adels oder des Volkes diese drei Gewalten ausübte: Gesetze zu erlassen, sie in die Tat umzusetzen und über Verbrechen und private Streitigkeiten zu richten.*»[1]

Die Erfahrung hat allerdings gezeigt, dass die Gewaltenteilung nicht ausreicht, um die offene Gesellschaft nachhaltig zu sichern. Auch wenn die drei Gewalten – Legislative, Exekutive und Judikative – von unterschiedlichen Personen kontrolliert werden, so stehen diese doch allesamt auf der Gehaltsliste desselben territorialen Gewaltmonopolisten: des Staates. Sie haben folglich allesamt ein gemeinsames Interesse an der

---

[1] Charles de Montesquieu (2003). *Vom Geist der Gesetze*. Stuttgart: Reclam. Buch XI, Abschnitt 6: Über die Verfassung Englands.

Aufblähung des Staatsapparates und des Staatsbudgets: Das bringt ihnen Jobsicherheit, wachsende Macht aufgrund zusätzlicher Aufgaben und Untergebener[2], sowie höhere Einkommen auf Kosten der Steuerzahler. Es genügt also nicht, die Staatsgewalt in drei oder mehr Einheiten aufzuteilen, zumal sich auch Staaten mit etablierter Gewaltenteilung tendenziell auf Kosten der individuellen Freiheit aufblähen.

Neben den drei erwähnten Gewalten werden Medien oft als weitere Gewalt angesehen, weshalb sie auch als «vierte Gewalt» bezeichnet werden. In der Tat haben Medien eine wichtige Funktion hinsichtlich der Kontrolle der politischen Gewalten. Medien als «vierte Gewalt» zu betiteln, ist allerdings nicht ganz unproblematisch, weil diese Bezeichnung impliziert, dass Medien ebenfalls Bestandteil des Staates sein können und eine Finanzierung durch den Staat mit ihrer Rolle vereinbar sei.

Vielmehr müsste diese «vierte Gewalt» aber konsequent von den anderen Staatsgewalten getrennt werden, damit sie überhaupt einen effektiven Beitrag für den Erhalt der freien Gesellschaft leisten kann. Denn die wichtigste Funktion der Medien besteht gerade darin, den Mächtigen – also den Vertretern des staatlichen Gewaltmonopols – kritisch auf die Finger zu schauen, Machtmissbrauch aufzudecken und Machtanmassung zu kritisieren. Wenn Medienschaffende selbst in der Gunst des Staates stehen, gibt es einen ernsthaften Zielkonflikt: Medien verkommen so letztlich selbst zu Akteuren, welche die Machtausdehnung des Staates fordern und durch ihr Wirken zu legitimieren versuchen. Sie werden zu einem Propagandainstrument der Staatsmacht. Anzustreben gilt es folglich eine Kontrolle der staatlichen Macht durch nichtstaatliche Akteure, von jemandem also, der nicht vom Staat angestellt ist und auch nicht auf seiner Lohn- und Subventionsliste steht.

---

[2] Cyril N. Parkinson (1958). *Parkinsons Gesetz und andere Untersuchungen über die Verwaltung*, Stuttgart: Schuler Verlagsgesellschaft.

Staatliche vs. private Macht

Warum aber sollten Medien vor allem dem Staat auf die Finger schauen? Der Staat ist doch im Gegensatz zu Privaten dem Gemeinwohl verpflichtet? Müsste man daher nicht eher privaten Unternehmen und Reichen, die lediglich ihr eigenes Wohl im Fokus haben, auf die Finger schauen?

Oftmals verhindern Klischees über die Natur des Staates eine realitätsnahe Antwort auf diese Frage. Es wird behauptet, in einer Demokratie seien der Staat «wir alle» und «wir alle» könnten ja bestimmen, was der Staat tun solle. Dieser Sichtweise liegt aber ein unzulässiger Anthropomorphismus zugrunde, welcher ein abstraktes Gebilde wie den Staat fälschlicherweise als handelndes Wesen erachtet, das im Gegensatz zu Privaten ausschliesslich dem Gemeinwohl diene. Der Staat aber sind nicht «wir alle», sondern die in seinem Namen Handelnden, die wie alle anderen Menschen auch, Eigeninteressen verfolgen. Diese Eigeninteressen legen sie nicht ab, wenn sie zum Parlamentarier, Regierungsmitglied oder Richter gewählt werden oder in der öffentlichen Verwaltung zu arbeiten beginnen.[3]

Staatliche Macht basiert auf dem Gewaltmonopol. Die entsprechenden Zwangsmittel können von jenen, die den staatlichen Machtapparat gerade kontrollieren, eingesetzt werden, um anderen ihren Willen aufzunötigen. Das Gewaltmonopol erlaubt es, andere Menschen zu unterwerfen – notfalls mit Polizeigewalt, wenn die Herumkommandierten und vom Fiskus Bedrohten sich nicht fügen wollen. Diese potenzielle Macht ist es, die für die Gesellschaft eine permanente Gefahr darstellt. Es besteht eine ständige Versuchung zum *Gebrauch* des Gewaltmonopols für die Durchsetzung von Interessen einiger auf Kosten anderer.

---

[3] Vgl. dazu: Pierre Bessard und Olivier Kessler (2020). *64 Klischees der Politik: Klarsicht ohne rosarote Brille*. Zürich: Edition Liberales Institut. S. 25-28.

Nichtsdestotrotz hält sich aufgrund intensiver Propaganda hartnäckig der Glaube, die wirklich Mächtigen seien in Wahrheit die Reichen und die grossen Konzerne. So waren nach einer Umfrage der Friedrich-Ebert-Stiftung 74,6 Prozent der Befragten der Meinung, dass letztlich nicht die Politik, sondern die Wirtschaft in ihrem Land entscheide.[4] Das stimmt so natürlich nicht. Kein Unternehmen und kein Reicher kann einen Politiker auf legalem Weg dazu zwingen, dass dieser in seinem Sinne handelt. Wer das als Privater tut, macht sich strafbar. Über solche legalen Instrumente der Gewaltandrohung und -anwendung verfügen einzig die Akteure des Staates.

Die «Macht» von wohlhabenden Privaten zur Durchsetzung ihrer Interessen ist also – im Gegensatz zu jener der Politiker und Bürokraten – beschränkt (es sei denn, sie werden selbst zu Politikern oder Staatsdienern). Abgesehen von ein paar wenigen Ausnahmen (wie Volksabstimmungen) entscheiden Politiker und Beamte darüber, welche Regeln für alle gelten sollen. Auch entscheiden sie darüber, ob sie sich bestechen lassen wollen oder nicht. Ein Privater kann lediglich Bestechungsangebote machen, jedoch nicht die Entscheidung für den Politiker treffen. Deshalb gilt: «Die Herrschenden müssen bewacht werden, nicht die Beherrschten», wie es der Schriftsteller Friedrich Dürrenmatt (1921–1990) formuliert hat.

Wenn die staatlichen Machthaber den ihnen zugewiesenen engen Handlungs- und Kompetenzspielraum überschreiten, haben dies die Medien aufzudecken und der Öffentlichkeit bekanntzumachen. Nur durch diese Transparenz werden die Bürger über wichtige Vorkommnisse wie Korruption, Machtanmassung, Willkür oder Angriffe auf individuelle

---

[4] Sarah Morcos (2016). Einstellungen in der Gesellschaft – Vertrauen in Politik, Medien und Demokratie. *Friedrich-Ebert-Stiftung.* Abgerufen auf: https://www.fes-mup.de/files/mup/pdf/Praxisbeispiele_sonstigePDF/MuP-Blick_in_die_Forschung_Vertrauen_in_Politik_und_Demokratie_2016.pdf

Rechte informiert. Nur so können sie bei den nächsten Wahlen und Abstimmungen korrigierend eingreifen. Nur so kann öffentlicher Druck gegenüber Missständen und illegitimen Massnahmen erzeugt werden (etwa durch Rücktrittsforderungen, Demonstrationen, zivilen Ungehorsam etc.).

Ohne Medien, die als Schiedsrichter über die Einhaltung der Spielregeln wachen, wären dem staatlichen Machtmissbrauch Tür und Tor geöffnet. Öffentlichkeit sei der einzige Schutz der Bürger vor der Willkür politischer Herrschaft, meinte der bedeutende Schweizer Staatstheoretiker Benjamin Constant (1767–1830).[5] Und um Machtanmassung bekanntzumachen, brauche es gerade unkorrumpierbare Medien.

Viele Medienschaffende wahren allerdings keine professionelle Distanz zu politischen Machthabern. Schlimmer noch: Sie verbünden sich mit diesen, um gemeinsame Ziele zu erreichen. Sie stellen selten kritische Fragen, wo es angebracht wäre. Sie fassen jene Politiker mit Samthandschuhen an, die Wasserträger ihrer präferierten (etatistischen) Ideologien sind, während perfide mediale Hetzkampagnen gegen Andersdenkende und Kritiker von politischen Massnahmen veranstaltet werden, wie jüngst wieder einmal die Corona-Krise verdeutlicht hat. Sie nehmen die immer weitergehenden Eingriffe in die Freiheitsrechte der Bürger schulterzuckend hin. Nicht selten sind sie sogar Mittäter, indem sie die Entscheidungsträger dazu antreiben, noch schärfere Grundrechtseingriffe durchzuboxen – wie beispielsweise in der Corona-Krise beobachtet werden konnte, als Journalisten dem Bundesrat Fragen stellten wie «Müsste der Bundesrat jetzt nicht endlich schärfere Massnahmen ergreifen?».

Welche Gründe kann es haben, dass die Medien ihrer Rolle als Durchleuchter politischer Macht oftmals nicht gerecht

---

[5] Benjamin Constant (1972). *Über die Freiheit der Broschüren, Flugschriften und Zeitungen, betrachtet unter dem Gesichtspunkt des Interesses der Regierung.* Berlin: Propyläen. S. 281.

werden? Zwei Faktoren, die wir uns im Folgenden genauer an-
schauen wollen, dürften hier eine entscheidende Rolle spielen:
Die Berufsethik der jeweiligen Journalisten und die Abhängigkeit vom Staat.

Eine Frage der Berufsethik

Für Nicht-Insider ist es oftmals nur schwer nachvollziehbar,
wie eng Journalisten und Politiker tatsächlich miteinander ver-
woben sind. Hinter den Kulissen gibt es eine Vielzahl persönlicher Kontakte, die gemäss dem Politikwissenschaftler
Thomas Mayer wechselseitig und «emotional imprägniert»
sind.[6] Das Verhältnis zwischen Politikern und Journalisten sei
jedoch nicht immer nur gut. Manchmal sogar regelrecht «ver-
giftet».[7] Warum? Politiker fürchteten im Umgang mit Medienschaffenden die Gefahr des Kontrollverlusts. Denn Journalisten hätten im Prinzip stets die Macht, die Politiker medial
blosszustellen oder sie zumindest unsympathisch rüberzubrin-
gen. Medienleute auf der anderen Seite verachteten die Politiker, weil sie ihre Spielchen und Inszenierungen durchschau-
ten. Mayer fühlt sich dabei «an ein verdrossenes Ehepaar erinnert, das in gegenseitigem Misstrauen gealtert ist und sich
doch nicht scheiden lassen kann.»[8]

Welche Umstände führen dazu, dass Politiker und
Journalisten scheinbar nicht ohne einander können? Einige
Medienschaffende suchen regelrecht die Nähe zur politischen
Macht, weil sie sich davon exklusiven oder vorzeitigen Zugang
zu Informationen erhoffen. William Perry, einstiger US-Vertei-
digungsminister, meinte:

---

[6] Thomas Mayer (2015). *Die Unbelangbaren. Wie politische Journalisten mitregieren.* Berlin: Suhrkamp. S. 38.
[7] a. a. O., S. 60.
[8] a. a. O., S. 60-61.

«Journalisten sind wie Krokodile: Man muss sie nicht lieben, aber man muss sie füttern.»[9]

Der Vorteil für den Journalist besteht darin, diese «News» der Öffentlichkeit als erstes – also noch vor seinen Wettbewerbern – präsentieren zu können (wobei die Nachricht z.B. darin bestehen kann, zu verlautbaren, was der Bundesrat am Folgetag entscheiden wird). Damit steigt die Wahrscheinlichkeit, von der Konkurrenz zitiert zu werden. Der Arbeitgeber des Journalisten freut sich natürlich, wenn sein eigenes Produkt in anderen Publikationen erwähnt wird. Auch der verantwortliche Journalist wird solche «Leistungen» bei den nächsten Lohnverhandlungen in die Waagschale werfen können.

Der Draht zu staatlichen Machthabern hat jedoch auch seinen Preis. Wer den Politiker, von dem er seine exklusiven Infos bezieht, in der Berichterstattung zu kritisch begleitet, riskiert, nicht mehr lange in dessen Gunst zu stehen. Er könnte durch einen anderen Journalisten ersetzt werden, der dem Informationslieferanten mehr «Goodwill» entgegenbringt oder der es zumindest mit einer unkritischeren Berichterstattung dankt. Der Deal lautet überspitzt formuliert: Exklusiven Zugang zu Informationen gegen unterwürfige Hofberichterstattung.

Der Wirtschaftswissenschaftler Ludwig von Mises (1881–1973) beobachtete diesen Wettstreit bei der Informationsbeschaffung schon zu seinen Zeiten:

«Die Regierung hatte es nicht nötig, die Journalisten zu bestechen; es genügte, sie zu informieren. Die Journalisten fürchteten nichts so sehr, als dass man sie einen Tag später als andere ihrer Zunft informieren könnte. Um dieser Strafe

---

[9] Zitiert in: Peter Filzmaier, Peter Plaikner und Karl. A. Duffek (Hrsg., 2006). *Mediendemokratie Österreich*. Böhlau: Edition Politische Kommunikation. S. 265.

zu entgehen, waren sie immer bereit, den Regierungsstandpunkt zu vertreten.»[10]

Es ist auch denkbar, dass die Führungsetage eines Medienkonzerns einen guten Draht zur Regierung pflegt, und auf diesem Weg an exklusive Informationen gelangt, die sie dann gezielt in der Mitarbeiterhierarchie hinunterreicht. Um diese Beziehungen nicht zu gefährden, ist es auch denkbar, dass die Führungsriege eines solchen Medienkonzern dann den eigenen Mitarbeitern untersagt, kritisch über die entsprechende Regierung zu berichten. So ist etwa Ende 2021 bekanntgeworden, dass der CEO von Ringier, Marc Walder, dem enge Beziehungen zu Regierungsmitglieder nachgesagt werden, intern die Weisung ausgesprochen hatte, dass man die Corona-Massnahmen der Regierung nicht kritisch hinterfragen dürfe, um die Politik der Regierung zu stützen. Was letztlich die tatsächliche Motivation eines solchen redaktionellen Eingriffs war, sei einmal dahingestellt, doch zeigt das Beispiel, dass der Druck, gemeinsame Sache mit der Macht zu machen, auch von oben kommen kann und nicht immer vom einzelnen Journalisten so gewollt sein muss.

Für politische Zwecke eingespannt

Politiker ihrerseits sind im Hinblick auf die Wahlen auf Publizität angewiesen. Und das, wie Thomas Mayer betont, «möglichst in der Form zustimmungsfähiger Selbstdarstellung, denn sie allein schafft Bekanntheit und im günstigsten Fall auch Legitimation, die Währung der Macht».[11] Politiker (und jene, die es noch werden wollen) sowie die sie unterstützenden Kommunikationsprofis beobachten die Redakteure oft minutiös in ihrer Arbeitsweise. Sie ziehen daraus ihre Schlüsse und

---

[10] Ludwig von Mises (1978). *Erinnerungen.* Stuttgart/New York: Gustav Fischer. S. 30.
[11] Thomas Mayer (2015). *Die Unbelangbaren. Wie politische Journalisten mitregieren.* Berlin: Suhrkamp. S. 84.

versuchen, Journalisten für ihre eigenen Zwecke einzuspannen: etwa zur Verbreitung eigener Standpunkte oder negativer Meldungen über die politische Konkurrenz.

Natürlich haben es Redakteure in ihrer Arbeit nicht leicht. Gewiefte PR-Experten sorgen dafür, dass ihre Auftraggeber – internationale Organisationen, Regierungen, Ämtern und Parteien – etwa bei Medienmitteilungen nur im allerbesten Licht erscheinen. Die Fakten werden oftmals skrupellos beschönigt. «Je wichtiger der Politiker ist, desto grösser ist das Heer von Beamten, Beratern, Pressesprechern und Spin-Doktoren, das dazu da ist, die Botschaft, die der Journalist vermitteln soll, so zu drehen, wie es dem jeweiligen Interesse am besten entspricht», berichtet Karl-Peter Schwarz aus seiner eigenen Erfahrung als langjähriger Journalist.[12]

Es stellt zweifelsohne eine Herausforderung dar und erfordert ein gutes Gespür, das Unstimmige, Widersprüchliche und Vertuschte herauszuarbeiten. Dass es als politischer Journalist alternativlos sei, eng mit Politikern zusammenzuarbeiten, um überhaupt an Geschichten zu kommen, ist jedoch eine reine Schutzbehauptung. In der Politik wimmelt es nur so von Widersprüchen, Machtkämpfen, Spielchen, Manipulationen, Unwahrheiten, Verschleierungen, Selbstbereicherungen und Machtmissbräuchen. Wer als Journalist hier wachen Auges durch die Welt geht; wer aufmerksam die Medienmitteilungen von Parteien und öffentlichen Ämtern sowie die Berichte öffentlich-rechtlicher Betriebe liest und darauf achtet, was eben gerade nicht gesagt wird und was damit eventuell vertuscht werden soll, wird an allen Ecken und Enden «Stories» entdecken, die an die Öffentlichkeit gehören. Persönliche Nähe zur politischen Macht bedarf es dazu nicht, lediglich einen klaren Verstand, Fachkenntnisse, Mut und Rückgrat. Die Berufsethik

---

[12] Karl-Peter Schwarz (16. Mai 2017). «*Lügenpresse!*» – *Über journalistische Ethik, Zensur und Political Correctness*. Abgerufen auf: https://kairos.blog/2017/05/16/luegenpresse-ueber-journalistische-ethik-zensur-und-political-correctness/

ist daher entscheidend für einen Qualitätsjournalismus, der sich als Gegenpol der Macht versteht und nicht als dessen verlängerter Arm.

Der Grund für die Missachtung dieser Berufsethik und das Suchen einer unkritischen Nähe zu politischen Machthabern könnte nebst der Zustimmung zur Ideologie der entsprechenden Politiker auch im Streben nach einer Minimierung der eigenen Aufwendungen und Recherchetätigkeiten liegen, um so bei gleichem Lohn mehr Freizeit für sich selbst zu gewinnen. Indem der Redakteur einen Teil seiner Aufgaben bequem von «Ghostwritern» aus der PR-Branche erledigen lässt, braucht er sich der mühevollen Arbeit, sich aktiv auf die Suche nach «Geschichten» zu machen, nicht mehr zu widmen. Sie werden einem dann vielmehr wie «Push»-Nachrichten auf einem Silbertablett zugetragen – und zwar ausgerechnet von jenen Akteuren, die man in der eigenen Arbeit kritisch begleiten *sollte*. Von jenen Playern also, welche die Geschichten selbst betreffen und folglich ein Interesse an deren Aufpolierung und Schönfärbung haben.

In einem freien Medienmarkt (in welchem sich Angebot und Nachfrage frei von Zwangseingriffen des Staates bilden könnten) hätten die Medienkonsumenten das Sagen. Wem die Berichterstattung gewisser Medien zu «machtnah», «propagandistisch» oder «unkritisch» ist, der kann die Abos der entsprechenden Publikationen abbestellen. Durch die sich reduzierenden Einnahmen kämen die betroffenen Medienhäuser unter Zugzwang: Wer sich nicht an den Wünschen der Leser, Zuhörer oder Zuschauer orientiert, sondern an jenen der Politik, der wird über kurz oder lang vom Markt verschwinden. Doch leider ist der Medienmarkt auch in der «freien Welt» alles andere als frei, was uns zum zweiten Punkt bringt, weshalb viele Medien die staatliche Macht kaum zu kritisieren wagen: die problematische Politisierung der Medienlandschaft.

Das grosse Interesse des Staats an den Medien

Nebst dem selbstgewählten Verrat an der eigenen Berufsethik gibt es einen wichtigen institutionellen Grund, weshalb viele Medien ihre Kernaufgabe – die Kontrolle politischer Macht – nicht ausreichend wahrnehmen können oder wollen: die finanzielle Abhängigkeit vom Staat.

Medien sind generell beliebte Ziele politischer Einmischung. Wird diese Bastion erst einmal vom Staat eingenommen, wird sie in den meisten Fällen zu einer Stütze der politischen Macht umfunktioniert. Dafür gibt es genügend historisches Anschauungsmaterial. In der Folge wollen wir uns mit den Medien im Kommunismus und im Nationalsozialismus zunächst zwei Extrembeispiele ansehen, um zu verdeutlichen, welche entscheidende Rolle für den Machterhalt die Medien spielen können. Anschliessend wenden wir uns dann der Medienlandschaft in der heutigen «freien Welt» zu.

Die Medien im Kommunismus

Die Rolle der Medien im sozialistischen Osten war es dem ungarischen Publizisten Paul Lendvai zufolge nicht, «eine kritische Stellung zu wichtigen [politischen] Beschlüssen zu beziehen und Gegenvorschläge zu machen». Vielmehr sei es darum gegangen, «sich in politischer Überredungskunst zu üben und bereits gefasste Beschlüsse – gewöhnlich hinter verschlossenen Türen – zu propagieren sowie für ihre aktive Unterstützung durch die Bevölkerung zu sorgen».[13] Damit dies sichergestellt werden konnte, wurden die Massenmedien der absoluten Kontrolle der Politik unterworfen. Lendvai beschreibt diese Tatsache wie folgt:

---

[13] Zitiert in: Paul Lendvai (1980). *Der Medien-Krieg: Wie kommunistische Regierungen mit Nachrichten Politik machen*. Frankfurt/Berlin/Wien: Ullstein. S. 20.

«Angesichts der tiefen Kluft zwischen dem, was diese kommunistisch regierten Gesellschaften in Wirklichkeit, und dem, was sie in der Darstellung ihrer Führer sind, kommt den Medien die Schlüsselfunktion zu, das allgemeine Bewusstsein so zu formen, wie es sein soll. Totale Kontrolle über den Nachrichtenstrom, Widerspiegelung jeder Wendung in Bezug auf die innenpolitischen und aussenpolitischen Prioritäten und unablässige aufdringliche Wiederholung simplifizierter politischer Botschaften sind die hervorstechenden Charakteristika der kommunistischen Propagandatechnik.»[14]

Es ging den verstaatlichten Medien also nicht darum, sicherzustellen, dass Politik für das Volk gemacht wurde. Vielmehr halfen sie aktiv mit, die unterworfene Bevölkerung durch Lüge, Täuschung und Propaganda gefügig zu machen, so dass diese die Machtanmassung der politischen Herrscher mehrheitlich zu akzeptieren bereit war. Es ging darum, dafür zu sorgen, dass die Staatslenker ihre eigene Agenda besser durchsetzen konnten. Sämtlicher Widerspruch sollte bereits im Keim erstickt, jeglicher Widerstand gebrochen werden, damit es sich einfacher regieren lässt. Die Parteizeitung *Pravda* (was zu Deutsch ironischerweise *Wahrheit* bedeutet) beschrieb das «journalistische Ideal» so:

«Ein Journalist ist ein aktiver Kämpfer für die Sache der Partei. […] Er muss […] die Fähigkeit besitzen, seine Gedanken überzeugend und brillant vom leninistischen Standpunkt aus darzulegen.»[15]

Wohlverstanden: vom «leninistischen Standpunkt aus», nicht vom Standpunkt eines wahrheitsgetreu und redlich

---

[14] a. a. O., S. 19.
[15] Pravda (6. Mai 1979). Zitiert in: Paul Lendvai (1980). *Der Medien-Krieg: Wie kommunistische Regierungen mit Nachrichten Politik machen.* Frankfurt/Berlin/Wien: Ullstein. S. 18.

berichtenden Beobachters. Im Kommunismus trat Propaganda an die Stelle des kritischen Journalismus.

Lendvai betont zudem, dass es im damaligen Ostblock keinen Wettbewerb der Medien gegeben habe:

«Die Hauptaufgabe der Medien besteht in totalitären Regimes nicht darin, über Tagesereignisse zu berichten und durch Glaubwürdigkeit um das Vertrauen der Öffentlichkeit zu werben, sondern darin, der Partei zu dienen. Die Herausgeber brauchen sich um die Auflagenzahlen keine Sorgen zu machen, denn es gibt keine Konkurrenz. Zeitungspapier wird ja, ebenso wie das Nachrichtenmaterial, nach politischen und propagandistischen Prioritäten bemessen und rationiert. Die Reaktion der Leser hat auf die Auflage der Zeitung nicht den geringsten Einfluss, ebenso wenig der Ruf der einzelnen Publikationen, ihrer Redakteure und Verfasser.»[16]

Werden Medien vom Staat finanziert, brauchen sich diese also um die Meinung des Publikums keine Sorgen mehr zu machen. Wirkungsvolles Kundenfeedback wird ausgeschaltet. Wer mit der Berichterstattung unzufrieden ist, kann beispielsweise nicht zu einem Konkurrenzanbieter wechseln und sein betroffenes Abo kündigen. Es handelt sich ja auch nicht um einen freiwillig abgeschlossenen Vertrag, sondern um ein schlimmes Übel, dass der Staat den Bürgern androht, sollten sie seiner Zahlungsaufforderung nicht nachkommen.

Nach dem Verständnis der politischen Machthaber in der Sowjetunion war eine mediale Nachricht ausschliesslich etwas, das «ausgenutzt werden kann, um die jeweilige Parteipolitik oder den wirtschaftlichen Fortschritt zu illustrieren». Fast alles andere wurde «als unwichtig oder ohne Informationswert

---

[16] Paul Lendvai (1980). *Der Medien-Krieg: Wie kommunistische Regierungen mit Nachrichten Politik machen*. Frankfurt/Berlin/Wien: Ullstein. S. 21.

angesehen».[17] So wurde etwa über Entwicklungsländer, auf welche die Sowjets Einfluss nahmen (beispielsweise mit Waffenlieferungen während des Kalten Kriegs) nur sehr selektiv berichtet: Grausame Verbrechen in diesen Ländern – etwa durch die unterstützten Diktatoren – wurden solange von den sowjetischen Medien verschwiegen, wie ein gutes Image dieser Länder in der Öffentlichkeit von Nutzen war.[18]

Vernichtende Enthüllungen über das Ausmass der Zensur lieferte beispielsweise der 1977 vom kommunistischen Polen nach Schweden geflohene Zensor Tomasz Strzyzewski auf über 600 Seiten Dokumenten, die er mit sich führte und deren Echtheit die polnische Regierung nie dementierte. Die überwältigende Zensur sei deshalb von den Lesern verborgen geblieben, «weil jede Zeitung über eine eiserne Reserve von vorbereitetem, nicht politischem oder völlig harmlosem Material verfügte, mit dem jeder von der Zensur gestrichene Text jederzeit ersetzt werden konnte».[19] Die Statistiken belegen, dass alleine im Monat März des Jahres 1974 in Polen satte 1236 Zensureingriffe stattfanden und ganze 182 Texte von den Zensoren gestrichen wurden.

Die vom polnischen Zensor mitgeführten Akten enthielten auch wörtliche Zitate der Zensuranweisungen. Nachfolgende Beispiele verdeutlichen, dass wissentlich die Gefährdung der Sicherheit und der Gesundheit der Bevölkerung in Kauf genommen wurde, um Fehler und Misserfolge der Politiker zu vertuschen. Auch heikle Angelegenheiten, die öffentlichen Widerspruch oder Widerstand hätten hervorrufen können, wurden unter dem Deckel gehalten:[20]

---

[17] Gayle Durham Hollander (1972). *Soviet Political Indoctrination: Developments in Mass Media and Propaganda Since Stalin.* S. 37-40. New York: Praeger.
[18] Paul Lendvai (1980). *Der Medien-Krieg: Wie kommunistische Regierungen mit Nachrichten Politik machen.* Frankfurt/Berlin/Wien: Ullstein. S. 80 ff.
[19] a. a. O., S. 119.
[20] Siehe zu den folgenden Beispielen: a. a. O., S. 121 ff.

- «*In der Schule Nr. 80 in Danzig wurde eine schädliche Substanz entdeckt, die aus dem Kitt austrat, mit dem die Fenster abgedichtet waren. Die Schule wurde vorübergehend geschlossen. Es darf keinerlei Information über diese Angelegenheit an die Öffentlichkeit gelangen.*»
- «*Mitteilungen über die Gefährdung von Leben und Gesundheit der Menschen durch Chemikalien, die in Industrie und Landwirtschaft verwendet werden, sind zu streichen.*»
- «*Verboten ist jegliche Information über Nahrungsmittelvergiftungen und Epidemien, die grössere Menschengruppen, und vor allem in wichtigen Betrieben, betreffen.*»
- «*Alle Nachrufe, Anzeigen und Ankündigungen von Zusammenkünften auf Friedhöfen, vor Denkmälern und Gedenkstätten, geplant von ehemaligen Angehörigen der Heimatarmee und anderen rechtsgerichteten Organisationen, die am Warschauer Aufstand beteiligt waren, sind einzuziehen.*»
- «*Keinerlei Information darf über die Sonderpensionen erfolgen, die der Premierminister bestimmten Personen gewährt.*»
- «*Jegliche Kritik an der Einkommens- und Sozialpolitik, einschliesslich Lohnforderungen, ist verboten. Das gilt auch für die sozialen Dienstleistungen wie Pensionen, Stipendien, Urlaub, Gesundheitsdienst etc.*»

Nicht etwa das Auto oder die Datscha (das Ferienhaus) waren die grössten Privilegien der Menschen in sozialistischen Ländern. Es war der Zugang zu wahrheitsgetreuer Berichterstattung. Rang und Einfluss entschieden über die Art der Information, die man erhielt: Je höher in der Parteienhierarchie man angesiedelt war, desto eher wusste man, was eigentlich vor sich ging.[21] Dabei kommt einem unweigerlich das Zitat von George Orwell in den Sinn, der in seinem Klassiker *Farm der Tiere* treffend meinte: Im Kommunismus seien alle gleich, «nur

---

[21] a. a. O., S. 135.

einige sind gleicher».[22] Nicht die Wahrheit stand im Vordergrund, sondern das Wohl und die Machtabsicherung der Parteibonzen.

Auch die Medienvielfalt litt unter dem staatlichen Einfluss auf die Medienlandschaft. So reagierten die kommunistischen Machthaber etwa sehr allergisch auf die Nachrichten in internationalen Medien aus dem Westen: Sie diskreditierten andersdenkende Journalisten, schleusten Agenten in westliche Medienhäuser ein und benutzten Störsender, welche die eigenen Bürger am Empfang ausländischer Medien hinderten. In der Sowjetunion waren rund 3000 Störsender im Einsatz, die enorme Energiekosten nach sich zogen und von rund 5000 Staatsangestellten betreut wurden. Diese Eindämmung der Medienvielfalt kostete die sowjetischen Bürger pro Jahr rund 300 Millionen Dollar.[23]

Die Medien im Nationalsozialismus

Doch nicht nur für die roten Sozialisten stellte es eine Notwendigkeit dar, die Medien zu okkupieren, um ihre verbrecherische Politik in einem guten Licht darzustellen. Auch die braunen Sozialisten setzten in ihrer Strategie der öffentlichen Beeinflussung schwerpunktmässig auf den staatlichen Rundfunk. Sie nutzten ihn, um ihre Hass-Propaganda zu verbreiten und ihre Machtposition auszubauen.[24]

Schon am Abend der Machtübernahme Hitlers am 30. Januar 1933 übertrugen die Staatsmedien den Fackelzug zu Ehren des «Führers». Am folgenden Tag hielt Hitler seine erste Radioansprache. Hitler selbst sah die Staatsmedien als ent-

[22] George Orwell (1946). *Farm der Tiere*. Zürich: Amstutz, Herdeg & Co.
[23] Paul Lendvai (1980). *Der Medien-Krieg: Wie kommunistische Regierungen mit Nachrichten Politik machen*. Frankfurt/Berlin/Wien: Ullstein. S. 173.
[24] Vgl. zum Folgenden: Dominik Reinle (30. Juni 2005). Hörfunk und Fernsehen in der Nazi-Zeit. *WDR*. Abgerufen auf: https://www1.wdr.de/archiv/rundfunkgeschichte/rundfunkgeschichte124.html

scheidendes Vehikel zur Indoktrinierung des Volkes: «Der Rundfunk ist ein Hauptmittel der Volksaufklärung und Propaganda.»

Bei den 45 ausgestrahlten Wahlsendungen bis zur Reichstagswahl vom 5. März 1933 waren nur Regierungsparteien zu den Mikrofonen des Staatssenders zugelassen. Reichssendeleiter Eugen Hadamovsky meinte begeistert: «Wir begannen im Rundfunk mit einer phantastischen Welle politischer Beeinflussung, Agitation und Propaganda in jeder Form». Abend für Abend durfte Hitler unwidersprochen seine Reden auf dem Sender halten. Das Resultat: Zusammen mit den Deutschnationalen holte die NSDAP bei der Wahl die absolute Mehrheit.

Schon vor der Machtergreifung der Nationalsozialisten, während der Zeit der Weimarer Republik, wurde der Hörfunk verstaatlicht: Die Mehrheitsanteile hielten das Reich und die Länder. Das Innenministerium und die Landesregierungen kontrollierten das Programm. Der Staat hatte auch die Mehrheit bei der 1925 gegründeten Reichsrundfunkgesellschaft. Der Fall zeigt: Wenn eine vermeintlich freie Demokratie von ihrem Weg abkommt und Dinge verstaatlicht, die nicht verstaatlicht gehören, kann dies totalitären Regimes den Weg ebnen.

Die braunen Sozialisten nahmen die verstaatlichte Medieninfrastruktur natürlich dankend an. Schon eine Woche nach den gewonnenen Wahlen richteten die Nationalsozialisten das neue «Reichsministerium für Volksaufklärung und Propaganda» ein. Joseph Goebbels wurde mit der Leitung dieses Ministeriums beauftragt, der seine Aufgabe darin sah, den Massen «die neue Gesinnung» bekannt zu machen. In einem Rundschreiben vom 15. Juli 1933 teilte Hitler mit, das Reich müsse «die unbeschränkte Verfügungsgewalt nicht nur über das öffentliche Rundfunknetz haben, sondern auch über die Reichsrundfunkgesellschaft und die Rundfunkgesellschaften.»

Es fanden schliesslich personelle Säuberungen im Rundfunk statt. Alle, welche die Ansichten der Nationalsozialisten nicht teilten, wurden entlassen. Das Publikum andererseits sollte mit einem «heiteren Programm» an die Staatssender gebunden werden.

Eine über die Staatssender verbreitete Lüge führte letztlich auch zum Ausbruch des Zweiten Weltkriegs. Nachdem die SS einen angeblich polnischen Überfall auf den Sender Gleiwitz inszeniert hatte, verkündete Hitler am 1. September 1939 auf allen Reichssendern: Es «bleibt mir kein anderes Mittel, als von jetzt ab Gewalt gegen Gewalt zu setzen». Wie auch die Kommunisten, verboten die Nationalsozialisten ab dem ersten Kriegstag den Empfang ausländischer Sender. Wer dieses Verbot missachtete, dem drohten Gefängnis oder die Todesstrafe.

Um die Soldaten bei Kriegslaune zu halten, forderte Goebbels, der Staatsfunk müsse noch unterhaltender werden: 1942 betrug der Anteil der Unterhaltung mehr als 80 Prozent am Gesamtprogramm – ein kalkuliertes Entertainment also, das von der grausamen Realität des nationalsozialistischen Alltags ablenken sollte.

Parallelen zur Medienlandschaft in Demokratien

Diese beiden Extrembeispiele zeigen, wohin die Reise gehen kann, wenn man dem Staat die Kontrolle über die Medien überlässt. In Abgrenzung zu staatlich gelenkten Medienlandschaften in totalitären Systemen werden die Medien – auch die öffentlich-rechtlichen – in der «freien Welt» oft als *frei* und *unabhängig* beschrieben. Diese Auffassung mag zwar verglichen mit den Medien im Kommunismus und im Nationalsozialismus relativ gesehen stimmen, weil das Mass an direkter Zensur durch den Staat wesentlich geringer zu sein scheint und die Medien auch nicht direkt dem Staat gehören. Letzteres würde von einer breiten Öffentlichkeit wohl als zu offensichtlicher

Kontrollversuch zurückgewiesen. Doch nach objektiven Standards gemessen ist es dennoch eine grobe Irreführung, die Medienlandschaft im Westen als *frei* oder *unabhängig* zu bezeichnen.

Um diesen Punkt zu verdeutlichen wollen wir uns im Folgenden einigen verblüffenden Parallelen zwischen den Mediensystemen in den eben beschriebenen Diktaturen und jenen in Demokratien widmen.

Parallele 1: Staatliche Finanzierung

Öffentlich-rechtliche Medien in Demokratien werden wie Medien in Diktaturen nicht von den Nutzern direkt finanziert. Vielmehr wird das Geld der Bürger mittels Zwang eingetrieben und den entsprechenden Medienanstalten zugeteilt. Wenn die staatlich unterstützten Medienhäuser also an den Interessen des Publikums vorbeisenden, hat dies keinen Einfluss auf deren weitere Existenz. Der Konkurs dieser Anstalten, welcher auf einem freien Medienmarkt die logische Folge eines solchen Versagens wäre, wird durch die politischen Garantien verhindert. Journalisten bei diesen staatlich privilegierten Medien kommen in den Genuss eines garantierten Arbeitsplatzes und einer Jobsicherheit, ohne einer zahlenden Kundschaft Rechenschaft ablegen zu müssen, wie das bei freien Medien der Fall wäre.

Während der Einfluss staatlicher Finanzierung oftmals von den Begünstigten heruntergespielt wird, machte sich die Europäische Union gar nicht erst die Mühe. So schrieb sie Förderprogramme für Fernseh- und Radioanstalten aus, um welche sich die Sender bewerben konnten.[25] Diese sollten explizit der «Imageverbesserung» der EU dienen. Alleine 2004 wurden

---

[25] Tilmann Lahme (12. Mai 2006). Gekaufte Berichte: Die EU bezahlt Journalisten, um ihr Image zu pflegen. *Frankfurter Allgemeine Zeitung*. Abgerufen auf: http://www.faz.net/aktuell/feuilleton/kino/gekaufte-berichte-die-eu-bezahlt-journalisten-um-ihr-image-zu-pflegen-1330793.html

6.4 Millionen Euro an Fernsehsender ausgeschüttet – unter anderem an öffentlich-rechtliche Sender wie etwa den *Bayerischen Rundfunk*, den *Südwestrundfunk* und den *Mitteldeutschen Rundfunk*. Um an diese Fördergelder zu gelangen, mussten die Sender eine Verpflichtungserklärung unterschreiben, in der es hiess: «Ich versichere, das Image der Europäischen Union, ihrer Politik und Einrichtungen weder direkt noch indirekt zu schädigen.» In andern Worten: Das Geld der Steuerzahler wurde nicht für machtkritische Berichterstattung ausgegeben, sondern für schönfärberische Propaganda zugunsten eines machtzentralisierenden Projekts.

Parallele 2: Nähe zur Politik

Gerade weil viele Medien in Demokratien vom Staat finanziert werden, entsteht eine problematische Nähe zur Politik. Auch hier wird, analog zu den Medien in nicht-demokratischen Regimen, kaum je die eigene Regierung kritisiert, weil es sich die staatlich alimentierten Medienhäuser nicht mit jenen verscherzen wollen, die ihnen ihr wirtschaftliches Überleben garantieren. So agieren die staatlich finanzierten Sender im Endeffekt ebenfalls als Lautsprecher der Mächtigen.[26]

In der Schweiz erteilt die Politik nicht nur Konzessionen an einzelne Sender, die dann Subventionen erhalten. Der Bundesrat ernennt auch mehrere Verwaltungsräte der SRG, wobei der Präsident des SRG-Verwaltungsrates insbesondere für die Beziehungen zur Regierung und zum Parlament verantwortlich ist, um so die Zwangsfinanzierung der SRG durch entsprechendes Lobbying zu sichern. Selbst der ehemalige sozialdemokratische Bundesrat Moritz Leuenberger beklagte sich in einem Interview dahingehend, «dass zeitweise der halbe SRG-Verwaltungsrat im Ständerat sass»: Da sei bis in den

---

[26] Vgl. dazu: Ronnie Grob (2015). Staatspropaganda im Staatsfernsehen: Jetzt mal konkret. In: René Scheu (Hrsg.) *Weniger Staat, mehr Fernsehen.* Zürich: Schweizer Monat und Verlag Neue Zürcher Zeitung.

Bundesrat hinein «lobbyiert und intrigiert» worden.[27] Hier wäre es natürlich eine unvorteilhafte Strategie der subventionsprivilegierten Medien, wenn sie jene zu stark kritisieren würden, von denen sie sich nachher Unterstützung im politischen Prozess erhoffen.

Auch sogenannte private Medien sehen sich Einflussversuchen durch den Staat ausgesetzt. So schreibt die NZZ, es sei ein offenes Geheimnis, dass Politiker aller Richtungen Regierungsinserate als Druckmittel verwenden würden.[28] In Österreich etwa musste der ehemalige Kanzler Sebastian Kurz zurücktreten, nachdem bekannt geworden war, dass seine Entourage mutmasslich mit Steuergeldern die wohlwollende Berichterstattung eines Boulevardblattes erkauft hatte.

Parallele 3: Eingeengte Medienvielfalt

Medienvielfalt im Sinne einer grossen Breite von Ansichten, Stossrichtungen und Themen wird nicht nur in Diktaturen bekämpft. Zwar werden in Demokratien keine Störsender wie in der Sowjetunion eingesetzt. Auch wird der Empfang bestimmter Sender nicht mit Gefängnis oder dem Tod bestraft, wie das im Nationalsozialismus der Fall war. Jedoch sorgen die finanziellen Abhängigkeitsverhältnisse dafür, dass es im Ergebnis ebenfalls auf einen von Staatsabhängigen erzeugten medialen Einheitsbrei hinausläuft.

Allen Sonntagsreden zum Trotz mögen auch viele politische Entscheidungsträger in Demokratien die Medienvielfalt nicht besonders. Sie erscheint ihnen gerade im Hinblick auf die nächsten Wahlen als lästig, weil so stets auch ihnen gegenüber kritisch eingestellte Player lauern, die ihnen auf die Finger

---

[27] Jacqueline Büechi (22. November 2017). Leuenberger: «Medien wie Bauernhöfe zu subventionieren halte ich für falsch.» *Watson*. Abgerufen auf: https://www.watson.ch/schweiz/interview/414604663-leuenberger-medien-wie-bauernhoefe-zu-subventionieren-halte-ich-fuer-falsch-
[28] NZZ Briefing vom 17. Januar 2022.

schauen und bei Fehlern offen Kritik üben. Es gibt deshalb die Versuchung, möglichst alle Medien von staatlichen Geldern und damit vom Goodwill der Politik abhängig zu machen, wie man das etwa mit einem «Mediengesetz» in der Schweiz versuchte, dass die Stimmbürger Anfang 2022 knapp verwarfen.

Auch Politiker in Demokratien wissen ganz genau: Sind die Medien erst einmal der Verlockung der staatlichen Subventionsdroge verfallen, zeigen sie eindeutige Sucht- und Abhängigkeitssymptome. Sie tun alles, um die Finanzspritzen auch in Zukunft zu erhalten. Insbesondere wollen sie es sich nicht mit jenen verderben, die ihnen diese Spritzen beschaffen. Die Hand, die einen füttert, beisst man nicht. Auch stellen sie sich energisch gegen einen Entzug und verbrüdern sich damit mit jenen, die sie eigentlich überwachen müssten. So ist auch zu erklären, dass sich sämtliche gebührenfinanzierte Sender bei der «No-Billag»-Abstimmung im Jahr 2018, die ein Entpolitisierung der Schweizer Medienlandschaft erreichen wollte, vehement für ein Nein eingesetzt hatten.

Parallele 4: Durch Entertainment getarnte Propaganda

Wie wir gesehen haben, verstanden es die Nationalsozialisten exzellent, ihr Publikum mit einem heiteren Programm an sich zu binden. Dies schafften sie, indem sie zwischen den Propagandablöcken immer wieder Ablenkung und Entspannungsmomente einbauten, wobei diese 80 Prozent des gesamten Programms ausmachten.

Auch die öffentlich-rechtlichen Sender in westlichen Demokratien bedienen sich dieser Tricks. Zwischen politisch stark ideologisch gefärbten Nachrichtensendungen, die durch «Agenda Setting» und ständige Wiederholung der immergleichen etatistischen Botschaften gekennzeichnet sind, wird regelmässig seichte Unterhaltung eingestreut: Quizshows, Kochsendungen, Sportübertragungen etc. Politische Beeinflussung, eingebettet zwischen Sportereignissen und spannenden Serien,

entfacht eine umso grössere Wirkung, weil sie so weniger auf-
dringlich daherkommt. Ausserdem strahlt so das sympathi-
sche Image der Unterhaltung auf den Nachrichtenteil hinüber.

In der Psychologie nennt man dieses Phänomen den
«Halo-Effekt», weil der Zuschauer etwas anhand eines einzelnen Merkmals (in diesem Fall der Attraktivität der Unterhaltung) beurteilt, während andere Merkmale (z.B. die moralische
Verwerflichkeit der verbreiteten politischen Propaganda) stark
in den Hintergrund geraten, sodass ein Urteilsfehler entsteht.
Von einem Merkmal wird unhinterfragt auf andere geschlossen, ohne dass hierfür eine objektive Grundlage vorliegen
muss. Besonders häufig belegt werden konnte in der Vergangenheit der Effekt der physischen Attraktivität einer Person,
der beim Urteilenden Assoziationen auslösen kann, wonach
der Beurteilte automatisch auch intelligent und vertrauenswürdig sein müsse. Übertragen auf die Medien kann man deshalb die These aufstellen, dass von der Attraktivität des Unter-
haltungsprogramms automatisch auch unhinterfragte Vorur-
teile hinsichtlich des Nachrichtenteils entstehen können –
etwa, dass dieser vertrauenswürdig sei.

Die Lösung: Trennung von Medien und Staat

All diese aufgezeigten Parallelen verdeutlichen, dass es derzeit
auch in der sogenannten «freien Welt» schlecht um die Medienfreiheit, den Qualitätsjournalismus und die Medienvielfalt
bestellt ist. Dabei wäre eine funktionierende Medienlandschaft
eine zentrale Institution zur Bekämpfung von Machtmissbrauch und Machtanmassung. Es wäre deshalb dringend an-
gesagt, den machtkritischen Journalismus zu stärken.

Mindestens genauso wichtig, wie die Trennung der
drei Gewalten – Exekutive, Legislative und Judikative – für
den Rechtsstaat, ist die konsequente Trennung der Medien
vom Staat. Zur Bändigung staatlicher Macht ist es entscheidend, dass sich die Konsumenten die Hoheit über die Ent-

scheidung zurückholen, welche Medien sie persönlich ihren eigenen Wertvorstellungen entsprechend finanzieren möchten. Erst unter diesen Umständen kann eine echte Medienvielfalt gedeihen, während die Qualität dank Wahl- und Vertragsfreiheit tendenziell steigt.

Die Bürger selbst wachen dann in der dezentralisierten Form vieler unabhängiger Richter über die Qualität und Inhalte der Medien – und nicht mehr eine zentralisierte Klasse von mächtigen Politikern. Eine Trennung von Medien und Staat bedeutet: Weniger Macht den Politikern und mehr Entscheidungsfreiheit für die Bürger.

Eine klare Trennung von Medien und Staat hätte nicht nur eine ausgeprägtere Medienfreiheit, sondern auch eine grössere Medienvielfalt zur Folge. Wenn hier von *Medienvielfalt* die Rede ist, ist damit nicht in erster Linie die Anzahl der zur Verfügung stehenden Titel gemeint. Vielmehr geht es um die Anzahl verschiedener Standpunkte, die in der Medienlandschaft vertreten sind. Was bringt es, wenn wir – sagen wir – hundert verschiedene Sender haben, die alle mehr oder weniger die gleichen Ansichten verbreiten? Da wären beispielsweise fünf Sender wesentlich wertvoller, sofern diese unterschiedliche Standpunkte vertreten. Der Staat kann Medienvielfalt nicht fördern. Er kann sie nur zerstören.

Wenn die Bürger wieder selbst entscheiden dürften, für welche Medien sie wie viel Geld ausgeben möchten, so würde sich eine vielfältigere Medienlandschaft herausbilden. Diese würde der unter der Bevölkerung herrschenden Meinungsdiversität besser gerecht. Die geringere Abhängigkeit vom Staat erlaubt beispielsweise vermehrt auch eine staatskritischere Positionierung, die in der zwangsfinanzierten audiovisuellen Medienlandschaft kaum existiert – ganz im Gegensatz zum weniger regulierten Print- und Online-Bereich. Eric Gujer, Chefredaktor der *Neuen Zürcher Zeitung*, meinte, trotz der Schrumpfkur der Regionalzeitungen sei das Angebot heute breiter denn je – auch dank vielen neuen digitalen Produkten. «Warum sollte nicht auch im audiovisuellen Markt Vielfalt und echter Wettbewerb herrschen, wenn dort kein Quasimonopol mehr existiert?»[29]

Müssen die Bürger nicht mehr politisch ausgewählte Medienprodukte zwangsfinanzieren, so bleibt ihnen ein grösserer Anteil ihres Medienbudgets übrig, über den sie frei verfügen dürfen. Damit könnten sie sich dann jene Titel kaufen, die sie selbst für die interessantesten und unterstützungswürdigsten halten. Dies schafft Raum für neue Anbieter, die eventuell besser dazu in der Lage sind, Kundenbedürfnisse zu befriedigen.

Gerade der sich aktuell stark aufblähende Staat und die sich damit ansammelnde Macht rufen regelrecht nach einer Kontrollinstanz, die diesem Namen auch gerecht wird. Die Zeit ist reif, weniger Staat im Bereich der Medien zu wagen.

---

[29] Eric Gujer (15. Dezember 2017). Die Schweiz braucht keine Staatsmedien. *Neue Zürcher Zeitung*. Abgerufen auf: https://www.nzz.ch/meinung/die-schweiz-braucht-keine-staatsmedien-ld.1339261

II.
POLITISCHER
WETTBEWERB

Föderalismus: Garant für die Beschränkung zentralstaatlicher Macht?

Jürg Marcel Tiefenthal

Die Schweiz ist bis heute ausgesprochen dezentral organisiert geblieben – dies wohl vor allem darum, weil sie der Tendenz der Zentralisierung, die mit dem Aufkommen des Nationalismus in beinahe allen Staaten der Welt einherging, besser widerstand oder sie zumindest besser zu hemmen wusste. Die fünf Jahre der Helvetik (1798-1803), als die Schweiz unter französischer Vorherrschaft stand, stellen eine explizite zentralistische Ausnahme in ihrer über 700-jährigen Geschichte dar.[1]

Die Schweizerische Eidgenossenschaft ist mit der formellen Inkraftsetzung der ersten Bundesverfassung am 16. November 1848 als Europas erster Bundesstaat entstanden. Im Vergleich mit anderen föderativ ausgestalteten Staaten wie beispielsweise den Vereinigten Staaten von Amerika, Kanada, Australien, Brasilien, Mexiko, Deutschland oder Österreich besteht nirgendwo diese Kombination von Kleinräumigkeit und Autonomie, wie sie die Schweiz mit ihren 26 Kantonen und rund 2'000 Gemeinden auf einem bescheidenen Territorium von lediglich 41'285 km² kennt. Vielmehr sind in anderen föderalen Staaten die autonomen Gliedstaaten häufig so gross wie die gesamte Schweiz und manche von deren Gemeinden übertreffen betreffend Fläche oder Einwohnerzahl gar den bevölkerungsreichsten Kanton Zürich.[2] Zudem existiert in der Schweiz bei weitem keine einzige Millionenstadt, sondern es gibt nur

---

[1] GERHARD SCHWARZ, LI-Paper, Non-Zentralismus: Zusammenhalt dank Autonomie, Zürich 2021, S. 2.

[2] Vgl. dazu Näheres in der Studie von LUKAS RÜHLI, Gemeindeautonomie zwischen Illusion und Realität, Gemeindestrukturen und Gemeindestrukturpolitik der Kantone, Avenir Suisse (Hrsg.) – Kantonsmonitoring 4, Zürich 2012, S. 14 ff. Der Autor stellt insbesondere für die Schweiz fest, dass die Kombination einer derart hohen Gemeindeautonomie mit derart kleinen Gemeinden weltweit einzigartig sei (S. 16).

kleinere und einige mittelgrosse Städte. Die Hauptstadt Bern ist nicht die grösste Stadt des Landes, womit es an dem ansonsten in vielen Staaten bestehenden typischen Gegensatz zwischen Hauptstadt und dem Rest des Landes, dem Phänomen der sogenannten «*Hauptstadtblase*», mangelt.[3]

I. Politischer Wettbewerb zwischen Gebietskörperschaften

A. Grundlagen

1. Verfassungsrechtliches Strukturprinzip

In der Schweiz mit ihrer bis heute weltweit einzigartigen föderalen Staatsform erkennt man die beiden zentralen Funktionen des Föderalismus «*Einheit in der Vielfalt*», d.h. Vereinigung unterschiedlicher Völker und Regionen unter gemeinsamer Verfassung, und «*Vielfalt in der Einheit*», d.h. Schutz der Minderheiten vor einer systematischen Majorisierung durch zugewiesenen Spielraum für Selbstbestimmung, vorzüglich verwirklicht.

Entsprechendes lässt sich zu den weiteren für die bundesstaatliche Organisationsform bzw. das Föderalismusprinzip typischen Funktionen feststellen, die da sind: Vertikale Machthemmung bzw. Gewaltenteilung, Stärkung der Demokratie durch Mitwirkung der Stimmberechtigten und Parlamente in den Gliedstaaten, bürgernahe Entscheidfindung und Aufgabenerfüllung sowie Förderung des Innovationsgeistes zwischen den Gliedstaaten dank zugestandener Autonomie. Dessen ungeachtet handelt es sich allerdings beim Föderalismusprinzip, das kaum je grundsätzlich in Frage gestellt wird, laut jüngerer Lehre um den am stärksten gefährdeten tragenden Grundwert der Bundesverfassung.[4]

---

[3] GERHARD SCHWARZ (FN 1), S. 3.
[4] Eingehend zu den Gründen dieser Gefährdung: vgl. JÜRG MARCEL TIEFENTHAL, «Vielfalt in der Einheit» am Ende?, Aktuelle Herausforderungen des schweizerischen Föderalismus, Zürich 2021.

2. Dezentralisierungstheorem

Die (polit-)ökonomische Föderalismusforschung nimmt ihren Anfang in den 1970er-Jahren mit dem sogenannten «*Dezentralisierungstheorem*», welches auf William E. Oates, den Mitbegründer des Fiskalföderalismus zurückgeht. Das Theorem besagt, dass der Föderalismus den regional unterschiedlichen Ansprüchen an den Staat optimal gerecht werden kann, indem er die unterschiedlichen staatlichen Leistungen nach dem Subsidiaritätsprinzip[5] effizient der jeweils geeigneten Ebene zuordnet. So bietet sich eine tiefere staatliche Ebene (Gemeinde oder Kanton) dort an, wo regional stark unterschiedliche Ansprüche an den Staat bestehen. Namentlich kann dies Bereiche betreffen wie das Schulwesen, das Polizeiwesen, die lokalen und regionalen Verkehrsbetriebe, die Wirtschaftsförderung oder den Tourismus.

Demgegenüber steht eine höhere staatliche Ebene (Kanton oder Bund) zur Disposition, wenn die Bürger homogenere Präferenzen besitzen, wenn der Nutzen einer öffentlichen Leistung breiter gestreut ist oder sich räumlich gar nicht eingrenzen lässt, wenn alle Bürger davon profitieren können, ohne sich gegenseitig zu behindern, wenn die Durchschnittskosten mit steigender Menge abnehmen und sich Skaleneffekte erzielen lassen. Zu nennen sind hierzu beispielhaft die Spitäler oder Universitäten der Kantone, die Sozialversicherungen des Bundes oder die Armee.

Dabei besteht das Ziel des Föderalismus nicht nur in der perfekten Allokation der öffentlichen Leistungserbringung an die jeweiligen Staatsebenen, sondern es sind auch die erforderlichen Steuerquellen zur Finanzierung des Angebots auf der jeweils gleichen staatlichen Ebene bzw. vom gleichen Gemein-

---

[5] Eingehend zum Prinzip der Subsidiarität, das seit jeher mit dem schweizerischen Föderalismus eng verbunden ist: vgl. PAUL RICHLI, Zweck und Aufgaben der Eidgenossenschaft im Lichte des Subsidiaritätsprinzips, ZSR 1998 II, S. 139 ff.

wesen gemäss dem Prinzip der fiskalischen Äquivalenz[6] zu erschliessen. Entscheidung, Bereitstellung und Finanzierung von staatlichen Leistungen erfolgen somit aus derselben zuständigen Staatsebene (Prinzip «*Haftung, Kontrolle und Risiko aus einer Hand*»).[7]

B. Zentrale Erfolgsfaktoren der politischen Machthemmung

1. Finanz- und Lastenausgleich und effiziente Aufgabenerfüllung

Aufgrund der unterschiedlichen Aufgabenfülle und der sich dynamisch entwickelnden Aufgabengebiete auf allen Staatsebenen ist eine perfekte Zuordnung öffentlicher Leistungen an die verschiedenen Staatsebenen in der Praxis nicht möglich. Allerdings kann die fiskalische Äquivalenz bei nicht perfekt zugeordneten öffentlichen Leistungen über einen Finanz- und Lastenausgleich annähernd erreicht werden, indem externe Effekte («*Spillovers*») oder übermässige Lasten abgegolten und dadurch die Kosten gerechter unter den Gebietskörperschaften aufgeteilt werden.

Zudem können die Kantone öffentliche Aufgaben gemeinsam angehen und miteinander Verträge schliessen und dadurch einen grossen Teil der Ineffizienzen beheben. Auf diese Weise kann eine bürgernahe und nahezu effiziente Aufgabenerfüllung erreicht werden.[8]

---

[6] Eingehend zum Prinzip der fiskalischen Äquivalenz: vgl. JÜRG MARCEL TIEFENTHAL, Das Prinzip der fiskalischen Äquivalenz nach Art. 43*a* Abs. 2–3 BV, Verfassungsrechtliches Gebot mit Potenzial oder Fremdkörper in der Verfassung? ZSR 2021 I, S. 583 ff.

[7] Zum Ganzen CHRISTOPH A. SCHALTEGGER, Effizienter Staat dank Föderalismus und fiskalischer Äquivalenz, Lehren aus Theorie und Praxis für den «Modellfall Schweiz», in: Neue Zürcher Zeitung (NZZ) vom 21. Januar 2015, S. 31; ferner CHRISTOPH A. SCHALTEGGER/MARC M. WINISTÖRFER/LUCA FÄSSLER, Verflechtungen bedrohen Föderalismus, in: Die Volkswirtschaft 10/2017, S. 42 (ff.).

[8] Vgl. zum Ganzen LARS P. FELD/CHRISTOPH A. SCHALTEGGER ET AL., Föderalismus und Wettbewerbsfähigkeit in der Schweiz, Staatsstrukturen für eine erfolgreiche Schweiz im 21. Jahrhundert, Zürich 2017, S. 37 (ff.).

2. Subsidiarität, fiskalische Äquivalenz und Bürgernähe

Gliedstaaten stehen im Föderalismus zueinander in einem Wettbewerbsverhältnis, wenn ihnen hinreichende Autonomie im Sinne materieller Kompetenzen und eigener Einnahmen, über die sie frei entscheiden können, gewährt wird. Je besser die Struktur des Föderalismus den Prinzipien der Subsidiarität und der fiskalischen Äquivalenz entspricht, desto effizienter kann sich der Wettbewerb zwischen den Gliedstaaten entfalten.

Dieser Wettbewerb beeinflusst direkt die politischen Entscheidungsträger und setzt Anreize, die Vorstellungen der Bürger zu berücksichtigen. Diese haben nämlich die Möglichkeit, die Exekutivmitglieder bei der nächsten Wahl abzuwählen oder in einen anderen Kanton bzw. andere Gemeinde abzuwandern, wenn die erhobenen Steuern und angebotenen Leistungen nicht mehr ihren Präferenzen entsprechen.

In föderalistisch organisierten Staaten zeigen sich denn auch diese beiden Sanktionsmöglichkeiten besonders ausgeprägt: Zum einen ermöglicht die grössere Nähe zwischen Bürgern und politischen Entscheidungsträgern eine wirksamere Kontrolle der Politik; zum anderen besteht die Möglichkeit, die Leistungen des eigenen Kantons oder der eigenen Gemeinde mit jenen der benachbarten Kantone bzw. Gemeinden zu vergleichen. Die Vergleichsmöglichkeiten im Föderalismus entfalten eine Wirkung auf die Politik, ohne dass die Sanktionsmöglichkeiten von Abwahl oder Abwanderung tatsächlich zur Anwendung kommen müssen. Die beschriebenen Mechanismen führen zu einer Offenlegung der Bürgerpräferenzen und setzen gleichzeitig Anreize für eine nahe am Bürgerwillen orientierte, transparente und kostengünstige Leistungserstellung. Der Föderalismus führt so zu einem schlankeren Staat und einer verantwortungsvollen Finanzpolitik – vorausgesetzt Kantone und Gemeinden haften auch für ihr eigenes Handeln.[9]

---

[9] Vgl. im Einzelnen LARS P. FELD/CHRISTOPH A. SCHALTEGGER ET AL. (FN 8), S. 59 ff.

C. Gefahren der Dezentralisierung

1. «Politikverflechtungsfalle»

Demgegenüber können Föderalismus und die dezentrale Bereitstellung öffentlicher Leistungen allerdings auch Nachteile mit sich bringen. Gemäss Theorie fallen in föderalistisch organisierten Staaten wegen der zusätzlichen Verwaltungsebenen, des erhöhten Bedarfs an Koordination und der komplexeren innerstaatlichen Finanzbeziehungen wesentliche Kosten an.

Im Weiteren kann für einzelne Gemeinwesen der Anreiz bestehen, einen Teil ihrer Finanzierungslast mittels Verbundfinanzierungen auf die über- oder untergeordnete Staatsebene abzuwälzen. Eine solche Verteilung der Finanzierungslast verletzt nicht nur das Prinzip «*Haftung, Kontrolle und Risiko in einer Hand*», sondern ist gleichfalls der Transparenz abträglich.

Das Risiko der Entstehung der sogenannten «*Politikverflechtungsfalle*» nimmt zu, indem politische Innovationen erlahmen oder sogar ausbleiben und durch den Druck seitens von Interessengruppen Reformen erschwert werden.

Generell besteht sodann die Gefahr, dass die öffentliche Leistungserstellung sich mehr nach den Forderungen einflussreicher Interessengruppen als nach den Bürgerpräferenzen richtet.[10]

2. Politische Absprachen und Abwärtswettlauf

Der unbeliebte Steuerwettbewerb könnte durch kartellähnliche Absprachen unter den Kantonen oder Gemeinden – wie beispielsweise durch Einigung auf einen einheitlichen Steuersatz – faktisch unterbunden werden. Umgekehrt besteht aber auch das Risiko eines ruinösen Abwärtswettlaufs («*race to the*

---

[10] Vgl. zum Ganzen CHRISTOPH A. SCHALTEGGER (FN 7), S. 31; im Einzelnen ferner LARS P. FELD/CHRISTOPH A. SCHALTEGGER ET AL. (FN 8), S. 59 ff.

bottom») der Kantone und Gemeinden im Kampf um mobile Steuerzahler, indem sie sich gegenseitig unterbieten, was in der Folge zu einer Leistungsunterversorgung der Bevölkerung oder einem defizitären Finanzhaushalt führt.[11]

3. Fehlanreize durch exzessiven Finanzausgleich

Schliesslich kennt der Föderalismus nicht nur Elemente des Wettbewerbs, sondern auch solche der Solidarität. Hierzu ist insbesondere das System des Finanzausgleichs zu nennen, welches zwischen stärkeren und schwächeren Gemeinwesen je nach seiner Ausgestaltung entsprechend Wirkung erzielt. Ist das System zu grosszügig ausgestaltet oder besteht gar eine Defizitgarantie durch die übergeordnete Staatsebene oder die anderen Kantone und Gemeinden, werden Fehlanreize gesetzt, was zum Nachlassen der Finanzhaushaltsdisziplin der Gemeinwesen und zu übermässigen Ausgaben führt.[12]

D. Problematische Entwicklungen in die Gegenrichtung

Der Schweizer Föderalismus befindet sich seit den 1990er-Jahren (Volksabstimmung vom 6. Dezember 1992 über den Beitritt zum Europäischen Wirtschaftsraum) sowohl innen- als auch aussenpolitisch zunehmend unter Druck. Die machthemmende Wirkung des politischen Wettbewerbs wird durch mehrere entgegengesetzte Entwicklungen massgebend beeinträchtigt, die im Folgenden näher zu erläutern sind.

1. Institutionalisierung der interkantonalen Zusammenarbeit

Aus innerstaatlicher Sicht ist zunächst der immer spürbarer werdende Autonomieverlust der Kantone durch hoheitlich tätige, gesamtschweizerische Fachdirektorenkonferenzen sowie die Konferenz der Kantonsregierungen (KdK) zu nennen. Die

---

[11] Zum Ganzen CHRISTOPH A. SCHALTEGGER (FN 7), S. 31.
[12] Näheres zum Finanzausgleich in der Schweiz: vgl. LARS P. FELD/CHRISTOPH A. SCHALTEGGER ET AL. (FN 8), S. 37 ff.

Intensivierung der interkantonalen Zusammenarbeit hätte die Position der Kantone eigentlich im Gegenteil vielmehr stärken sollen. Die einflussreichen interkantonalen Institutionen sind für die verstärkte Rechtsharmonisierung bzw. -vereinheitlichung auf interkantonaler sowie kantonaler Ebene verantwortlich. Die Rechtsetzungstätigkeiten dieser mächtigen Gremien, die interkantonale Vereinbarungen (Konkordate) vorbereiten und die jeweils den Kantonen zum Abschluss vorzulegen sind, leiden aus staatsrechtlicher Perspektive allerdings unter einem erheblichen Demokratiedefizit[13] und tragen letztendlich einen signifikanten Teil zur Aushöhlung der jeweils betreffenden kantonalen Kompetenz bei.

2. Verfehlte Wirkung der Neugestaltung des Finanzausgleichs und der Aufgabenteilung (NFA)

Die Neugestaltung des Finanzausgleichs und der Aufgabenteilung zwischen Bund und Kantonen (NFA) war – im Anschluss an die 1999 erfolgte Nachführung der Bundesverfassung – als zweiter Schritt einer umfassenden Föderalismusreform konzipiert. Die zentralen Ziele der NFA bildeten gemäss bundesrätlicher Botschaft[14] die Steigerung der Wirksamkeit des Ausgleichssystems, die Klärung der Aufgaben und Verantwortlichkeiten zwischen Bund und Kantonen sowie die Stärkung der bundesstaatlichen Zusammenarbeit.[15] Aus staatspolitischer Perspektive sollten dadurch die föderalen Strukturen der Schweiz gestärkt und weiterentwickelt werden.[16] Demgegenüber wurde aus finanzpolitischer Sicht mehr Transparenz und

---

[13] Näheres zu dieser Problematik geschildert am Beispiel der Erziehungsdirektorenkonferenz (EDK): vgl. HERBERT PLOTKE, Schweizerisches Schulrecht, 2. Aufl., Bern 2003, S. 99; ferner gl.M. JÜRG MARCEL TIEFENTHAL, Die Erziehungsdirektorenkonferenz (EDK), Verfassungsrechtliche Problematik einer einflussreichen Institution, in: Jusletter 24. Januar 2005, Rz. 22 ff. (insb. Rz. 39 u. Rz. 44).

[14] Botschaft zur Neugestaltung des Finanzausgleichs und der Aufgaben zwischen Bund und Kantonen (NFA) vom 14. November 2001, BBl 2002 2291 ff.

[15] BBl 2002 2291 ff. (FN 14), 2314.

[16] Vgl. BBl 2002 2291 ff. (FN 14), 2293, 2305, 2539.

Einfachheit, Effizienz und Wirksamkeit angestrebt. Der Abbau von Doppelspurigkeiten und von undurchsichtigen Finanzierungsgeflechten sollte den Finanzausgleich wieder steuerbar machen. Die Kompetenz- und Aufgabenverteilung entsprach so dem Subsidiaritätsprinzip nur noch ungenügend. Dementsprechend sollte die Aufgabenteilung zwischen Bund und Kantonen wieder klar und übersichtlich gestaltet werden.[17]

Leider sind aber die Erwartungen an die NFA bislang nicht erfüllt worden; es sind im Gegenteil fortlaufend neue Ausgaben- und Einnahmenverbünde geschaffen und ein Teil der im Rahmen der NFA umgesetzten Aufgaben- sowie Finanzierungsentflechtungen und Dezentralisierungen bereits wieder rückgängig gemacht worden.[18] Die komplexen Aufgaben- und Finanzierungsverflechtungen schränken den politischen Handlungs- und Gestaltungsspielraum aller beteiligten Staatsebenen ein. Obschon die Politik inzwischen die Problematik erkannt und gar eine Reform initiiert hat, stellt die jüngste Verlautbarung von Bundesrat und KdK eine Fortführung der NFA faktisch wieder in Frage und lässt gar den vorzeitigen Projektabbruch erwarten.[19]

3. Zentralisierungstendenzen und Kompetenzverschiebungen

Die verstärkten innerstaatlichen Zentralisierungstendenzen sind zweifellos namentlich der mehrheitlich faktisch zwingenden Anpassung an das Recht der Europäischen Union (EU) geschuldet. Dessen ungeachtet wachsen aber die Zuständigkeiten des Bundes unaufhörlich und vermengen sich häufig mit den

---

[17] Eingehend zum Finanzausgleich i. e. S.: vgl. zum Ganzen BBl 2002 2291 ff. (FN 14), 2307 f., 2359 ff.

[18] Zum Ganzen CHRISTOPH A. SCHALTEGGER/MARC M. WINISTÖRFER/LUCA FÄSSLER (FN 7), S. 42 ff.

[19] Medienmitteilung des Bundesrates vom 19. März 2021, Projekt «Aufgabenteilung II» wird sistiert, abrufbar unter: <https://www.admin.ch/gov/de/start/dokumentation/medienmitteilungen/bundesrat.msg-id-82751.html> (besucht am 27. Februar 2022).

kantonalen Staatsaufgaben.[20] Dazu kommt, dass Bundesverwaltung und Bundespolitik die Bundeskompetenzen äusserst extensiv auslegen. Wo keine expliziten Vorbehalte, Schranken oder Vorgaben für kantonale Zuständigkeiten bestehen, trifft der Bund hemmungslos Regulierungen, die über die verfassungsrechtliche Einzelermächtigung hinausgehen.

Nicht nur der Verfassungsgeber hält sich nicht mehr konsequent an die Selbstverpflichtung gemäss Subsidiaritätsprinzip, sondern auch der Bundesgesetzgeber setzt sich nachweislich immer öfters mit einer verblüffenden Nonchalance über sie hinweg. Diese Feststellungen sind der stichhaltige Beleg dafür, dass sich der Druck auf die bestehende föderale Ordnung fortwährend zuungunsten der Kantone erhöht hat.

4. Internationalisierung des nationalen Rechts

Schliesslich wird die machthemmende Wirkung des politischen Wettbewerbs zwischen den Gebietskörperschaften nicht einzig durch die stärkere Integration der Schweiz in ihrem bilateralen Verhältnis zur EU unterlaufen, sondern insbesondere auch internationale Organisationen üben mit ihren Regelwerken auf die Gesetzgebungen sowohl des Bundes als auch der Kantone immer stärkeren Einfluss aus.

Als prominentes Beispiel ist hierzu die kürzlich im Schulterschluss zwischen den G-20-Staaten und der Organisation für wirtschaftliche Zusammenarbeit und Entwicklung (OECD) beschlossene Einführung einer globalen Mindeststeuer zu nennen, die den internationalen Steuerwettbewerb beschränken und bereits ab 2023 erste Wirkungen erzielen soll. Sehr grosse international tätige Firmen mit einem Umsatz von mehr als 750 Millionen Euro sollen in den sogenannten Markt-

---

[20] Vgl. statt vieler ULRICH HÄFELIN/WALTER HALLER/HELEN KELLER/DANIELA THURNHERR, Schweizerisches Bundesstaatsrecht, 10. Aufl., Zürich/Basel/Genf 2020, N 184, die namentlich auf die unüberblickbare Verflechtung der Zuständigkeiten von Bund und Kantonen hinweisen, die auf die verstärkte Zentralisierung zurückzuführen ist.

staaten, also dort, wo die Konsumenten der Firmen sind, eine Mindeststeuer von 15 Prozent auf den Gewinn abliefern.

Aus rechtsstaatlicher Sicht unhaltbar wiegt die Tatsache, dass künftig mit der OECD eine private Organisation mit ihren globalen Rechnungslegungsexperten nach einem internationalen Rechnungslegungsstandard die Schweizer Steuerbasis definieren soll. Damit wird die Steuerhoheit der Kantone regelrecht unterwandert und eine steuerliche Ungleichbehandlung von grossen und kleineren Unternehmen geschaffen, die verfassungsrechtlich höchst problematisch scheint.[21]

II. Föderalismus im Härtetest der Covid-19-Krise

A. Fehlgeleitete Kritik

Wie die Bewältigung der Covid-19-Krise mit Blick über die Landesgrenzen offenbart, scheint deren Erfolg oder Misserfolg nicht vom Staatsaufbau abzuhängen. Es liegen keine eindeutigen wissenschaftlichen Evidenzen vor, aufgrund derer nachgewiesen werden kann, dass Bundesstaaten für diese Aufgabe besser oder schlechter gerüstet sind als Einheitsstaaten oder Einheitsstaaten mit dezentralen Strukturen.

Eine föderale Staatsform erlaubt im Krisenfall zweifellos eine gewisse Flexibilität in der Aufteilung der Kompetenzen

---

[21] Vgl. zum Ganzen eingehend CHRISTOPH A. SCHALTEGGER/ANDREA OPEL, Ein Rückschritt in feudale Zeiten, in: Neue Zürcher Zeitung (NZZ) vom 18. November 2021, S. 18. Gemäss den Autoren ist gestützt auf die einschlägigen Erfahrungen mit der NFA weder eine zentralistische Lösung mit der Übertragung der Zuständigkeit der Minimalsteuer an den Bund (Erlass der Gesetzgebung und Veranlagung) noch eine Verbundlösung mit einer Aufgabenteilung zwischen Bund und Kantonen zu befürworten. Vielmehr ist einer föderalismusschonenden Lösung der Verzug zu geben, welche die Steuerhoheit der Kantone schont und ihnen die Umsetzung der Minimalsteuergesetzgebung überlässt. Vgl. ferner THOMAS FUSTER, Gepredigt wird Vielfalt, gefördert wird Einheit, in: Neue Zürcher Zeitung (NZZ) vom 14. Juli 2021, S. 17, mit harscher Kritik namentlich an der Behinderung des Wettbewerbs durch supranationale bzw. internationale Organisationen wie die EU und die OECD.

zwischen dem Zentralstaat und den Gliedstaaten sowie eine auf die Verhältnisse abgestimmte Intensität an Kooperation und Wettbewerb.[22] Gleichwohl ist in der Schweiz von Beginn der Covid-19-Krise an schnell der Ruf nach einheitlicher und zentraler Steuerung durch den Bund erfolgt. Dass eine gewisse Zentralisierung der Entscheidungsprozesse im nationalen Krisenfall nötig und auch sinnvoll ist, wird keinesfalls in Abrede gestellt, aber die offenbarten Schwierigkeiten der föderalen Staatsorganisation zuzuschreiben, ist schlechthin unseriös und falsch.[23]

Hingegen steht heute schon fest, dass die Krisenpolitik der letzten zwei Jahre im föderalistischen Erfolgsmodell der Schweiz nachhaltig Spuren hinterlassen hat, die unbedingt einer vertieften Analyse und Aufarbeitung bedürfen.

B. Manifestierte Problematik und deren Lösung

Namhafte Vertreter der politischen Ökonomie sehen die Ursache des erratischen Krisenmanagements der Exekutiven in Bund und Kantonen in keiner Weise im Föderalismus begründet. Künftig ist seitens der Kantone eine gewissenhaftere Krisenvorsorge primär im Gesundheitsbereich und im Bevölkerungsschutz mit der Klärung der Zuständigkeiten bei der

---

[22] Beispielhaft zu den Vorteilen des Föderalismus während des ersten Jahres der Covid-19-Krise in Bezug auf Deutschland und die Schweiz: vgl. GABRIEL FELBERMAYR/JÜRGEN STEHN, Corona-Krise: Königreich für einen Flickenteppich, in: Wirtschaftsdienst, Zeitschrift für Wirtschaftspolitik, Heft 5/2020, S. 310; CHRISTOPH A. SCHALTEGGER, Föderalismus als Vorteil, Leitartikel, in: Finanz und Wirtschaft vom 20. April 2020, S. 1.

[23] Zu einem ähnlichen Befund kommt BERNHARD WALDMANN, Der Föderalismus in der Corona-Pandemie, Newsletter Institut für Föderalismus 4/2020, S. 11 ff.; ferner CHRISTOPH A. SCHALTEGGER/MARK SCHELKER, Corona und die Irrungen und Wirrungen im Schweizer Föderalismus, in: Neue Zürcher Zeitung (NZZ) online vom 25. Januar 2021, abrufbar unter: *https://www.nzz.ch/meinung/irrungen-und-wirrungen-im-schweizer-foederalismus-ld.1596163?reduced=true* (besucht am 27. Februar 2022).

Ernstfallplanung sowie mehr Krisenbewusstsein und vorausschauendes Handeln dringend vonnöten.[24]

Die Covid-19-Krise hat aber insbesondere zwei klassische Probleme offengelegt: Erstens sind die Handlungskompetenzen und Verantwortlichkeiten von Bund und Kantonen in der «besonderen Lage» vergemeinschaftet und bleiben damit diffus. Eine klare und ebenengerechte Aufgabenteilung ist jedoch von entscheidender Bedeutung und bildet denn auch die Voraussetzung für einen funktionierenden Föderalismus. Zentral verantwortete Aufgaben sollten jene Bereiche umfassen, bei denen die geografisch regionale Dimension keine wesentliche Rolle spielt und die Koordination im Zentrum steht. Dezentral verantwortete Bereiche haben demgegenüber eine wichtige räumliche Wirkung.

Das zweite Problem liegt in einer sozusagen «institutionalisierten Verantwortungslosigkeit»: Handlungskompetenz, Risiko und Verantwortung sollten unbedingt eine Einheit bilden, d.h. sie gehören in die gleiche Hand, denn wer das Risiko trägt, aber keine Kompetenzen besitzt, kann letztes Endes auch nicht erfolgreich sein. Verantwortung lässt sich nicht delegieren. Wer Kompetenzen übertragen erhält, muss folglich das Risiko und dafür die finanzielle und politische Verantwortung tragen.

Deshalb braucht es zwingend eine ordnungspolitisch saubere Aufgabenteilung und Kompetenzzuordnung, damit nicht die heisse Kartoffel der unangenehmen Entscheide im Kompetenzwirrwarr zwischen den Staatsebenen herumgeschoben werden kann. Die Strukturen sind zu entschlacken und das Haftungsprinzip zu stärken, anstatt wie die Konferenz der Kantonsregierungen die Problemlösung in der Schaffung von zusätzlichen Koordinationsorganen und der weiteren Vergemeinschaftung von Aufgaben zu suchen, womit die Politikverflech-

---

[24] Vgl. LUKAS SCHMID, Die Pandemie als föderale Lernkurve, Eine Zwischenbilanz zum kantonalen Umgang mit der Covid-19-Krise, Kantonsmonitoring, Avenir Suisse (Hrsg.), Zürich Dezember 2021, S. 108 ff., 120.

tung und -blockade sowie die institutionalisierte Verantwortungslosigkeit weiter zementiert werden.[25]

III. Schlussbetrachtung: Eckpfeiler einer zielführenden Föderalismusreform

Der schweizerische Föderalismus hat sich historisch betrachtet nachweislich bewährt. Der renommierte Historiker Oliver Zimmer unterstreicht dies in einem aktuelleren Essay über das Zerwürfnis der Schweiz mit der EU mit der nüchternen Feststellung, es lasse sich mit Blick auf Europa und die Welt mehr als zwei Jahrhunderte nach der Französischen Revolution festhalten, dass der Geist und die Wirklichkeit des Zentralismus den Fortschritt nicht fördere, sondern ihn vielmehr behindere, wogegen die archaischen eidgenössischen Strukturen in der Praxis mehr Modernität produziert haben und die Schweiz schon vor 1900 zur Spitzengruppe der industriellen Welt gehörte.[26]

Dessen ungeachtet offenbaren sich in jüngerer Zeit immer mehr Risse im verfassungsrechtlichen Gefüge des föderalen Staatsaufbaus, welche seine Garantenstellung für eine Beschränkung der zentralstaatlichen Macht zunehmend schwächen. Sowohl aus polit-ökonomischer als auch verfassungsrechtlicher Perspektive sind zwei wesentliche Massnahmen zwingend und dringend erforderlich, um die Wirkungskraft des Föderalismus vital zu erhalten und nachhaltig zu schützen.

---

[25] Zum Ganzen CHRISTOPH A. SCHALTEGGER/MARK SCHELKER, Stresstest Corona: Was taugt der Föderalismus in Krisenzeiten?, in: Die Volkswirtschaft 5/2021, S. 4 ff.; gleichermassen für die Entflechtung und Klärung der Aufgabenteilung zwischen Bund und Kantonen plädierend sowie mit Kritik an den unklaren Zuständigkeiten zwischen den Staatsebenen und den Fachdirektorenkonferenzen: vgl. LUKAS SCHMID (FN 24), S. 125 ff.

[26] OLIVER ZIMMER, Das Zerwürfnis zwischen der Schweiz und der EU hat historische Ursachen – eine Analyse, in: Neue Zürcher Zeitung (NZZ) online vom 6. Dezember 2021, https://www.nzz.ch/feuilleton/schweiz-und-eu-oliver-zimmer-ueber-historische-differenzen-ld.1658355?reduced=true (besucht am 27. Februar 2022).

A. Konsequente Aufgaben- und Finanzierungsentflechtung und klare
Zuordnung der Staatsaufgaben

Zunächst ist es unabdingbar, die bestehenden komplexen Aufgaben- und Finanzierungsverflechtungen, welche den politischen Handlungs- und Gestaltungsspielraum aller beteiligten Staatsebenen einschränken, zu beheben. Die Staatsaufgaben müssen entflochten bzw. ebenengerecht zugeordnet und gleichzeitig die dafür notwendigen Steuerquellen erschlossen werden. Das Haftungsprinzip darf nicht missachtet werden, d.h. Haftung, Kontrolle und Risiko gehören in eine Hand, und zwar entweder beim Bund oder bei den Kantonen.

Gleichzeitig ist die Schaffung gemischter Verbundpartnerschaften zu vermeiden und die Rolle interkantonaler Konferenzen kritisch zu durchleuchten sowie deren Machteinfluss zu beschränken.

Zur Umsetzung dieser Reform ist das gemeinsam von Bundesrat und der KdK im Juni 2019 erteilte, aber bereits im März 2021 wieder sistierte Mandat zur Fortsetzung der im Rahmen der NFA begonnenen Aufgaben- und Finanzierungsentflechtung und Neuordnung der Aufgabenteilung (Projekt «*Aufgabenteilung II*») umgehend wieder aufzunehmen und zielstrebig voranzutreiben. Dabei gilt es, sich strikt an den strategischen Zielen des Mandats zu orientieren: die Einhaltung der Grundsätze der Subsidiarität und der fiskalischen Äquivalenz bei der Verantwortungszuweisung für die staatliche Aufgabenerfüllung und deren Finanzierung, die Stärkung des Föderalismus und die Eindämmung der Zentralisierungstendenzen.

B. Schaffung einer massvollen Verfassungsgerichtsbarkeit

Sodann ist die effektive Einhaltung der föderalistischen Verfassungsgrundsätze zu bewerkstelligen. Denn die Bundesverfassung versagt nachweislich als Schranke oder Bremse der Zentralisierung, solange es den Kantonen verwehrt bleibt, sich gegen Bundesgesetze sowie auf diese gestützte Bundesverordnungen zur Wehr zu setzen, die ihre Autonomie auf verfassungswidrige Weise einschränken (Art. 190 BV).[27]

Die Kantone benötigen deswegen zwingend einen effektiven Rechtsschutz gegenüber dem Bund. Unabhängige Gerichte müssen überprüfen können, ob Normen und Entscheide des Bundes das verfassungsrechtliche Prinzip der Subsidiarität und/oder das Prinzip der fiskalischen Äquivalenz beachten und den Kantonen zumutbar sind.[28]

Die zielführendste Lösung bestünde darin, die gerichtlichen Prüfungsmöglichkeiten beschränkt auf sämtliche föderalistischen Verfassungsgrundsätze zu stärken und dadurch namentlich den Schutz der verfassungsrechtlichen Zuständigkeitsordnung zugunsten der Kantone sicherzustellen. Ein solch massvoller Ausbau der Verfassungsgerichtsbarkeit könnte durch Ergänzung von Art. 190 BV geschehen, indem erklärt würde, dass dieser im Falle von Streitigkeiten zwischen Bund und Kantonen keine Anwendung fände.

Eine ziemlich gleichwertige Variante bestünde in der Formulierung, wie sie damals der Bundesrat für Art. 189 Abs. 2 BV über die Zuständigkeiten des Bundesgerichts in Zusammenhang mit der Einführung der NFA vorgeschlagen hatte: «Es beurteilt Streitigkeiten zwischen Bund und Kantonen, einschliesslich wegen Verletzung verfassungsmässiger Kompetenzen der Kantone durch ein Bundesgesetz». Bemerkenswerterweise hat es die akzentuierte Problematik erst kürzlich – nach

---

[27] So explizit EVA MARIA BELSER, Föderalismuskonzeption der Bundesverfassung, in: Oliver Diggelmann/Maya Hertig Randall/Benjamin Schindler (Hrsg.), Verfassungsrecht der Schweiz, Bd. 1, Zürich/Basel/Genf 2020, S. 667 ff., N 22.

[28] Zur Kritik an der mangelhaften Wirkung beider im Rahmen der NFA-Reform eingeführten Verfassungsprinzipien: vgl. BERNHARD WALDMANN (FN 23), S. 15; ferner CHRISTOPH A. SCHALTEGGER/MARC M. WINISTÖRFER/LUCA FÄSSLER (FN 7), S. 45; explizit zum ungenügenden gerichtlichen Rechtsschutz der Kantone gegenüber dem Bund: vgl. RAINER J. SCHWEIZER, Verteilung der Staatsaufgaben zwischen Bund und Kantonen, in: Oliver Diggelmann/Maya Hertig Randall/Benjamin Schindler (Hrsg.), Verfassungsrecht der Schweiz, Bd. 1, Zürich/Basel/Genf 2020, S. 691 ff., N 18.

mehreren gescheiterten Versuchen in der Vergangenheit –
durch eine eingereichte Motion von Ständerat Stefan Engler
(Die Mitte-Fraktion) wiederum auf die politische Agenda geschafft. Grundrechte, Föderalismus und Rechtsstaatlichkeit sollen durch die Einführung einer differenzierten Verfassungsgerichtsbarkeit gestärkt werden.[29]

---

[29] Vgl. 21.3689 Motion: Grundrechte und Föderalismus stärken und die Rechtsstaatlichkeit festigen. Ein neuer Anlauf zur Einführung der Verfassungsgerichtsbarkeit, abrufbar unter: <*https://www.parlament.ch/de/ratsbetrieb/suche-
curia-vista/geschaeft?AffairId=20213689*> (besucht am 27. Februar 2022).

Warum kleinere Staaten im Vorteil sind

Philipp Bagus und Andreas Marquart

Die politische Integration, die Harmonisierung zwischen Gebietskörperschaften und die Vereinheitlichung von Regeln sichere Frieden und Wohlstand, heisst es immer wieder in der medialen Berichterstattung. Es dürfe nicht sein, dass einzelne Gebietskörperschaften ausscherten und ihren eigenen Weg gingen. Phänomene wie der Brexit und andere Unabhängigkeitsbemühungen werden daher mit grossem Argwohn betrachtet.

Ist «grösser» in Zeiten der Globalisierung wirklich automatisch «besser»? Wäre das Aufgehen der Nationalstaaten in den Vereinigten Staaten von Europa ein Fortschritt? Würde der EU-Staat Frieden, Freiheit und Wohlstand sichern? Sind die Interessen des Brüsseler Machtapparates – auch die der nationalen Regierungen – mit den Interessen der Bürger überhaupt vereinbar?

Wir werden darlegen, dass die Grösse politischer Strukturen der entscheidende Faktor dafür ist, ob künftige oder bereits die heutigen Generationen in Wohlstand oder Armut, in Freiheit oder Knechtschaft, in Frieden oder Krieg leben werden.

Unser Blickwinkel ist der des Individuums, ein allzu menschlicher also. Und eben der Mensch ist es, der in diesem Beitrag in den Mittelpunkt gerückt wird und den die Politik beim Streben nach immer grösseren politischen Strukturen und nach immer mehr Macht schon lange aus dem Blick verloren hat.

Befreien Sie sich beim Lesen bitte von allen Denkblockaden: Landesgrenzen unterlagen historisch betrachtet schon immer Veränderungen, meist leider nur als Folge von Sieg oder Niederlage in Kriegen. Grenzen lassen sich aber auch auf friedlichem Wege neu ziehen. So löste sich die Union zwischen Schweden und Norwegen 1905 im gegenseitigen Einvernehmen. Ebenso trennte sich der Kanton Jura im Jahr 1979 vom

Kanton Bern. Auch die Tschechoslowakei teilte sich 1992 friedlich. Selbst der totalitärste Staat, den die Welt je gesehen hat, die Sowjetunion, löste sich ohne Krieg in eine Vielzahl neuer Staaten auf.

Sie meinen, das friedliche Entstehen neuer kleiner Staaten sei eine Utopie? Mitnichten. Letztlich hängt es nur an den Menschen selber. John Lennon sagte einmal: «War is over, if you want it.» Er war der Ansicht, dass Menschen keine Macht hätten, solange sie die Vorstellung hätten, keine Macht zu haben. In Abwandlung von Lennons Satz gilt daher: «Small states are possible, if you want it.»

Die Angst der Euromantiker

Die Brexit-Entscheidung vom 23. Juni 2016 bedeutete zweifelsohne einen Einschnitt in der Geschichte der europäischen Integration nach dem Zweiten Weltkrieg. Die demokratische Wahl der Briten entsetzte die politischen Eliten wie auch die Mehrheit der medialen Meinungsbildner. Das Resultat kam einer Majestätsbeleidigung gleich. Sie stellte das Dogma einer «ever closer union», einer immer strengeren Vereinheitlichung in Europa, in Frage. In der Tat wird das Endziel einer politischen Union in Europa praktisch von niemandem in der Polit- und Medienelite angezweifelt. Die «europäische Einigung» ist, zumindest wurde es bis zum 23. Juni 2016 so gesehen, eine Einbahnstrasse, die hin zu einem europäischen Staat führt.

Die Antwort der Politikeliten auf den Brexit kam postwendend. Bundeskanzlerin Merkel verbat sich Rosinenpickerei: Ein Land könne sich nicht nur Vorteile sichern. Wer Zugang zum Binnenmarkt haben wolle, der müsse auch Verpflichtungen eingehen. Das klang nach Barrieren. Während die EU zeitgleich über Freihandelsabkommen mit Kanada und den USA verhandelte, sollte den Briten als Strafe für die Brexit-Entscheidung der Zugang zum Binnenmarkt erschwert werden.

Die Situation ähnelt dem eines Geschwisterpaares, bei dem sich die Schwester entschliesst, aus dem Hause ihres

Bruders auszuziehen, weil dieser ihr immer neue und erdrückende Vorschriften auferlegt. Die Schwester möchte aber den Kontakt zu ihm und zu den anderen Familienmitgliedern aufrechterhalten. Sie möchte sich genauso innig mit ihm und ihren Nichten und Neffen austauschen wie zuvor. Ihr gefallen nur die bürokratischen Vorschriften nicht. Der erzürnte Bruder giftet zurück, das sei Rosinenpickerei. Wenn sie den Kontakt zu ihren Nichten und Neffen aufrechterhalten wolle, dann müsse sie sich schon reglementieren lassen und ihm einen Geldbetrag entrichten. Er verbietet seinen Kindern, mit ihrer Tante zu reden. Dass dieses infantile Verhalten zum Nachteil aller ist, liegt auf der Hand. Genauso schädigen Strafzölle und andere Barrieren für britische Waren die europäischen Konsumenten.

Die britische Seite machte von Anfang an deutlich, dass sie an Freihandel interessiert war. Nigel Farage, der aus seiner Abneigung gegen das Bürokratiemonster in Brüssel nie einen Hehl gemacht hatte, appellierte nach dem Brexit an die EU-Politiker:

«Warum benehmen wir uns nicht wie Erwachsene, pragmatisch, vernünftig, realistisch? Lasst uns einen vernünftigen Freihandelsvertrag aushandeln und danach erkennen, dass das Vereinigte Königreich euer Freund sein wird, dass wir mit euch handeln, mit euch kooperieren, dass wir eure besten Freunde in der Welt sein werden.»

Die EU ist nicht Europa

War das britische Votum also doch kein Ausdruck antieuropäischer Tendenzen? Fragen wir einmal grundsätzlicher: Was macht Europa eigentlich aus? Was verhalf Europa und der westlichen Kultur zur Führungsposition in der Welt? Was unterscheidet Europa von anderen Kulturkreisen?

Folgende Einsicht drängt sich mit einem Blick auf die Geschichte geradezu auf: Der wichtigste Wert der europäischen Kultur ist die individuelle Freiheit. Nirgendwo sonst auf der Welt konnten Eigentums- und andere Freiheitsrechte so gut gedeihen. Durch diese Freiheit gelang im politisch fragmentierten Europa erstmalig die Überwindung der Massenarmut durch die industrielle Revolution. Aus dieser freiheitlichen Fragmentierung ergibt sich auch die charakteristische Vielfalt in Europa. Und von diesem Europa gingen musikalische, künstlerische, literarische und wissenschaftliche Innovationen aus, die die ganze Welt veränderten.

Der Soziologe Erich Weede beschreibt den Zusammenhang von Freiheit und europäischer Zersplitterung so:

«Im Gegensatz vor allem zur chinesischen Geschichte gibt es in Europa seit Jahrhunderten ein System voneinander unabhängiger, gegeneinander zum Krieg fähiger und miteinander rivalisierender Fürstentümer, Königreiche oder Staaten. Die politische Zersplitterung Europas ist entscheidend für den relativ freiheitlichen Charakter Europas und dessen Aufstieg verantwortlich, während sich das politisch geeinte China langsamer entwickelte, obwohl es im Mittelalter noch wirtschaftlich und technologisch höher als Europa entwickelt war.»

Zu einem ähnlichen Schluss kam der Historiker Ralph Raico (1936-2016) in seinem Aufsatz *Das Europäische Wunder*:

«Auch wenn geografische Faktoren eine Rolle spielten und obwohl Europa sich als eine einheitliche Zivilisation – die des römischen Christentums – konstituierte, stellt seine radikale Dezentralisierung den Schlüssel zur westlichen Entwicklung dar. Ganz im Gegenteil zu anderen Kulturen – insbesondere China, Indien und der islamischen Welt – war Europa ein System von geteilten und deswegen konkurrierenden Mächten und Rechtssystemen.»

Riesenreiche – wie sie in Asien entstanden und noch bestehen – führen dazu, dass sich politische Fehler häufen und nicht korrigiert werden. Dazu meinte der Philosoph Karl Popper (1902-1994): «Jede politische Machtanhäufung führt mit Notwendigkeit dazu, dass kleine Fehler zunächst unbemerkt bleiben …» Aber es geht nicht nur darum, Fehler und Fehlentwicklungen schnellstmöglich einzudämmen. Generell sind in Kleinstaaten die Auswirkungen schlechter Politik schneller und unmittelbarer sichtbar. Aus moralischer Sicht wiegt viel schwerer, dass durch die hohe Machtkonzentration in Riesenreichen die individuelle Freiheit auf der Strecke bleibt. Und ohne Freiheit erlahmen technologischer, kultureller und wirtschaftlicher Fortschritt. Europas Aufstieg und Blüte ist damit untrennbar mit seiner politischen Dezentralisierung verbunden.

Uneuropäische EU

Es scheint, als arbeiteten die EU-Politiker mit der Zentralisierung von Macht in Brüssel und ihrem Dogma der «immer engeren Union» gerade auf das Ziel eines neuen Riesenreiches hin. Europa soll seiner Geschichte untreu und ein neues China werden. Die EU-Eliten halten diese Entwicklung hin zu einem europäischen Staat tatsächlich für «europäisch». Kurioserweise glauben sie, gute Europäer zu sein, und betiteln all jene als Europaskeptiker, die sich der Zentralisierung von Macht kritisch entgegenstellen und die Idee eines Europas der Freiheit und Vielfalt verteidigen. Durchschauen Sie das Spiel, das hier gespielt wird?

Die EU ist von ihrer aktuellen Ideologie her uneuropäisch. Genauso sah es auch der Nationalökonom Wilhelm Röpke (1899-1966), ein Ideengeber der sozialen Marktwirtschaft, der darauf hinwies, «dass es das Wesen Europas ausmacht, eine Einheit in der Vielfalt zu sein, weshalb dann alles Zentristische Verrat und Vergewaltigung Europas ist, auch im wirtschaftlichen Bereiche.» Die mehr als 17 Millionen Briten, die für den Brexit stimmten, haben mehr für die wahre europäische Idee getan, als die EU-Politiker wahrhaben wollen. Sie votierten gegen eine EU, die durch ihre Zentralisierung, Harmonisierung und die Ausschaltung des politischen Wettbewerbs das Gegenteil von dem ist, was Europa ausmacht und gross gemacht hat.

Der Brexit macht Hoffnung. Er ist *mehr* als Sand im Getriebe der Pläne der Eurokraten. Er schafft einen Präzedenzfall. Er zeigt: Die von den Politikern suggerierte Einbahnstrasse hin zu den Vereinigten Staaten von Europa ist nicht mehr als ein Wunschtraum. Es geht auch anders. Zentralisierung und Vereinheitlichung sind nicht unumkehrbar.

Seit dem 23. Juni 2016 wissen wir: Wer mit dem geplanten Superstaat in Brüssel, mit all seinen Regulierungen, Gängelungen und seiner Gleichmacherei nicht einverstanden ist, dem bleibt die Exit-Option. Da nun alle wissen, dass es auch anders geht, können weitere Zentralisierungsversuche sanktioniert und gebremst werden. Immer wenn Eurokraten in Verhandlungen auf mehr Staat, Steuerharmonisierung und mehr Macht für Brüssel pochen, können damit nicht konform gehende Staaten darauf hinweisen, dass sie ähnlich wie in Grossbritannien ein Referendum über den Verbleib in der EU durchführen könnten. Das wirkt, das diszipliniert. Die Dynamik mag sich wenden: weg von der Zentralisierung, Vereinheitlichung, hin zu Freiheit und Wettbewerb vielfältiger, kleiner und zahlreicher politischer Einheiten. Kurz: Hin zu *mehr* Europa.

Klein aber fein

Der Statistikforscher und Erkenntnistheoretiker Nassim Nicholas Taleb argumentiert, dass «wir kleinere, dezentralisierte Regierungen benötigen. Auf dem Papier mag es aufgrund der Erzielung von Skaleneffekten effizienter erscheinen, wenn man gross ist, aber in der Realität ist es effizienter, wenn man klein ist. [...] Ein Elefant kann sich sehr schnell ein Bein brechen, während man eine Maus aus dem Fenster werfen kann, ohne dass sie Schaden nimmt, Grösse macht zerbrechlich», so Taleb weiter.

Wenn politische Einheiten tendenziell grösser werden, nimmt auch ihre Komplexität zu. Umso störender wirken sich politische Eingriffe und Interventionen aus, die wegen ihrer Wechselwirkungen jedoch nicht als Störungsursache erkannt werden. Aber die Wechselwirkungen werden als Störungen wahrgenommen und dienen der Legitimierung weiterer Eingriffe und Interventionen seitens der Politik. Bei schwachem Wirtschaftswachstum oder Rezessionen nennt man diese reflexartigen Eingriffe Stabilisierungs- oder Konjunkturpolitik. Das klingt gut und lässt die Bürger annehmen, die Politik hätte eine Theorie und einen Plan.

Je grösser und regulierter Systeme sind und je stärker sie auf Stabilität ausgerichtet werden, umso träger und fragiler werden sie. Gerade in den vergangenen Jahren war regelrecht lehrbuchhaft zu beobachten, wie mittels künstlich geschaffener Stabilität komplexe Systeme ihrer Variabilität beraubt wurden. Das zeigt sich aber leider erst in dem Moment, in dem etwas Unvorhergesehenes passiert und Systeme dadurch in die Krise geraten. Dann verfällt die Politik in den Krisenmodus. Politiker treten vor Mikrofone und beginnen ihre Statements mit «Wir müssen …». Das ist die Zeit der *Besserwisser*. Es folgen Massnahmen, deren Wechselwirkungsweise – wie wir festgestellt haben – in einem komplexen System niemand abschätzen kann. Ein Teufelskreis.

Am Beispiel der Schweiz, die Taleb «in ökonomischer Hinsicht als den robustesten Ort auf dem Planeten» bezeichnet, kommt er zum Schluss, dass es das «von unten nach oben» strukturierte Herrschaftssystem ist, verbunden mit der Grösse des Landes, das ein hohes Mass an Variabilität ermöglicht und dadurch Antifragilität und Robustheit entstehen lässt.

In der Schweiz herrscht im Grossen und Ganzen – wenn auch in abnehmendem Masse – Dezentralität, nicht Zentralismus, und die Variabilität des Dezentralen schafft in Summe schliesslich die Stabilität. Die Erkenntnisse einer «Bottom-up»-Sichtweise sind in der Schweiz beinahe musterhaft umgesetzt: Der Bundesrat ist schwach und die Basis – die Kantone und innerhalb der Kantone die Gemeinden – ist stark.

Bei logischem Nachdenken kann man zu keinem anderen Schluss kommen als: «Small is beautiful». Genau das war eine Haupterkenntnis Leopold Kohrs. Mehr noch: Mit Blick auf die Schweiz gelangte er zu einer Einschätzung, die bei Zentralisierungspolitikern, also den allermeisten Politikern, zu Schnappatmung führen dürfte:

> *«Die gleiche Idee könnte auch im übrigen Europa funktionieren. Nichts wäre leichter, als Europa in kleine Regionen zu unterteilen.»*

Die Gegebenheiten dafür sind für Kohr sogar bereits vorhanden:

> *«Anders als bei dem Versuch, ein einheitliches Gebäude zu errichten, gäbe es dagegen kaum natürlichen Widerstand, da kleine Regionen bereits existieren. Im heutigen Europa finden wir nicht Deutschland, sondern Bayern und Sachsen; nicht Grossbritannien, sondern Schottland und Irland; nicht Spanien, sondern Katalonien und das Baskenland; nicht Italien, sondern die Lombardei und Sizilien. Diese Regionen sind durch ihre Fusion zu einem modernen Nationalstaat nicht verschwunden. Sie bewahren den Reiz ihrer eigenständigen Dialekte, Gebräuche und Literatur.»*

Recht auf Selbstbestimmung

Befürworter kleiner politischer Einheiten, gleich ob in Katalonien oder in Schottland, werden von Zentralstaatspolitikern meist abfällig «Separatisten» genannt. Wer im Internet «Separatist» als Suchbegriff eingibt und sich die Ergebnisse in Bildern anzeigen lässt, wird auf schwerbewaffnete Soldaten in Kampfanzügen stossen. Er findet keine Bilder friedlich miteinander feiernder und *Sardana* tanzender Katalanen, übrigens auch keine Bilder aus Bayern, dessen Einwohner sich 2011 in einer Umfrage der Hanns-Seidel-Stiftung mit einem knappen Viertel für einen autonomen bayerischen Staat aussprachen.

Was aber lässt sich Schlimmes daran entdecken, wenn eine Bevölkerungsgruppe mit friedlichen Mitteln nach Eigenständigkeit strebt? Bereits im Jahre 1927 schrieb der Ökonom Ludwig von Mises (1881-1973) in seinem Werk *Liberalismus*, wie wichtig es sei, dass die Menschen ein Selbstbestimmungsrecht haben:

> «*Das Selbstbestimmungsrecht in Bezug auf die Frage der Zugehörigkeit zum Staate bedeutet also: Wenn die Bewohner eines Gebietes, sei es eines einzelnen Dorfes, eines Landstriches oder einer Reihe von zusammenhängenden Landstrichen, durch unbeeinflusst vorgenommene Abstimmungen zu erkennen gegeben haben, dass sie nicht in dem Verband jenes Staates zu bleiben wünschen, dem sie augenblicklich angehören, sondern einen selbständigen Staat bilden wollen oder einem anderen Staate zuzugehören wünschen, so ist diesem Wunsche Rechnung zu tragen. Nur dies allein kann Bürgerkriege, Revolutionen und Kriege zwischen den Staaten wirksam verhindern. […] Das Selbstbestimmungsrecht, von dem wir sprechen, ist jedoch nicht Selbstbestimmungsrecht der Nationen, sondern Selbstbestimmungsrecht der Bewohner eines jeden Gebietes, das gross genug ist, einen selbstständigen Verwaltungsbezirk zu bilden. Wenn es irgend möglich wäre, jedem einzelnen Menschen dieses Selbstbestimmungsrecht einzuräumen, so müsste es geschehen.*»

Über die weltweit einzige Verfassung, die ein Sezessionsrecht einzelner Gemeinden vorsieht, verfügt das Fürstentum Liechtenstein. Für eine Abspaltung genügt es, wenn diese von der Mehrheit der Gemeindemitglieder beschlossen wird.

Doch Liechtenstein ist eine Ausnahme. Die ansonsten von der Politik propagandamässig transportierte politische Standardbotschaft lautet: *Gross ist gut und klein ist schlecht und in einer globalisierten Welt zu schwach. Zum immer weiteren Zusammenwachsen zu grösseren politischen Einheiten – bis letztlich hin zum Weltstaat – gibt es keine Alternative. Und das ist gut so.*

Das ist das Bild, das gezeichnet wird, und wer sich aus einem Verbund wie der EU lösen möchte, der handelt *un*europäisch und ist altmodisch. Da können die Assoziationen, die bei Begriffen wie Separatismus oder Sezession entstehen, gar nicht negativ genug sein.

Verschwendung in grossen Einheiten

Dezentralität hat noch weitere positive Auswirkungen. Bei-spielsweise ermöglicht sie einen engen Kontakt zu den Bür-gern, der in Verwaltungsstrukturen ab einer bestimmten Grösse vollständig verloren geht. Grosse Strukturen schaffen lediglich die Illusion, dass Entscheidungen gewissenhaft und rational gefällt würden. Doch glänzende Fassaden mit wehen-den Fahnen täuschen Professionalität nur vor. Die Realität sieht regelmässig anders aus.

Jede staatliche Bürokratie zeichnet sich durch zwei Ei-genschaften aus: Sie betreut das Geld fremder Leute und wird tendenziell weniger verantwortlich damit umgehen, als wäre es das eigene. Ausserdem handelt ein Bürokrat nicht unter wett-bewerblichen Bedingungen, denn es gibt keinen Markt für staatliche Leistungen. Stellen beide Punkte an sich schon ein grosses Problem dar, nimmt es mit zunehmender Grösse einer Verwaltungseinheit weiter zu.

Je weiter sich ein Bürokrat vom Bürger entfernt, umso schwieriger wird es, ihn bei Verschwendung zur Verantwor-tung zu ziehen. Selbst ein schlechtes Gewissen wird sich bei ihm weniger einstellen, je weniger er dem Steuerzahler in die Augen schauen und zugeben muss, dessen Geld verschleudert zu haben.

Ein Beispiel gefällig? Gerne, so im *Handelsblatt online* am 23. September 2016 zu lesen:

«Zwischen riesigen Kränen wächst Unkraut. Ein Schiffs-wrack verrostet auf dem Containerdock. Weit und breit sind keine Menschen, keine Fahrzeuge und vor allem keine Schiffe zu sehen. So sieht es in Seehäfen aus, die mit dem Geld der europäischen Steuerzahler gebaut wurden. Insgesamt 42 Hä-fen in fünf Ländern – Deutschland, Italien, Polen, Spanien und Schweden – hat der Europäische Rechnungshof über-prüft. Das niederschmetternde Ergebnis: Die EU-Kommis-sion fördert mit Steuergeldern Häfen, die niemand braucht. Insgesamt rund 400 Millionen Euro aus den EU-Struktur-

*fonds habe die Brüsseler Behörde ‹ineffizient ausgegeben›.
Das sei ein Drittel der insgesamt für diese 42 Häfen bewil-
ligten Förderung in Höhe von 1,4 Milliarden Euro, heisst es
in einem Bericht zum ‹Maritimen Transport in der EU›, den
der EU-Rechnungshof am heutigen Freitag vorlegt. Auf das
Problem weist der Rechnungshof schon zum zweiten Mal
hin. Vor sechs Jahren hatten die Luxemburger Prüfer die unsinnige Subventionierung von fünf Seehäfen in einem ersten
Bericht moniert. Bewirkt hatten sie damit nichts.»*

In der Tat wächst das Verschwendungspotenzial über-
proportional mit der sozialen Grösse. Der Einzelne kontrolliert
seine Ausgaben selber. Er muss verantwortlich mit seinen Ressourcen umgehen, sonst fällt er auf die Nase. Auch in der Familie können Ausgaben recht gut kontrolliert und rationale
Entscheidungen gefällt werden. *Sollen wir den Gartenweg neu
pflastern oder lieber ein neues Sofa fürs Wohnzimmer kaufen?* Die
verfügbaren Mittel, die Kosten, der Nutzen und die Präferenzen der Betroffenen sind in der Familie sehr überschaubar. Das
ermöglicht eine verantwortungsvolle Entscheidung. Auch auf
Ebene einer Hauseigentümergemeinschaft funktioniert diese
Entscheidungsfindung noch.

Schwieriger wird es bereits auf Ebene eines Dorfes oder
einer Stadt. Soll eine Landstrasse ausgebessert oder lieber das
Freibad saniert werden? Der Bürgermeister steht, selbst wenn
er die besten Absichten hat, vor einem Informationsproblem.
Was sind die Wünsche und Präferenzen der Bürger? Was würden sie mit dem Steuergeld machen, hätte man es ihnen nicht
abgenommen? Würden sie sich eher für das sanierte Freibad
oder die huckelfreie Strasse entscheiden? Oder doch für etwas
ganz anderes?

Gelingt eine einigermassen zufriedenstellende Entscheidung im Dorf vielleicht noch, wächst das Informationsproblem auf nationaler Ebene ins Unermessliche. Auf EU-
Ebene schliesslich ist die Idee einer rationalen Entscheidung geradezu grotesk. In welche Projekte sollen die EU-Subventionen
sinnvollerweise fliessen? Wo ist das Geld am besten investiert?

Es gibt unzählige Möglichkeiten. Der Kreativität sind ja keine Grenzen gesetzt. Was sind die Präferenzen der EU-Bürger? Was hätten sie mit dem Geld gemacht, wäre es ihnen nicht wegbesteuert worden? Diese Informationen kann die EU-Kommission, oder wer auch immer die Entscheidung letztlich fällt, gar nicht besitzen. Am Ende fliesst das Geld, wie *Die Welt* im Februar 2013 berichtete, in unsinnige Projekte wie eine 240 Meter lange Skipiste in Dänemark oder, wie eben gesehen, in Häfen, die von keinen Schiffen angesteuert werden.

Mithin läuft auch das Argument ins Leere, es brauche riesige politische Einheiten wie die Nationalstaaten, die EU oder gar eine Weltregierung, um mit den Herausforderungen einer globalisierten und immer komplexeren Welt fertigzuwerden. In der Tat ist die Welt komplexer geworden und mit ihr ist das Informationsproblem, vor dem Politiker und Bürokraten stehen, noch überwältigender. Die Globalisierung macht eine zentrale Planung und grosse politische Einheiten wie die EU aber nicht wünschenswerter oder notwendiger. Ganz im Gegenteil: Die wachsende Komplexität vergrössert das Wissensproblem immens, vor welches zentrale Entscheider gestellt sind. Der logische Schluss: Die Herausforderungen der Globalisierung machen kleinere, nicht noch grössere politische Einheiten notwendig.

Kontrolle und Verantwortung

Die Entfernung der Entscheider von den Menschen, die durch die Entscheidungen betroffen sind, erschwert zudem eine wirksame Kontrolle. Verschwendet der Einzelne sein Geld, muss er selbst mit den Folgen leben. Stellt die Familie fest, man hätte lieber doch das Sofa gekauft, anstatt den Weg zu pflastern, dann kann sie sich nur über sich selbst ärgern. Der Bürgermeister, der die Strasse ausbessern lässt, obwohl die Mehrheit der Bürger sich lieber an einem sanierten Freibad erfreut hätte, wird wahrscheinlich bei den nächsten Gemeindewahlen abgestraft. Die Bürger wissen, an wen sie sich bei Verschwendung wenden müssen. Sie kennen den Verantwortlichen, in kleineren Orten oft sogar persönlich.

Wer würde sich aber in den Zug setzen, um in Brüssel einen EU-Bürokraten wegen Verschwendung oder einer Fehlinvestition zur Rede zu stellen? Welchen Bürokraten überhaupt? Es gibt ja so viele. Und wo genau hat der sein Zimmer in dem abgeschotteten EU-Komplex? Die Verantwortlichen sind nicht greifbar. Und weil es sich recht auskömmlich leben lässt in Brüssel – alleine 4'365 EU-Beamte verdienen mehr als die deutsche Kanzlerin –, schwärzt man sich gegenseitig auch nicht an, nach dem Motto: «Eine Krähe hackt der anderen kein Auge aus».

Damit wird auf EU-Ebene die Kontrolle geradezu unmöglich. Die EU-Bürger kennen ja noch nicht einmal die verschiedenen Alternativen. Die meisten werden weder von dem sizilianischen Hafen in Augusta noch von der Skipiste auf der dänischen Ostseeinsel Bornholm gehört haben, geschweige denn jemals hören. Es ist nicht einmal möglich, objektiv zu sagen, welches Projekt nun besser ist, da die Informationen hierzu nicht verfügbar sind, ja, überhaupt nicht verfügbar sein können, denn die Präferenzen und Vorlieben der Menschen sind ja nur diesen selbst zugänglich.

Ähnlich steht es mit der Verantwortung. Sind der Einzelne und die Familie noch für ihre Entscheidungen verantwortlich und müssen die Folgen selbst tragen, wird es schon auf Gemeindeebene schwammiger. Der Bürgermeister kann sich nicht vollkommen sicher sein, was die Bürger wirklich wollen. Und ohne diese notwendige Information handelt er tendenziell verantwortungslos. Das Problem der Verantwortungslosigkeit wiegt schwerer, je grösser die politischen Einheiten sind. Der EU-Entscheider handelt unvermeidbar verantwortungslos, weil er die Kosten seiner Handlungen nicht kennt und eine Fehlentscheidung nicht ihn trifft, sondern die Bürger der EU.

Die Grösse hat auch Auswirkungen auf die Ehrlichkeit der Menschen. Durch die Entfernung wird die Kontrolle immer lockerer, Bestechung und Korruption können wuchern. Beim Einzelnen gibt es keine Korruption. Er möchte seine Ziele erreichen, zu denen auch die Unterstützung von Freunden zählen kann. Bei der Familie hängt die Korruption an der ganz kurzen Leine. Wird eine Gärtnerin engagiert, die zu einem überhöhten Preis den Gartenweg pflastert, dann ist es entweder so gewollt, oder es gibt grossen Ärger, wenn beispielsweise herauskommt, dass es sich bei der Gärtnerin um die heimliche Geliebte des Familienvaters handelt. Lässt der in der Gemeinde verwurzelte Bürgermeister das Freibad durch einen befreundeten Unternehmer zu einem überhöhten Preis sanieren und lädt ihn dieser im Gegenzug auf einen Luxusurlaub ein, wird er – bildlich gesprochen – geteert und gefedert werden, falls die Sache auffliegt, was in einem kleinen Dorf nicht unwahrscheinlich ist. Auf nationaler oder EU-Ebene sieht das schon anders aus. Kleine Bestechungen und Zuwendungen durch Lobbyisten gehen unter. Kontrolle hierüber ist praktisch nicht möglich und die Verantwortlichen für zu teure Grossprojekte sind nicht greifbar.

Kollektive Verantwortungslosigkeit

In der Masse gehen typischerweise Scham und Skrupel verloren. Und wenn man auch seinen Nachbarn niemals betrügen oder sich auf dessen Kosten bereichern würde, so fällt das bei den Millionen unbekannten EU-Bürgern schon leichter. Vor allem, wenn man dabei nur ein kleiner Teil der riesigen EU-Maschinerie ist. Von den 751 Abgeordneten des EU-Parlaments werden die Bürger nur die wenigsten namentlich kennen. Umgekehrt gilt dies noch viel mehr: Die 751 Abgeordneten des EU-Parlaments werden nur einen winzigen Bruchteil der 500 Millionen EU-Bürger namentlich kennen.

Wie soll Otto Normalbürger sich über die kleinen Zuwendungen oder Luxusurlaube der EU-Abgeordneten aufregen, wenn er die Abgeordneten nicht kennt und von ihrem Urlaub nichts mitbekommt? In der Masse kann sich der Abgeordnete verbergen. Gleiches gilt für die knapp 33'000 Beschäftigten der EU-Kommission. In der Masse geht die Verantwortlichkeit verloren, jeder kann sie an den anderen weiterreichen, kann die Schuld auf einen anderen schieben – und am Ende ist es niemand gewesen. Niemand ist verantwortlich. Zwar ist irgendwo etwas schiefgelaufen, aber wo genau es geschehen ist und wer die Verantwortung trägt, bleibt unklar. So breitet die Maschinerie «Brüssel» ihren schützenden Mantel der Grösse über die Taten des einzelnen EU-Politikers. Dass es so zu Verschwendung und Korruption kommt, mag nicht verwundern.

Mit der Grösse wächst auch der Spielraum für Subventionen und Umverteilung, die untergehen und undurchsichtig werden. In der Familie ist Umverteilung freiwillig, sofort erkennbar und gewollt. In der Gemeinde ist sie auch noch überschaubar. Soll der Anbau von Wein subventioniert werden, damit das Dorf attraktiver wird und mehr Touristen anzieht? Hotelbesitzer, Gastwirte, Einzelhändler dürften profitieren. Aber die Touristen bringen auch Unruhe, Lärm und Verschmutzung mit. Vorteile und Nachteile bleiben einigermassen im Blick. Die Subvention müssen alle Dorfbewohner zahlen und sie wird auf eine beschauliche Zahl Köpfe verteilt. Im 2'000-Seelen-Dorf kostet die 1'000'000-Euro-Subvention zur Errichtung eines Weinguts 500 Euro pro Nase. Bei einer vierköpfigen Familie sind das stolze 2'000 Euro. Es darf mit Widerstand gerechnet werden von Seiten derer, die nicht so stark vom Tourismus zu profitieren hoffen.

Bei grösseren sozialen Gebilden, und vor allem bei Riesensubventionsmaschinerien wie der EU, sieht es anders aus. Dort kann die 1'000'000-Euro-Subvention auf viel mehr Köpfe verteilt werden. Viele Bürger werden von der Subvention gar nichts wissen, gar nichts mitbekommen. Selbst wenn eine EU-weite Weinbausubvention mit Gesamtkosten von 1 Milliarde Euro verteilt wird, ergibt sich bei 500 Millionen EU-Bürgern ein Kostenpunkt von 2 Euro pro Nase. Und wegen 2 Euro wird kaum einer auf die Strasse gehen und protestieren. Sollte jemand jedoch einmal auf die gewagte Idee kommen, eine bereits eingeführte Weinsubvention wieder zu streichen, kann man

sicher sein, dass die Weinbauern mit ihren Traktoren die Auto-
bahnen blockieren und den Verkehr lahmlegen werden, um für
ihre lukrative Subvention zu kämpfen. Der Anreiz für Lobbys,
sich auf Kosten der stummen Allgemeinheit Vorteile zu ver-
schaffen, ist daher auf EU-Ebene viel grösser als auf Gemeinde-
oder Regionalebene. Kleine, gut definierte Gruppen von Nutz-
niessern, wie beispielsweise Weinbauern, können sich zusam-
menschliessen und über die EU-Institutionen versuchen, sich
auf Kosten der passiven Allgemeinheit zu bereichern, die das
wegen ihrer Grösse kaum spürt. Spürbar wird es erst in der
Summe der *vielen* Lobbys, die genauso handeln wie die Weinbauern.

Bürokraten und Beamte mit grossen Budgets sind wie
dicke Fische für Angler. Da lohnt es sich, die Angel auszuwer-
fen. Bürokraten, die viel Geld zu verteilen haben, werden zum
gefundenen Fressen für Lobbyisten aller Art. Kein Wunder
also, dass dort, wo *wenig* Geld zu verteilen ist, *wenig* Lobbyisten
und dort, wo *viel* Geld zu verteilen ist, *viele* Lobbyisten ihr Zu-
hause haben, die stets das Optimum für ihre Auftraggeber her-
auszuholen suchen.

Fazit

Wir haben in diesem Beitrag aufgezeigt, dass kleinere politische
Gebietskörperschaften in allerlei Belangen den grösseren Einheiten überlegen sind. Je kleiner das entsprechende Gebiet und
je geringer die politischen Zuständigkeiten sind, desto vorteil-
hafter gestalten sich die Umstände für die dort lebenden Bürger. Friedliche Sezessionsbestrebungen sind also in jedem Fall
gewinnbringend und positiv zu bewerten, weil so die kollektive Verantwortungslosigkeit durch eine Dezentralisierung der
Kompetenzen tendenziell durch eine grössere Verantwortlichkeit ersetzt wird, welche bessere Ergebnisse für die Allgemeinheit zur Folge hat.

Dass dies einem Grossteil der politischen Klasse nicht
gefällt, ist hingegen klar: Denn diese hat nicht primär das

Optimum für die Bürger im Sinne, wie wir aus der *Public Choice School* wissen, sondern eine möglichst effektive Machtausweitung für sich selbst. Nur aus diesem Blickwinkel ist eine immer weitergehende Integration, wie die Zentralisierung, Gleichmacherei und Machtanmassung verharmlosend genannt wird, «alternativlos».

Freiheit und Wohlstand gedeihen vor allem in Klein- und Kleinststaaten. Sie sind nicht nur weitaus besser gegen Korruption gefeit, sondern auch – das zeigen historische und gegenwärtige Beispiele – sehr viel friedliebender. Möglichst zahlreiche und vielfältig ausgestaltete Kleinstaaten, die in Frieden und Freiheit miteinander kooperieren und konkurrieren, wären ein wichtiges Gegengewicht zur Ideologie des Zentralismus. Friedliche Sezessionen verdienen deshalb von all jenen Unterstützung, die an einer effektiven Eindämmung der politischen Macht ernsthaft interessiert sind. Sie befördern den für die Freiheit so elementaren politischen Wettbewerb, indem sie den Bürgern zusätzliche Wahlmöglichkeiten eröffnen.[1]

---

[1] Bei diesem Beitrag handelt es sich um einen gekürzten und überarbeiteten Auszug aus dem Buch *Wir schaffen das – alleine! Warum kleine Staaten einfach besser sind.* (2017). München: FBV.

Taugt das Mehrheitsprinzip als Schranke politischer Macht?

Robert Nef

Der deutsch-amerikanische Politologe Arnold Brecht hat schon 1978, noch vor dem Zusammenbruch der Sowjetunion, im Sinn einer «Lebensbilanz» ein Buch mit dem Titel *Kann die Demokratie überleben?* publiziert.[1] Inzwischen sind mit dieser Fragestellung hunderte von Büchern und Artikeln erschienen. Heute halten sich Publikationen, welche die Demokratie angreifen und bemängeln und solche, die sie verteidigen und loben etwa die Waage, wobei unter «Demokratie» beiderseits nicht immer dasselbe verstanden wird. Eine ideologische Einordnung nach dem üblichen Links/Rechts-Schema versagt in dieser wichtigen Grundsatzdebatte. Die vorschnelle Verurteilung jeder Demokratiekritik als autoritär oder faschistisch zeugt von ideologischen Scheuklappen.[2]

Die in Anknüpfung an Rousseaus Kritik an der Repräsentation von den Basisdemokraten der 1968er Jahre vorgebrachten Bedenken über die Verfälschung des Mehrheitswillens durch komplexe Wahl-, Partei- und Koalitionssysteme sind generell zu wenig ernst genommen worden. Eine fundierte Kritik an der Repräsentation und am Mehrheitsprinzip und an der darauf beruhenden Legitimation staatlicher Macht hat der aus Ungarn stammende und zuletzt in Frankreich domizilierte Sozialphilosoph Anthony de Jasay vorgenommen, dem keinerlei Nähe zum national-konservativen Gedankengut vorgeworfen werden kann.[3] Unvoreingenommene Demokratiekritik ist eine heikle Angelegenheit, denn kaum ein Autor möchte sich dem

[1] Arnold Brecht, Kann die Demokratie überleben?, Stuttgart 1978.
[2] Rüdiger von Voss in: Demokratie, ein Auslaufmodell?, Freiburg i.Br. 2022, S. 85.
[3] Anthony de Jasay, Der Staat, Berlin 2018 sowie der Sammelband zum Thema Ordered Anarchy, ed. Hardy Bouillon and Hartmut Kliemt, London and New York 2007.

Vorwurf aussetzen, ein Feind der Demokratie zu sein. Alle Vorbehalte, die gegenüber der Anfälligkeit der direkten Demokratie für Stimmungsschwankungen und für linke und rechte Populismen vorgebracht werden, sollten auch gegenüber der indirekten Demokratie sorgfältiger unter die Lupe genommen werden. In Parlamenten fällen die Vertreter vielfältiger Interessen oft Entscheide, die nicht im längerfristigen Interesse der Allgemeinheit liegen. Wenn diese durch das Volksveto des Referendums fallweise «bachab geschickt» werden, wirkt dies durchaus machtbeschränkend.

Der Autor dieses Beitrags hat vor 20 Jahren in einem Vortrag folgende These aufgestellt und begründet: «Demokratie und Wohlfahrtsstaat sind auf die Dauer nicht miteinander verträglich, wenn sie nicht beide begrenzt und gegeneinander abgegrenzt werden.»[4] Ich gehe heute mit meiner Kritik etwas weiter und zweifle an einer optimalen Kombinierbarkeit in einem horizontalen Kompromiss. Demokratie und liberaler Rechtsstaat sind nur kompatibel, wenn sie in einem gemeinsamen sozio-kulturell-historischen Humus verwurzelt sind, der von der Politik immer weniger gewährleistet werden kann.

Das demokratische Mehrheitsprinzip ist als «humanistisches Dogma» seit der amerikanischen Unabhängigkeitserklärung eher überschätzt worden. Demokratische Mitbestimmung und liberale Selbstbestimmung werden allzu voreilig als harmonisch verknüpfbare Entscheidungsverfahren bezeichnet, weil sie beide im Lauf der Geschichte als Alternativen zur monarchischen und tyrannischen Herrschaft gefordert und erkämpft worden sind. Vor allem in den USA gilt «Democracy» als Inbegriff einer menschengerechten und dauerhaft funktionsfähigen Regierungsform: Die Regierung des Volkes, durch das Volk, die sich gewissermassen von selbst auch als Regierung für das Volk erweist, weil sie sich auf den Mehrheitswillen

---

[4] Robert Nef, In: Nachtwächterstaat, Sozialstaat, Wohlfahrtstaat, – wohin geht der Weg, Conturen, Frankfurt a.M., 2000, S. 62.

stützt, der mindestens dann mit dem Volkswillen übereinstimmt, wenn sich dieser auch frei bilden kann.

In neuester Zeit mehren sich vor allem im libertären und anarcho-kapitalistischen Lager die kritischen Stimmen, die auch in diesem Sammelband vertreten sind. Dies soll einleitend durch zwei demokratiekritische Zitate untermauert werden:

Vom slowenischen Freiheitsdenker Zarko Petan stammt folgender Aphorismus:

«So mancher sagt, er sei für Demokratie, und später stellt er fest, dass Demokratie nicht für ihn ist.»[5]

Eine oft mit falschen Quellen zitierte ebenfalls kritische Aussage stammt aus den USA:

«Demokratie und Freiheit sind nicht dasselbe. Demokratie ist wie zwei Wölfe und ein Schaf, die darüber abstimmen, was sie zu Mittag essen wollen. Freiheit entsteht durch die Anerkennung bestimmter Rechte, die nicht in Frage gestellt werden dürfen, auch nicht durch eine Abstimmung mit 99 %iger Mehrheit.»[6]

Das Mehrheitsprinzip ist ein Entscheidungsverfahren mit völlig offenen Resultaten und ohne jede Qualitätsgarantie, weder bei den Entscheidungsträgern noch bei den Entscheidungen. Demokratie garantiert «aus sich heraus» weder Menschenrechte noch «liberale Werte.» Durch die Inklusion der Mehrheit und die Exklusion der Minderheit hat sie vor allem bei knappen Mehrheiten oft eine spaltende Wirkung, ein Phänomen das sich zurzeit in den USA besonders deutlich und negativ manifestiert.

---

[5] Zarko Petan (1929 -2014) Slowenischer Freiheitsdenker, Verbotene Parolen, 1966.

[6] Marvin Simkin, «Individual Rights», Los Angeles Times, 12 January 1992. http://articles.latimes.com/1992-01-12/local/me-358_1_jail-tax-individual-rights-san-diego

Entwicklungspotentiale und Zerfallstendenzen

Die Grundfrage nach der Demokratie als Inbegriff des Mehrheitsprinzips muss früher oder später mit der Grundfrage nach der Interessen-Repräsentation und dem Prinzip «ein Mensch eine Stimme» verknüpft werden. Einer der zentralen Kritikpunkte an der heute in unterschiedlichen Spielarten praktizierten Demokratie knüpft an den offensichtlichen Mängeln des auf konkurrierenden Parteien beruhenden Repräsentationsprinzips an. Es kommt zu jenem «Kipppunkt der Demokratie», den Gerhard Schwarz in einer Kolumne pointiert beschrieben hat.[7]

Es ist kein Zufall, dass Autoren, die nach einem «postdemokratischen» Entscheidungsverfahren in einer «postetatistischen» Bürgergesellschaft streben, ein Vertretungsverfahren nach dem Zufallsprinzip vorschlagen.[8]

Möglicherweise sind direkte und repräsentative Demokratie nicht einfach zwei nur graduell verschiedene Entscheidungsverfahren. Die Unterschiede betreffen auch Prinzipielles. Die in der Schweiz praktizierte halbdirekte Demokratie wäre demnach ein Zwitter, der nicht nur die Vorzüge, sondern auch die Nachteile der beiden Modelle kombiniert. Das sollte zur Zurückhaltung mahnen, wenn etwa «Demokratie nach dem Muster der Schweiz» anderswo oder gar in der EU propagiert wird.

Gegenüber libertären Kritikern des Mehrheitsprinzips muss in Erinnerung gerufen werden, dass auch Kapitalgesellschaften auf Mehrheitsentscheiden beruhen, allerdings – ausser in Genossenschaften – nicht nach dem Pro Kopf Prinzip, sondern nach dem Prinzip «Je betroffener, desto beteiligter». Auch dieses Prinzip stellt auf Mehrheiten ab, die sowohl im privaten Genossenschaftswesen als auch im Vereinswesen buchstäblich

---

[7] Gerhard Schwarz, in: NZZ vom 22. Februar 2022, S. 23.
[8] Dietrich Eckardt, Die Bürgergesellschaft, Ein Gegenentwurf zur Staatsgesellschaft, Berlin 2021 und Antony P. Mueller, Feinde der Freiheit und des Wohlstands, Chancen einer Gesellschaftsordnung jenseits von und Politik mit der Ergänzung «Demokratie ohne Wahlen», 2021.

entscheidend sind – allerdings beruht das Mitmachen bei solchen Vereinigungen nicht auf Zwang.

Interessant ist allerdings im Vereinswesen, wie häufig sowohl in Vorständen als auch in Vollversammlungen solange diskutiert wird, bis eine Art Einstimmigkeit (ohne Gegenstimme) erreicht ist, und effektiv niemand offen in die Minderheit versetzt wird. Geht es hier um eine Praxis, die als Urform des allgemeinen Konsenses nach allgemeinem Palaver angesehen werden kann? Sie beruht auf der Basis einer Friedensformel, die man als Grundkonsens oder als wechselseitige freiwillige Ad-hoc-Unterwerfung bezeichnen kann. Sie wird in Familien und menschlichen Gemeinschaften wohl schon seit Urzeiten praktiziert und ist Gegenstand der Verhaltensforschung.[9]

Den Begriff Grundkonsens hat der liberale Staatsrechtler Martin Lendi in einer neuen Schrift lanciert und begründet. Er benützt dabei einen anschaulichen Vergleich:

«*Die Freiheit der Meinungsäusserung wird zum ‹Taufpaten› des Grundkonsenses.*»[10]

Schon in der griechischen Antike, in der die Demokratie als politisches Entscheidungsverfahren angeblich «erfunden» worden ist, hat man die Schattenseiten der Volksherrschaft erkannt. Im Zentrum der Kritik steht bei Aristoteles ihr Degenerationspotenzial hin zur «Ochlokratie», zur populistischen Willkürherrschaft jenes «Haufens», der etwa in der «grande terreur» nach der Französischen Revolution dem Prinzip der Brüderlichkeit mit der Guillotine huldigte.

Man weiss, dass sich Friedrich Schiller, ursprünglich ein Befürworter der Französischen Revolution, mit Abscheu von deren Auswüchsen abgewendet hat, und sein «Wilhelm

---

[9] Überzeugende Belege dazu liefert der Verhaltensforscher Irenäus Eibl-Eibesfeldt in seiner zu wenig beachteten Streitschrift «Wider die Misstrauensgesellschaft», München und Zürich 1994
[10] Martin Lendi, Der Grundkonsens als Element staatlicher Gemeinschaft, Zürich 2022.

Tell» ist eine Art von Gegenmodell, das nicht in einen blutigen Aufstand der «Geknechteten» mündet. Die Eidgenossen werden durch Vereinbarung zu einem «einzig Volk von Brüdern». Was oft übersehen wird, ist der bemerkenswerte Schluss des Schauspiels, der für Schiller alles andere als eine historische Reminiszenz war: Die freiwillige Entlassung der Lehensleute aus ihrer Hörigkeit durch die Adeligen Bertha und Rudenz.[11]

Gegen alle Spielarten der Demokratiekritik gibt es ein gewichtiges rein empirisches Gegenargument, das im klassisch gewordenen Zitat von Winston Churchill zum Ausdruck kommt:

«Viele Regierungsformen sind ausprobiert worden und werden in dieser Welt der Sünde und des Unheils ausprobiert werden. Niemand behauptet, dass die Demokratie perfekt oder allwissend ist. Es wurde sogar gesagt, dass die Demokratie die schlechteste Regierungsform ist, abgesehen von all den anderen Formen, die von Zeit zu Zeit ausprobiert wurden.»[12]

Aus dieser Sicht reduziert sich die Grundfrage der Befürwortung auf die Suche nach allenfalls tauglicheren Alternativen und nach ergänzenden und schadensmildernden Prinzipien.

Das «Beispiel Schweiz» als Argument für die Demokratie

Ein sehr gewichtiges, weil empirisch untermauertes Gegenargument zur radikalen Demokratiekritik ist die real existierende Schweiz. Der Politologe Karl W. Deutsch hat sie als Vorbild für

---

[11] Das Schauspiel endet, was in der demokratischen Schweiz in Aufführungen oft weggekürzt wird, mit der bemerkenswerten Deklamation des Adeligen Rudenz «Und frei erkär' ich alle meine Knechte!» Das ist ein klassischer Machtabbau durch freiwilligen Machtverzicht. Traum eines Idealisten, oder Akt der vernünftigen Nächstenliebe?

[12] Winston S. Churchill, Vortrag vom 11. November 1947. Bemerkenswert ist die Tatsache, dass eines der wohl berühmtesten Churchill-Zitate das Zitat eines Zitats mit unbekannter Quelle ist.

politische Integration hingestellt.[13] Auch der hellsichtige österreichische Bankier Felix Somary verweist in seiner neu aufgelegten Schrift zur Zukunft der Demokratie auf die historische Erfolgsbilanz:

> *«Das Fernbleiben von Kriegen von einem kleinen Land in der Mitte Europas und die Lösung der Nationalitätenfrage sind zwei so fundamentale Erfolge, dass sie alle Kritik an der Demokratie zum Schweigen bringen müsste.»*[14]

Die Eidgenossenschaft, die man auch schon die älteste noch existierende Demokratie genannt hat, ist 1291 mit grosser Wahrscheinlichkeit gerade nicht durch Mehrheitsbeschluss geschaffen worden. Das politische Bündnis hatte den Charakter einer Sezession, einer Verschwörung gegen jede Fremdherrschaft – und zwar auf ewig. Das Bündnis wurde gewiss ausgehandelt, seine Vor- und Nachteile wurden individuell und kollektiv geprüft und öffentlich gegeneinander abgewogen. Im modernen Sinne abgestimmt wurde darüber wohl nicht. Verschwörer dulden in der Regel keine Minderheit, die sich zuerst der Verschwörung widersetzt und schliesslich überstimmt wird.

In einem Essay[15] habe ich die Schweiz unter Bezugnahme auf Friedrich Schillers Schauspiel *Wilhelm Tell* als Kompromiss zwischen dem «Prinzip Tell» und dem «Prinzip Rütli» bezeichnet. Es kommt zu einer Kombination von gezähmtem Anarchismus (nach der Staatstheorie von Thomas Hobbes) und beschränktem Kommunitarismus (nach der Gesellschaftstheorie von John Locke), und das ist wahrscheinlich das wichtigste historische Erfolgsgeheimnis der Schweiz. Tell, der unabhängige Alpenjäger und Tyrannentöter verkörpert die abgrundtiefe Machtskepsis. Die Eidgenossen fungieren als Begründer eines Gesellschaftsvertrags. Sie wollen in Zukunft ihre gemein-

---

[13] Karl W. Deutsch, Die Schweiz als paradigmatischer Fall politischer Integration, Bern 1976.

[14] Felix Somary: Krise und Zukunft der Demokratie, 1971, Neuauflage Jena 2010, S. 141.

[15] Robert Nef, Lob des Non-Zentralismus, 2. Aufl., St. Augustin, 2006.

samen Probleme ohne Landesherren gemeinsam beweglich lösen. Das wird, wohlgemerkt, einstimmig, oder besser, einmütig, beschlossen.

Der Gesellschaftsvertrag im Sinn von John Locke funktioniert dauerhaft nur mit widerspruchsfreiem Konsens. Entscheidend waren und sind für die Eidgenossen die eigenständige Wahl der Richter als Ordnungswächter und die gemeinsame Verteidigung gegen Angreifer und Eroberer. Alles andere ist Sache der traditionellen zivilen Gesellschaftsordnung und ist auch nicht an eine übergeordnete Gemeinschaft delegierbar. Die Eidgenossen versammelten sich auf einer einsamen Wiese, «Rütli» genannt. Sie wurde nach Schillers Narrativ gemeinsam gerodet und somit direkt der Natur abgerungen und weggenommen. Das «Rütli» ist im ursprünglichen Sinn «privatus». Das Land gehört keinem verbrieften Landesherren, sondern jenen, die es genossenschaftlich nutzen, und der mythisch verklärte Ort liegt aus dieser Sicht ausserhalb territorialstaatlichen Strukturen und Herrschaftsansprüchen.

Der Schweizer Historiker Oliver Zimmer befasst sich mit der Kritik von Max Frisch an Schillers Tell und seiner patriotischen Rezeption (Wilhelm Tell für die Schule, 1971). Zimmer stellt einen Bezug her zur massiven Schweiz-Kritik von Friedrich Engels aus dem Jahr 1847. Engels brandmarkte die Schweizer als aus der Zeit gefallene eigensinnige Reaktionäre, ein Vorwurf der gegenüber den Schweizern von europäischen Nachbarn immer noch gelegentlich erhoben wird. Zimmer weist zu Recht auf die im 19. Jahrhundert harte Auseinandersetzung zwischen rechtsstaatgläubigen und zentralistischen Liberalen einerseits mit volksverbundenen antizentralistischen Demokraten anderseits hin und begründet, warum seine Sympathie bei Letzteren liegt. Ist es die Ahnung des Historikers, dass vermeintliche Nachzügler oft auch Vorläufer waren?[16]

---

[16] Oliver Zimmer, Wer hat Angst vor Tell?, Unzeitgemässes zur Demokratie, 3. Aufl. Basel 2021.

Wurde 1291 auf dem «Rütli» tatsächlich der Grundstein dessen gelegt, was in der heutigen Staatstheorie als Demokratie bezeichnet wird, in der ein schwer definierbares «Volk» in schwer erklärbarem und begrenzbarem Ausmass durch komplizierte und unübersichtliche Repräsentations- und Mehrheitsregeln angeblich über sich selbst herrscht?

Die Frage stellen, heisst sie verneinen. Bedeutet dies nun, dass jeder Versuch, gemeinsame Aktivitäten durch das Mehrheitsprinzip mitbestimmen zu lassen, antiquiert und zum Scheitern verurteilt ist?

Die Antwort lautet noch einmal: Nein. Politische Mitbestimmung durch Wahlen und Mehrheitsentscheide ist möglich. Die radikale Abschaffung einer darauf beruhenden Ordnung ist eine Utopie. Selbst eine unpolitische Bürgergesellschaft, in der durch Losverfahren bestimmte Verwaltungsorgane für den Schutz von persönlicher Freiheit und Privateigentum sorgen sollen,[17] ist auf ein kollektives Entscheidungsverfahren und auf Nachfolgeregelungen angewiesen. Auch die erfolgreichsten und freiheitsfreundlichsten Funktionäre regieren nicht ewig und brauchen Nachfolger, und niemand kann die freiheitsfreundliche Kontinuität garantieren. Das demokratische Mehrheitsprinzip, da ist Karl Popper zuzustimmen,[18] garantiert mindestens einen unblutigen Machtwechsel, allerdings ohne jede Qualitätsgarantie.

Aber: Alle nachhaltig funktionierenden mehrheitsgestützten Ordnungen müssen auf einem letztlich einstimmigen (oder ohne Gegenstimme) beschlossenen Grundkonsens beruhen. Dieser ist nur möglich, wenn er sich auf wenige prinzipielle Regelungen beschränkt, und er hat nur Bestand, wenn Mehrheiten und Minderheiten dauerhaft profitieren. Eine weitere Voraussetzung ist ein Pluralismus von gebietskörperschaftlichen, territorial beschränkten Organisationen, bei denen man «mit den Füssen» abstimmen kann, sofern man am neuen

---

[17] Dietrich Erhardt, a. a. O., S. 130.
[18] Freiheit und intellektuelle Verantwortung, Tübingen 2016, S. 35.

Domizil akzeptiert wird. Das Mehrheitsprinzip und sogar das Prinzip «ohne Gegenstimme» muss grundsätzlich als Aufnahmeverfahren in eine freie Gemeinschaft akzeptiert werden. Freizügigkeit: Ja, Anspruch auf Mitgliedschaft: Nein.

Es ist glücklicherweise nicht auszuschliessen, dass in Demokratien, die auf konkurrierenden kleineren, ebenfalls demokratisch organisierten Einheiten aufbauen, durch die dauernden Vergleichsmöglichkeiten der Resultate und die leicht praktizierbare «Exit option» so etwas wie «aufgeklärte Mehrheiten» entstehen, welche zu «Hütern der Freiheit» werden, die die fremdbestimmende Umverteilung im intelligenten Eigeninteresse der jeweiligen Gebietskörperschaft limitieren.

Das war die durch historisch-empirische Beobachtungen in der Schweiz gestützte These des liberalen Schweizer Staatsrechtslehrers Zaccaria Giacometti,[19] der den Versuch gewagt hat, Liberalismus und Demokratie als kompatibel zu erklären und mit der föderalistisch konkurrierenden Autonomie als «Dritte im Bunde» als konsistentes System zu erfassen und zu beschreiben. Demokratie kann also auch aus liberaler Sicht befürwortet werden, wenn sie durch Non-Zentralismus und Systemwettbewerb limitiert und durch einen traditionellen, emotional gestützten Gemeinsinn gestützt wird.

Man muss sich allerdings fragen, ob die vielen Autoren (unter anderen zahlreiche Nicht-Schweizer), die sich für das Prinzip Demokratie einsetzen, weil es so erfolgreich war, nicht eher an einen Freiheitsgeist denken, der im Wesentlichen auf einem Grundkonsens, auf einem «ésprit civique», beruht, den man als Mentalität eines trotz grosser Unterschiede «gegenseitig Gelten-Lassens und miteinander Geschäfte-Machens» charakterisieren sollte. Das entspricht einem ökonomisch genossenschaftlichen Denken im weitesten und besten Sinn. Es wird durch politische Mitbestimmung nach dem Mehrheitsprinzip eher abgebaut als gestützt.

---

[19] Die Demokratie als Hüterin der Freiheitsrechte, Zürcher Rektoratsrede, in: Ausgewählte Schriften, Zürich 1994.

Frank Karsten und Karel Beckmann haben in ihrem de-
mokratieskeptischen Buch der Schweiz ein eigenes, sehr wohl-
wollendes Kapitel gewidmet.[20] Sie kommen zum Schluss, dass
die Demokratie in der Schweiz funktioniert, weil sie es dank
vieler kleiner demokratischer Einheiten schafft, viele der negativen Auswirkungen der nationalen parlamentarischen Demokratie zu vermeiden.

Ich selbst habe verschiedentlich versucht, die Erfolgs-
geheimnisse der Schweiz zu entschlüsseln und erwähne in der
Regel als eines von 14 «Geheimnissen» die direkte Demokratie,
allerdings verknüpft mit der vom Basler Historiker Adolf Gasser als Basis der Bürgerfreiheit beschriebenen Kommunalauto-
nomie.[21]

Wer heute – mit einfühlbaren Gründen – gegen die direkte Demokratie argumentiert, und von ihr nur noch mehr
links- und rechtspopulistische Etatismen und Interventionis-
men erwartet, steht möglicherweise zu stark unter dem Eindruck von fragwürdigen Volksbegehren und von Referenden,
bei denen notwendige Reformen durch eine absurde Koalition
von Nein-Stimmen blockiert werden.

Was aber in den letzten 50 oder 100 Jahren an Staats-
wachstum allein durch Vernehmlassungsverfahren und durch
offene oder verborgene Referendumsdrohungen (ohne tatsächlich durchgeführte Abstimmungen) verhindert worden ist, ist
sehr beachtlich und zu wenig erforscht. Es ist vielleicht der
Hauptunterschied zwischen der Schweiz und vielen Nachbar-
ländern und auch der EU selbst, dass es dort dieses permanent
als Damoklesschwert drohende und als versteckte Schuldenbremse wirkende, meist antizentralistische Volksveto nicht
gibt.

Für Kaspar Villiger, den ehemaligen Finanzminister
der Schweiz und den mutigen Inspirator der sogenannten

---

[20] Frank Karsten/ Karel Beckmann, Wenn die Demokratie zusammenbricht,
München 2012.
[21] Adolf Gasser, Die Gemeindefreiheit als Rettung Europas, Basel 1947.

Schuldenbremse, ist dieses Volksveto (das leider nur für Gesetzesvorlagen und Staatsverträge und nicht für grosse Budgetposten gilt), ein wichtiger Grund für sein Lob der Demokratie.[22]

Terminologische Probleme zwischen Freiheitsprinzip und Mehrheitsprinzip

Diskussionen rund um die Freiheit und um die Demokratie führen notwendigerweise zu Definitionsproblemen, die nicht rein terminologisch sind, sondern damit zu tun haben, dass die Prinzipien Selbstbestimmung und Mitbestimmung ihrem Wesen nach die Diskussion nach den ihnen selbst innewohnenden Schranken und nach der Abgrenzung gegenüber konkurrierenden Prinzipien auslösen.

Die Frage nach den Grenzen der Demokratie wird dadurch erschwert, dass der Begriff «Demokratie» nicht klar definiert ist und nicht zwingend mit dem Mehrheitsprinzip gleichgesetzt werden kann. Weder «Demos» (Volk) noch «kratein» (herrschen) sind klar abgrenzbare Begriffe. Zudem gibt es sehr viele Spielarten der Demokratie. Direkte Demokratie mit offener Abstimmung muss von direkter Demokratie mit geheimer Abstimmung unterschieden werden und bei der indirekten Demokratie stellt sich je nach Wahl- und Abstimmungsmodus die Frage, ob sie überhaupt noch Mehrheiten repräsentiert.

Freiheit schliesst deren Missbrauch weder im Einzelfall noch in der Politik aus, und Mehrheiten können sich fundamentaler und oft folgenreicher irren als Minderheiten und Individuen. Zwischen Liberalismus und Demokratie im Sinne des Mehrheitsprinzips gibt es tatsächlich fundamentale Spannungen, die durch den Bindestrich in der Parteibezeichnung zwischen «freisinnig-demokratisch» nicht aus der Welt geschafft werden.

---

[22] Kaspar Villiger, Demokratie – jetzt erst recht, Zürich 2018.

Möglicherweise begeht man einen Kategorienfehler, wenn man die beiden Prinzipien einfach auf der gleichen Ebene einander gegenüberstellt. Wer die Freiheit als höchsten Wert einstuft, wird jede Herrschaft von Menschen über Menschen, auch jene die sich auf Mehrheitsbeschlüsse abstützt, primär ablehnen und sekundär höchstens als notwendiges Übel akzeptieren. Freiheit ist eine Frage des Prinzips. Die im Zusammenleben offensichtlich notwendigen Beschränkungen sind eine Frage der Zweckmässigkeit und des Masses.

Seit der Gründung der Vereinigten Staaten wird Demokratie als Inbegriff der «Regierung des Volkes durch das Volk und für das Volk» betrachtet und in neuerer Zeit weltweit grundsätzlich positiv bewertet. Das war nicht immer so. Das antike Athen wird in der Regel als «Wiege der Demokratie» gesehen, wobei übersehen wird, dass der Aristokrat Aristoteles sie nur in Ausnahmefällen als geeignetes Entscheidungsverfahren akzeptierte. Ein Feldzug sollte nur unternommen werden, wenn eine Mehrheit der Aufgebotenen (und vital Betroffenen) dafür war. Das ist eine sehr sinnvolle Bremse, deren Anwendung über alle Zeiten viel Blutvergiessen verhindert hätte.

Demokratie im engeren Sinn, beruht auf der Kombination der beiden Prinzipien «eine Person, eine Stimme», und «die Mehrheit entscheidet, die Minderheit fügt sich».

In einer kleinen Schrift aus dem Jahr 2009 macht der Sozialphilosoph Rahim Taghizadegan den zwar mutigen aber ziemlich utopischen Vorschlag, auf den Begriff «Demokratie» in Zukunft einfach zu verzichten.[23]

Die Frage, wer an die Macht kommen und an der Macht bleiben soll, ist möglicherweise im Zusammenhang mit der Machtbrechung und Machtentgiftung falsch gestellt. Es bedeutet schon viel an Machtkontrolle, wenn eine schlechte Regierung wieder abgewählt werden kann. Das ist die bekannte Rechtfertigung der Demokratie durch Karl Popper:

---

[23] Demokratie, Eine Analyse des Instituts für Wertewirtschaft, Wien 2009.

«Demokratie war nie Volksherrschaft, kann es nicht sein und soll es nicht sein…Demokratien sind nicht Volksherrschaften, sondern in erster Linie gegen Diktaturen gerichtete Institutionen.[24]

Noch mehr Machtkontrolle bewirkt das Referendum als Volksveto gegen Gesetzesvorlagen des Parlaments und die Hürde, dass ein Beitritt zu internationalen Gemeinschaften nur via Volksmehrheit erfolgen kann.

Viele Kollektiventscheide, die nicht mit ökonomischen oder ethischen Folgen verknüpft sind, z.b. ob man auf den Strassen Rechtsverkehr oder Linksverkehr vereinbaren soll, können zweckmässigerweise an Mehrheiten delegiert werden. Auch die Frage der Zugehörigkeit zu einem Kollektiv mit kollektiven Entscheidungskompetenzen und Betroffenheiten, z.b. einer freien Bürgerschaft, sollte durch Zuwahl mit einfachem oder qualifiziertem Mehr oder sogar durch Einstimmigkeit ins Auge gefasst werden. Überall, wo es um die Option gegenüber mehreren Lösungen oder Angeboten geht, ist jedoch die Selbstbestimmung auf offenen Märkten der Mitbestimmung in politischen Gebietskörperschaften überlegen.

Wenn heute mit guten Gründen (aber wenig Realisierungschancen) die «Bürgergesellschaft» als Alternative zur «Staatsgesellschaft» gefordert wird, geht das in die Richtung einer Präferenz für jene Potenz, die der Basler Historiker Jacob Burckhardt neben Staat und Religion als Kultur bezeichnet hat.[25] Voraussetzung wäre aber, dass die beiden anderen Potenzen von sich aus schwächer würden oder wirksam geschwächt werden könnten, wozu es wenig Anzeichen gibt.

Eine zu mehr Freiheit fortschreitende Politik setzt auf Freiwilligkeit statt Zwang, auf offene, staatsunabhängige Kommunikation bei Ideen, Gütern und Dienstleistungen, auf Ver-

---

[24] «Wer soll herrschen?» Ausschnitt aus einem im Juni 1989 in St. Gallen gehaltenen Vortrag. Abgedruckt in: Karl R. Popper «Alle Menschen sind Philosophen», Piper-Verlag 2002.
[25] Jacob Burckhardt, Weltgeschichtliche Betrachtungen, 1905, Bern 1941.

einbarung statt Regulierung, auf Eigenfinanzierung statt Subventionierung, auf Eigenständigkeit statt Zentralisierung und auf die Entlarvung von populären, opportunistischen Fehlkonzepten und populistischer Panikmache.

Radikale Freiheitsfreunde fordern nicht weniger als die Abschaffung der Demokratie und die Einführung einer Gesellschaftsordnung, die ausschliesslich auf der Privatautonomie beruht.[26]

Für die Abschaffung einer einmal etablierten Demokratie sind drei Verfahren denkbar. Erstens: Eine Mehrheit beschliesst den Übergang zur Autokratie, indem sie einen Führer wählt und sich diesem unterwirft. Zweitens: Eine Mehrheit schafft alle politischen Strukturen ab und deklariert sich als Privatrechtsgesellschaft. Drittens: Eine Minderheit sucht sich ein Territorium, das sich durch Sezession als Nicht-Staat erklärt und wird dort zur bestimmenden Mehrheit, die abweichende Minderheiten duldet oder zur Auswanderung zwingt.

Für ein liberales Experiment der «kreativen Dissidenz»

Wer die drei Vorgehensweisen kritisch beurteilt und die Chancen ihrer Realisierung gering einschätzt, steht trotzdem nicht mit leeren Händen da. Eine weitere Entwicklung der Zivilgesellschaft ist auch ohne Staatsabschaffung schrittweise möglich. Möglichst viele gemeinsame Probleme sollten auf dem Weg von Verträgen und privaten Vertragsgemeinschaften, die nur die Betroffenen und Beteiligten für die vereinbarte Zeit binden, gelöst werden und möglichst wenige auf dem Weg über generell abstrakte allgemeinverbindliche Normen. Das ist nicht «veraltet», sondern im Zeitalter elektronischer Vernetzung mit sich rasch wandelnden Konstellationen besonders zukunftsträchtig.

Welthandel beruht nicht auf Handel treibenden Ländern, sondern auf Millionen von individuellen Anbietern und

---

[26] Dietrich Eckardt und Antony P. Mueller, a. a. O.

Nachfragern, die sich über alle Grenzen hinweg immer wieder neu suchen und finden und einigen und dabei möglichst wenig gegängelt werden wollen. Missbräuche verhindert der Wettbewerb, das Haftpflichtrecht, eine kritische Öffentlichkeit und die Tatsache, dass sich sozialschädliches Wirtschaften auf die Dauer nicht lohnt. Das funktioniert nicht immer und nicht lückenlos, aber auf die Dauer besser als überregulierte und korruptionsanfällige staatliche und transstaatliche Zwangsregulierungen, deren Schlupflöcher ohnehin nie ganz zu schliessen sind. Man könnte dieses Vorgehen den «geordneten Rückzug aus Fehlstrukturen» nennen, aber mit der Bezeichnung allein ist das Problem noch nicht gelöst.

Wie haben sich echte Freunde der Freiheit angesichts der real existierenden Macht des real existierenden demokratischen Staates zu verhalten? Kapitulieren, schrittweise Verbesserungen postulieren, einen «geordneten Rückzug aus Fehlstrukturen» fordern, «Warten auf den Zusammenbruch», oder diesen durch aktiven Widerstand beschleunigen? Gibt es gegenüber der Staatsgewalt graduelle «dritte Wege» zwischen totaler Anpassung und totalem Widerstand? Ja, es gibt m.E. eine philosophische und auch eine politische «Bandbreite» innerhalb der sich liberale Ordnungsstaatsbefürworter, libertäre Staatsskeptiker und zivilgesellschaftliche Staatsfeinde bei allen Unterschieden durchaus verbünden können, ohne ihre eigenen Idealvorstellungen zu verraten.

Was gibt es für Mittel gegen die wachsende Staatsmacht, die auf einem breit abgestützten und oft blinden Glauben an den Staat beruht? Ich habe kein Patentrezept, sondern propagiere einen schrittweisen Ausstieg, eine Entziehungskur, die umso wahrscheinlicher ist, je kleiner der politische Verband ist, der das Experiment wagt.

Staatsmacht ist – insoweit sie auf bedingungsloser Unterwerfung beruht – stets angemasste Macht. Dagegen müssen sich Mehrheiten und Minderheiten und Individuen (als wichtigste Minderheit) beharrlich wehren – auch mit den rechtsstaatlich vorgesehenen zugelassenen Verfahren demokratischer Politik. Ein unabhängig von der Politik wirksames Mittel gegen angemasste Macht ist der Humor. Was einmal als lächerlich entlarvt ist, hat – mindestens zunächst einmal – keine Macht mehr. Abraham Lincoln meinte dazu treffend:

«Man kann stets alle für eine begrenzte Zeit und einige für alle Zeit, aber nicht alle für alle Zeit zum Narren halten.»

Dafür sorgen alle spontanen Individuen, welche die allgemeine Heuchelei nicht mitmachen. Nach jeder Blossstellung angemasster Macht braucht es wieder neue Scharlatane mit neuen, noch nicht entlarvten Versprechungen und Verheissungen. Das ist die Schattenseite der Machtpolitik. Gibt es eine andere? Der Schlüsselbegriff für den freiheitlichen Umgang mit der Staatsmacht ist die «kreative Dissidenz», die sich mit Phantasie, Unternehmergeist und Humor beharrlich für Formen des zivilisierten Zusammenlebens auf der Basis von Vereinbarungen einsetzt.

III.
ENTSTAATLICHUNG

Zur Rolle des Privateigentums bei der Begrenzung der Macht

Olivier Kessler

Wie kann politische Macht effektiv beschränkt werden, damit eine freiheitliche Ordnung gedeihen kann? Welche Institutionen sind dazu geeignet, der überbordenden staatlichen Machtkonzentration zu begegnen? In der öffentlichen Debatte stark unterschätzt wird die elementare Rolle des Privateigentums zum Schutz der individuellen Freiheit: Es wird insinuiert, beim Eigentumsschutz handle es sich um ein anrüchiges Privileg einer kleinen Minderheit von Reichen auf Kosten der Allgemeinheit. Dabei ist dieser, ganz im Gegenteil, nichts Geringeres als das wichtigste Abwehrrecht *aller* Menschen gegen staatliche Anmassung und Übergriffe – unabhängig ihres sozioökonomischen Status, wie in diesem Beitrag gezeigt wird. Es wird argumentiert, dass das Recht auf Privateigentum das wichtigste Menschenrecht überhaupt ist, und seine Relativierung und Aushöhlung an der Wurzel jeder Machtanmassung steht.

Dieser Text handelt von den Ursprüngen und der moralischen Begründung des historisch und evolutionär gewachsenen Instituts des Privateigentums. Es wird aufgezeigt, wie sich aus ihm die friedensstiftende und soziale Kooperationsform der freien Marktwirtschaft entwickelt hat und weshalb am Schutz des Privateigentums kein Weg vorbeiführt, wenn die Errungenschaften der modernen Zivilisation bewahrt werden sollen.

Die Verantwortung für das eigene Leben

Was immer noch viel zu wenigen Intellektuellen, Medienschaffenden und anderen Meinungsmachern klar zu sein scheint ist die Tatsache, dass das Überleben der heutigen Milliardenbevölkerung entscheidend vom Schutz des Privateigentums abhängt. Die Historie hat gezeigt, dass überall dort, wo Eigentumsrechte hätten überwunden werden sollen, Chaos, Massenarmut und die grauenvollsten Verbrechen gegen die Menschlichkeit die tragischen Folgen waren. Warum ist das so? Gehen wir der Sache auf den Grund. Dabei wollen wir uns die Forschung einiger wichtiger Philosophen, Ökonomen und Staatstheoretiker zunutze machen, von John Locke über Karl R. Popper bis hin zu Murray N. Rothbard. Doch beginnen wollen wir mit den Erkenntnissen des Aufklärungsphilosophen Frédéric Bastiat (1801-1850).

Uns Menschen sei das Leben geschenkt worden, doch dieses Leben unterhalte sich nicht von selbst, betont Bastiat.[1] Uns persönlich sei die Sorge übertragen worden, «es zu erhalten, es zu entwickeln, es zu vervollkommnen». Jedem von uns persönlich wurde also die Verantwortung überlassen, seinen Lebensunterhalt zu verdienen, um unter anderem genügend Nahrung, wärmende Kleider, medizinische Versorgung und sonstige Güter zu bekommen, die man für das Überleben braucht.

Welche Hilfsmittel stehen uns zur Verfügung, damit wir unser Leben erhalten und uns fortentwickeln können? Für diese Zwecke habe man uns, in Bastiats Worten, «mit einer Menge wunderbarer Fähigkeiten versehen» und uns «in eine Umgebung unterschiedlichster Elemente geworfen».[2] Indem wir unsere Fähigkeiten auf diese Elemente gerichtet zur Anwendung brächten, könnten wir uns Dinge aneignen, die unserem Überleben und der Anhebung unseres Lebensstandards dienten.

Weil jeder von uns von Natur aus die Aufgabe bekommen habe, sein Leben zu erhalten und zu entwickeln, habe

---

[1] Marianne Diem und Claus Diem (2001). *Der Staat – die grosse Fiktion. Ein Claude-Frédéric-Bastiat-Brevier*. Thun: Ott. S. 17.
[2] Ebd.

auch jeder von Natur aus das Recht, seine Person, seine Freiheit und sein Eigentum zu verteidigen. Denn dies sind nach Bastiat «die drei grundlegenden oder bewahrenden Elemente des Lebens, Elemente, die einander ergänzen, und die man nicht getrennt voneinander verstehen kann».[3] Für Bastiat stellt das liberale Abwehrrecht gegen menschlichen Zwang ein Naturrecht dar, das niemand legitimerweise bestreiten könne.

Die Entstehung einer kollektiven Gewalt – des Staats – sei einzig dann legitim, wenn damit diese natürlichen Rechte verteidigt werden sollen:

> «Wenn jeder Mensch das Recht hat, seine Person, seine Freiheit, sein Eigentum sogar mit Gewalt zu verteidigen, so haben mehrere Menschen das Recht, sich abzusprechen, sich zu verständigen, eine gemeinsame Gewalt zu bilden, um geregelt für diese Verteidigung zu sorgen. Das kollektive Recht hat daher sein Prinzip, seine Daseinsberechtigung, seine Legitimation im individuellen Recht; und die gemeinsame Gewalt kann vernünftigerweise kein anderes Ziel, keine andere Aufgabe haben, als die isolierten Kräfte, die es ersetzt.[4]

Auf das Mittel der Gewalt zurückgreifen darf man nach Bastiat nur, um sich und andere vor einer physischen Aggression zu verteidigen. Aus demselben Grund dürfe die kollektive Gewalt nicht dazu missbraucht werden, die Person, die Freiheit und das Eigentum von Individuen oder Gruppen anzugreifen. Wie alle Individuen auch, dürfe der Staat legitimerweise nur dann Gewalt anwenden, wenn er damit die Initiierung von Aggression bekämpfen könne.

Der Staat ist nach Bastiat folglich die Organisation des natürlichen Rechts auf legitime Verteidigung – nichts mehr und nichts weniger. Er sei die Ablösung der individuellen Gewalt durch eine kollektive Gewalt, wobei diese kollektive

---

[3] a. a. O., S. 18.
[4] a. a. O., S. 18.

Gewalt nur dort handeln dürfe, wo auch die individuelle Gewalt das Recht habe, zu handeln – ein Grundsatz, von dem sich der moderne Staat längst entfernt hat.

Bastiats Vorstellung vom Staat als einvernehmlich gegründete Institution zur Verteidigung individueller Rechte basiert zwar nicht unbedingt auf historischen Tatsachen, weil Staaten vielerorts durch gewalttätige Eroberung von aussen (und nicht durch einen freiwillig zustande gekommenen «Gesellschaftsvertrag») entstanden sind. Es kann hier deshalb nicht von einem ursprünglichen Konsens ausgegangen werden, wie Bastiat das tut.

Wenn man sich jedoch in einem Gedankenexperiment die Gründung eines legitimen Staats vorstellen möchte; wenn man also davon ausgeht, dass sich alle betroffenen Individuen darauf geeinigt haben, sich zu einer kollektiven Gewalt zusammenzuschliessen und sich ihren Anordnungen zu unterwerfen (und dass diese Individuen zum Zeitpunkt der Übereinkunft unter einem «Schleier des Nichtwissens» standen, also nicht im Voraus wussten, was ihre Position in dieser Gesellschaft sein wird), so kann man vernünftigerweise nur von einem Konsens-Staat jener Art ausgehen, wie Bastiat ihn beschrieben hatte: Einem Staat also, der allen die gleichen Rechte gewährt und welcher die individuelle Freiheit *aller* gleichermassen schützt (der also keinen Gruppen das Sonderprivileg zuspricht, andere Menschen zu unterwerfen und ihre Freiheit und ihr Eigentum einzuschränken oder anzugreifen).

Wie das Gesetz pervertiert

Staatliches Handeln ist vielen liberalen Denkern zufolge nur dann legitim, wenn es dem Schutz der individuellen Rechte auf Leben, Freiheit und Eigentum dient – also den elementaren Überlebens-Prinzipien. So auch der einflussreiche Philosoph Karl R. Popper (1902-1994), der sich der Frage annahm, weshalb man ein Leben in einem wohlgeordneten Staat einem

Leben ohne Staat bevorzugen könnte. Die Antwort von Vertretern humanitärer Prinzipien müsste seiner Meinung nach in etwa wie folgt lauten:

> «Was ich vom Staat verlange, ist Schutz; nicht nur für mich, sondern auch für andere. Ich verlange Schutz für meine Freiheit und für die Freiheit anderer. Ich möchte nicht einem Menschen ausgeliefert sein, der die grösseren Fäuste oder die besseren Waffen besitzt. Mit anderen Worten: Ich wünsche gegen die Angriffe anderer geschützt zu werden. Ich wünsche, dass der Unterschied zwischen Angriff und Verteidigung anerkannt werde und dass die organisierten Kräfte des Staates die Verteidigung unterstützen.»[5]

Der Staat darf sich jedoch aus liberaler Sicht nicht weitere Aufgabenfelder zuschanzen, die über den Schutz von Leib, Leben und Eigentum gehen. Einerseits, weil er damit seine Kernaufgaben aus dem Fokus verliert, und andererseits, weil es bei jeder Aufgabenausweitung zu einem Zielkonflikt kommt: Je mehr Aufgaben der Staat ausserhalb seines Kernbereichs wahrnimmt, desto mehr muss er notwendigerweise jene individuelle Rechte verletzen, für deren Schutz er vorgesehen wurde.[6] Der Grund dafür ist folgender: Eine Aufgabe zu erfüllen, erfordert Ressourcen in Form von Arbeitskraft oder Kapital – Mittel, die sich der Staat zunächst aneignen muss. Er tut dies typischerweise in Form der Besteuerung (was das Eigentum der Besteuerten verletzt, sofern die Steuern nicht freiwillig bezahlt werden) oder in Form verordneter Zwangsarbeit (was die Vertragsfreiheit der Betroffenen einschränkt und damit ihr Recht, als Eigentümer selbst über ihren eigenen Körper verfügen zu können). Je mehr Aufgaben der Staat daher wahrnimmt, desto mehr Ressourcen muss er folglich mobilisieren,

---

[5] Karl R. Popper (6. Aufl., 1980, Erstauflage: 1957). *Die offene Gesellschaft und ihre Feinde*. Bern: Francke. S. 156.

[6] Vgl. dazu: Olivier Kessler (2017). Die problematische Sozialdemokratisierung der Menschenrechte. *Liberales Institut*. Abrufbar auf: https://www.libinst.ch/?i=die-problematische-sozialdemokratisierung-der-menschenrechte

164

und desto mehr muss er die Freiheits- und Eigentumsrechte der Bürger verletzen.

Wenn sich das Gewaltmonopol des Staates von seinem Kernauftrag, Leben, Freiheit und Eigentum der Individuen zu schützen, entfernt, pervertiere das Gesetz, meinte Bastiat. Es verkomme dann zu einem «Vollzieher der Ungerechtigkeit».[7] Der moderne Wohlfahrts-, Nanny- und Überwachungsstaat ist demnach ein in massivem Ausmass pervertierter und daher ungerechter Staat: Dieser schränkt die individuelle Freiheit in fast allen Lebensbereichen ein, diktiert, befiehlt, bevormundet und mischt sich unter Missachtung der Eigentumsrechte immer dreister in die persönlichsten Entscheidungen ein – und dies von der Wiege bis zur Bahre. Nahezu überall will der Staat heute mitreden, wobei es an vielen Orten bereits nicht mehr um ein «Mitreden», sondern um eine vollständige Kontrolle und Steuerung geht. Bastiat sah diese totalitären Tendenzen bereits im 19. Jahrhundert aufkommen:

«*Unglücklicherweise hat sich das Gesetz nicht auf seine Rolle beschränkt. Es hat sich davon nicht einmal nur in neutraler und diskutabler Absicht entfernt. Es hat Schlimmeres getan: Es hat seinem eigenen Zweck entgegen gehandelt; es hat sein eigentliches Ziel zerstört; es hat sich verwenden lassen, die Gerechtigkeit zu verweigern, die es zur Geltung bringen sollte [...] es hat die kollektive Gewalt denen dienstbar gemacht, die ohne Risiko und ohne Skrupel die Person, die Freiheit oder das Eigentum der anderen ausbeuten wollen; es hat den Raub in Recht verwandelt [...].*»[8]

Das Gesetz ergreift gemäss Bastiat in zunehmendem Masse Partei für Kriminelle. Zwar sei Raub unter Privatpersonen immer noch verboten. In Tat und Wahrheit habe das Gesetz den Raub aber für die Vertreter des Staates legalisiert und

---

[7] Marianne Diem und Claus Diem (2001). *Der Staat – die grosse Fiktion. Ein Claude-Frédéric-Bastiat-Brevier.* Thun: Ott. S. 17.
[8] a. a. O., S. 19.

damit Angriffe auf Person, Eigentum und Freiheit entkrimina-
lisiert. Der Staat selbst vollziehe heute diesen Raub «mit eigenen Händen, um dem Nutzniesser die Scham, die Gefahr und
den Skrupel zu ersparen.»[9] Doch woran erkennt man Bastiat
zufolge den gesetzlichen Raub?

> «*Das ist ganz einfach. Man muss überprüfen, ob das Gesetz
> den einen nimmt, was ihnen gehört, um anderen zu geben,
> was ihnen nicht gehört. Man muss überprüfen, ob das Ge-
> setz zum Nutzen eines Bürgers und zum Schaden der ande-
> ren eine Handlung vornimmt, die der Bürger selbst nicht
> ohne Verbrechen vornehmen könnte.*»[10]

Raub (für einige) legalisieren?

Diese Frage des gesetzlichen Raubes muss gemäss Bastiat unbedingt gelöst werden, wobei es faktisch nur drei Optionen
gebe. Erstens: Man erlaube es aus Gründen der Rechtsgleichheit, dass jeder jeden berauben dürfe. Da diese Variante jedoch
absehbar im Desaster, im Chaos und im Elend endet, kann
diese Option nicht ernsthaft erwogen werden.

Zweitens: Nur einige (also nicht alle) Menschen hätten
das Recht, andere zu berauben. So funktioniert unser heutiges
System: Die politische Klasse beraubt mithilfe des Gewaltmonopols jene Bevölkerungsschicht, die diese Gewalt nicht hinter
sich weiss. Dabei spielt es keine Rolle, ob die Täter diesen Raub
mit anderen Begrifflichkeiten wie etwa «Besteuerung» benen-
nen und ihn mit blumigen Floskeln wie der «sozialen Gerechtigkeit» und einem behaupteten «Allgemeinwohl» zu rechtfertigen versuchen. Es bleibt objektiv gesehen ein Akt der Eigen-
tumsverletzung. Über die verschiedenen und vielfältigen Angriffe aufs Eigentum entstehen zwei Klassen: Die Klasse der
Nettosteuerzahler und jene der Nettosteuerprofiteure.

---

[9] a. a. O., S. 27.
[10] a. a. O., S. 27.

Bei dieser zweiten Variante stellt sich die Frage, weshalb diese Erlaubnis zum Raub nur einigen wenigen zugesprochen wird und anderen nicht. Eine ungerechte Zweiklassengesellschaft und eine durch den Staat durchgesetzte Diskriminierung ist die Folge, die aus liberaler Sicht nicht hinnehmbar ist. Denn dem Liberalismus gemäss stehen allen mündigen Bürgern die gleichen Rechte zu. Ein Sonderprivileg für einige, legal das Eigentum anderer angreifen zu dürfen, provoziert ständigen Unmut und politische Dauerkonflikte, in welchen darum gerungen wird, wer nun wen in welchem Ausmass berauben dürfe und wie die Beute aufzuteilen sei. Auch birgt ein solches Sonderprivileg auf gesetzlich legalisierten Raub die ständige Gefahr, in soziale Unruhen und blutige Revolutionen auszuarten. Das sind keine rosigen Perspektiven. Auch aus ethischer Perspektive ist die zweite Variante abzulehnen, da sie etwa gegen die Goldene Regel («Was du nicht willst, das man dir tu, das füg' auch keinem andern zu.») verstösst.

Die einzige Möglichkeit, die aus ethischer und praktischer Sicht legitimerweise in Erwägung gezogen werden kann und auch mit dem Gebot der Gleichheit vor dem Gesetz vereinbar ist, lautet daher: *Niemand darf niemanden berauben.*

Die einflussreiche russisch-amerikanische Schriftstellerin und Philosophin Ayn Rand (1905-1982) erachtete, wie Bastiat, ebenfalls diese dritte Lösung als die gerechteste und zielführendste. Sie sah diese als einzigen moralisch vertretbaren Weg. Der Staat solle eine Ordnung sicherstellen, in der physische Angriffe gegen Leib und Leben sowie Diebstahl und Raub für *alle* Akteure verboten seien:

> *«Niemand darf die Anwendung körperlicher Gewalt gegen andere initiieren. Kein Mensch (und auch keine Gruppe, keine Gesellschaft und kein Staat) hat das Recht, die Rolle eines Kriminellen einzunehmen und die Anwendung körperlicher Gewalt gegen einen Menschen zu initiieren. [...] Der einzig legitime, moralische Zweck einer Regierung besteht darin, die Rechte des Menschen zu schützen, d.h. ihn*

vor körperlicher Gewalt zu schützen – sein Recht auf sein Leben, auf seine Freiheit, auf sein Eigentum und auf sein Streben nach Glück zu schützen. Ohne Eigentumsrechte sind keine anderen Rechte möglich.»[11]

Wie Bastiat, sah also auch Rand im Schutz der individuellen Eigentumsrechte die Kernfunktion des Staates, wobei eben auch der eigene Körper als Teil des persönlichen Eigentums verstanden wird (und somit der Eigentumsschutz nicht nur Angriffe gegen das Vermögen einer Person, sondern auch gegen Leib und Leben verhindern soll).

Feindschaft gegenüber dem Privateigentum

Eigentumsrechte sind der Schlüssel zu einer friedlichen und wohlhabenden Gesellschaft, auch wenn sich diese Tatsache nicht jedem intuitiv erschliessen mag. Diverse politische Gruppierungen stehen Eigentumsrechten offen feindlich gegenüber. Sie realisieren nicht, dass es gerade die eigentumsfeindlichen Ideologien waren und sind, in deren Namen massive Verbrechen gegen die Menschlichkeit verübt wurden und werden.

Sowohl der Nationalsozialismus als auch der Kommunismus sind ohne einen exzessiv in das Eigentum eingreifenden Staat nicht denkbar. Während im Kommunismus das Privateigentum an den Produktionsmitteln gänzlich überwunden werden sollte, wurde dieses im Nationalsozialismus zwar formell beibehalten, de facto aber dermassen regulatorisch eingeschränkt, dass die Eigentümer praktisch nicht mehr über ihr Eigentum hatten verfügen können – die Eigentumstitel also zu einer leeren Hülse verkamen, über die der Staat durch seine Befehle verfügte.

Hätten diese sozialistischen Staaten keinen Weg gefunden, das Privateigentum auszuhebeln, wären die unvorstellba-

---

[11] Ayn Rand (2015). *Die Tugend des Egoismus: Eine neue Auffassung des Egoismus.* Jena: TvR. S. 40.

ren historischen Gräuel und die Millionen von Todesopfern gar nicht erst möglich gewesen. Denn Eigentumsrechte schliessen, wie erwähnt, auch den eigenen Körper mit ein. Jeder ist Eigentümer seiner selbst und keiner hat Anspruch oder ein Recht darauf, mit dem Körper eines anderen – ohne dessen Einverständnis – irgendetwas zu tun. Wäre das Privateigentum vollumfänglich geschützt gewesen, hätte es niemals passieren können, dass «Juden», «Reiche», «Klassenfeinde» und andere stigmatisierte Gruppen mit der Rückendeckung des Staates systematisch enteignet, verfolgt und ermordet hätten werden können. In diesen Fällen pervertierte das Gesetz maximal und richtete sich mit voller Gewalt gegen jene Werte, die es einst schützen sollte.

Diese Beispiele zeigen eindrücklich, dass der Staat selbst zur grössten Gefahr für die Bürger werden kann – eine Feststellung, die auch durch den Politikwissenschaftler Rudolf Rummel in seinem Buch *Death by Government* bestätigt wird: Rummel zufolge fielen allein im 20. Jahrhundert schätzungsweise 170 Millionen Menschen der Staatsgewalt zum Opfer.

Das Konzept des Selbsteigentums

Das Eigentum der Menschen an ihrem eigenen Körper und an ihrer Person ist von fundamentaler Bedeutung: Nur unter Wahrung dieses Rechts auf Selbsteigentum kann jede Person ihren eigenen Körper frei von Zwangseinflüssen durch andere Menschen kontrollieren. Der vielbeschworene Begriff der «Freiheit» bedeutet folglich nicht die Möglichkeit, auf Kosten anderer etwas zu tun, ohne diejenigen nach ihrem Einverständnis fragen zu müssen (das wäre ja Zwang). Vielmehr meint Freiheit die Abwesenheit von Zwang durch andere Menschen.

Wer an die Freiheit und die Gleichheit aller Menschen vor dem Gesetz glaubt, wer also die Werte der Aufklärung teilt, hat keine Möglichkeit, das Selbsteigentum zu verneinen.

Das Selbsteigentum ist ein Recht, das jedem schon deswegen zusteht, weil er der Menschheitsfamilie angehört, wie der Sozialphilosoph Murray N. Rothbard (1926-1995) argumentierte.[12] Jeder darf mit seinem eigenen Körper tun und lassen, was er will, solange er damit nicht das Eigentum anderer verletzt. Es darf folglich niemand ohne entsprechendes Einverständnis des Betroffenen (wie beispielsweise in jenem Fall, wenn zwei in einen Boxring steigen) aggressiv gegen den Körper eines anderen einwirken, ausser es handelt sich dabei selbst um die Verteidigung gegen eine vom anderen initiierte Aggression. Man spricht bei diesem ethischen Prinzip auch vom *Nicht-Aggressions-Prinzip*.

Aus dieser Überzeugung heraus, dass jeder sich selbst gehören muss, begründete sich auch die Feindschaft der Liberalen gegenüber der Sklaverei. Wiliam Lloyd Garrison (1805-1879), vehementer Gegner der Sklaverei, vertrat die Überzeugung:

> «*Das Recht auf Freiheit ist unveräusserlich [...]. Jeder Mensch hat ein Recht auf seinen eigenen Körper – auf die Früchte seiner Arbeit – auf den Schutz des Gesetzes*».[13]

All jene Gesetze, die Sklaverei erlaubten, seien «völlig null und nichtig» und sollten deshalb «sofort aufgehoben werden», so Garrison. Angewandt auf die heutige Situation vertreten einige mit guten Gründen den Standpunkt, dass die Sklaverei nur vordergründig abgeschafft wurde, weil das Prinzip des Zugriffs auf die Körper anderer durch Besteuerung und Zwangsarbeit (wie z.B. Militär- und Zivildienstzwang) weiterhin bestehen.

---

[12] Murray N. Rothbard (2012). *Für eine neue Freiheit: Kritik der politischen Gewalt. Band 1: Staat und Krieg*. Berlin: edition g. S. 21 ff.
[13] Wiliam Lloyd Garrison. Zitiert in: W. und J. Pease (Hrsg., 1965). *The Antislavery Argument*. Indianapolis: Bobbs-Merrill Co. S. 68.

Vom Ursprung des Privateigentums

Aus dem Eigentum am eigenen Körper ergibt sich auch ein Eigentum an jenen materiellen Dingen, die mit diesem Körper (1) aus dem unberührten Naturzustand entwendet, (2) geschaffen oder (3) durch freiwilligen Tausch mit anderen erlangt werden. Weshalb das so sein muss und weshalb die ursprüngliche Aneignung von physischen Dingen, die zuvor noch niemandem gehörten, rechtmässig und sinnvoll ist, hat der Philosoph John Locke (1632-1704) dargelegt:

> «*Jeder Mensch hat ein Eigentum an seiner eigenen Person. Daran hat niemand ausser ihm selbst irgendein Recht. Von der Arbeit seines Körpers und vom Werk seiner Hände dürfen wir sagen, dass sie einwandfrei das Seinige sind. Was er daher auch immer aus der Lage entfernt, in der die Natur es darbot und beliesse, damit hat er seine Arbeit vermischt, und das hat er mit etwas, das sein Eigen ist, verbunden und es dadurch zu seinem Eigentum gemacht. Da es durch ihn aus der gemeinen Lage entfernt worden ist, in die die Natur es brachte, hat es durch diese Arbeit etwas Hinzugefügtes, das das gemeine Recht anderer Menschen ausschliesst. Denn da diese Arbeit das unbestreitbare Eigentum des Arbeiters ist, kann niemand ausser ihm ein Recht auf das haben, mit dem diese Arbeit erst einmal verbunden wurde. [...] Wer sich von Eicheln nährt, die er unter eine Eiche aufsammelt, oder von Äpfeln, die er von den Bäumen im Walde pflückt, hat sich diese zweifellos angeeignet. [...] Und will irgendeiner sagen, er hätte kein Recht an diesen Eicheln und Äpfeln, die er sich somit aneignete, weil er nicht die Zustimmung der gesamten Menschheit hatte, sie zu Seinigen zu machen? [...] Wenn eine derartige Zustimmung notwendig wäre, so wäre der Mensch trotz der Fülle, die Gott ihm gab, verreckt.*»[14]

---

[14] John Locke (1960). An Essay Concerning the True Origin, Extend, and End of Civil Government. S. 27-28. Zitiert in: Murray N. Rothbard (4. Aufl., 2013). *Die Ethik der Freiheit*. Sankt Augustin: Academia. S. 38-39.

Locke verdeutlicht damit einen zentralen Punkt: Natürliche Ressourcen können nicht allen Menschen gleichzeitig gehören. Stellen Sie sich nur einmal vor, Sie müssten vor jedem
Verspeisen eines Apfels jeden anderen zurzeit lebenden Menschen fragen, ob Sie das wirklich dürfen. Nichts anderes impliziert die sozialistische Forderung nach einer Vergemeinschaftung aller Güter («Alles soll allen gehören!»). Eine solche Ei-
gentumskonzeption ist in hohem Masse realitätsfremd, un-
durchführbar und muss notwendigerweise im Desaster enden.

Das Eigentum am eigenen Körper ist für das Überleben
eine notwendige, aber keine hinreichende Bedingung, wie
auch Murray N. Rothbard argumentiert:

> *«Menschen sind keine schwebenden Geister, sie sind keine*
> *selbstgenügsamen Entitäten. Sie können nur überleben und*
> *gedeihen, indem sie sich mit ihrer Umwelt herumschlagen.*
> *Sie müssen zum Beispiel auf einem Stück Land stehen, auch*
> *müssen sie, um zu überleben, die natürlichen Ressourcen in*
> *Gebrauchsgüter umwandeln, in Objekte also, die passend*
> *sind für den menschlichen Gebrauch. Nahrung muss kulti-*
> *viert und gegessen werden [...] Der Mensch muss nicht*
> *bloss Eigentum an seiner Person haben, sondern auch an*
> *materiellen Objekten zu seiner Verfügung und zu seinem*
> *Gebrauch.»*[15]

Eigentumsrechte an materiellen Dingen vermögen
Konflikte über die Verwendung knapper Ressourcen friedlich
zu lösen, indem sie jedem aufgrund freiwillig abgeschlossener
Verträge, welche den Übergang von Eigentumstiteln im gegenseitigen Einvernehmen regeln, das Seinige zuweisen. Für eine
friedliche Koexistenz von Menschen, die um knappe Ressourcen konkurrieren, sind gesicherte Eigentumsrechte (also das
Verbot eines unfreiwilligen Übergangs eines Eigentumstitels)
unabdingbar. Die Alternative ist eine barbarische Gesellschaft,

---

[15] Murray N. Rothbard (2012). *Für eine neue Freiheit: Kritik der politischen Gewalt.*
Band 1: Staat und Krieg. Berlin: edition g. S. 26.

in welcher Ressourcen nicht auf Basis von freiwillig abgeschlossenen Verträgen den Besitzer wechseln, sondern auf Basis von Drohung und Gewaltanwendung. Gesicherte Eigentumsrechte führen zu einer höheren Rechtssicherheit und schaffen daher Vertrauen: Dieses Vertrauen ermöglicht ein grösseres Mass an Arbeitsteilung, was die Lebensstandards erhöht, wie wir spätestens seit den Arbeiten von David Ricardo (1772-1823) über die komparativen Vorteile des Freihandels wissen.

Es vermag daher nicht zu überraschen, dass der Index der Eigentumsrechte, der vom Liberalen Institut mitherausgegeben wird, Jahr für Jahr zum selben Schluss gelangt. Nämlich, dass jene Länder mit dem besten Schutz des Privateigentums wesentlich wohlhabender sind als andere. Der Index aus dem Jahr 2021 konstatiert, dass das Pro-Kopf-Einkommen im Fünftel jener Staaten mit der weltweit höchsten politischen und rechtlichen Stabilität und den am besten gesicherten Eigentumsrechten mit durchschnittlich 58'570 US-Dollar mehr als 19 Mal höher war als im letzten Fünftel des Index, wo das Durchschnittseinkommen pro Kopf nur 3'057 US-Dollar betrug.[16]

Die logische Konsequenz: Die freie Marktwirtschaft

Wenn jedem Einzelnen der eigene Körper und die Früchte der mit diesem Körper getätigten Arbeit gehören, leitet sich daraus logischerweise auch ein Recht jedes Individuums ab, mit diesen Eigentumstiteln zu handeln: Man darf die eigenen Güter gegen andere eintauschen (etwa gegen Geld) oder verschenken, womit die entsprechenden Eigentumstitel auf Basis von Verträgen auf andere Personen übergehen. «Aus diesem abgeleiteten Recht auf privates Eigentum erwächst die grundlegen-

---

[16] Index der Eigentumsrechte (2021). *Liberales Institut*. Abgerufen auf: https://www.libinst.ch/?i=property-index

de Begründung für Vertragsfreiheit und freie Marktwirtschaft», so Rothbard.[17]

Die Marktwirtschaft ist folglich jene wirtschaftliche Ordnung, die auf freiwillig abgeschlossenen Verträgen basiert und etwas weniger liebevoll auch «Kapitalismus» genannt wird. Auf gesetzlich erlaubtem Weg wechseln hier Eigentumstitel nur dann den Besitzer, wenn sich die involvierten Parteien über diesen Wechsel einig sind. Damit ist die Marktwirtschaft eine Ordnung, die auf Freiwilligkeit und friedvollen Beziehungen basiert. Der Sinn von geschütztem Privateigentum ist die Vermeidung gewalttätiger Konflikte, in welchen über die Verfügung knapper Güter gekämpft wird. Sie weisen exklusive Nutzungsrechte an knappen Ressourcen in einem für alle geltenden und fairen Verfahren zu.

«Mehr Markt» bedeutet folglich «mehr Einfluss für die Bürger» und «weniger Macht den Politikern». Der Ökonom Roland Baader (1940-2012) sprach aus, was auch heute für viele Marktkritiker immer noch verblüffend klingen mag: «Marktwirtschaft, das sind wir selber.» Der Markt sei «[d]er einzige friedliche und hilfreiche Verbündete, den wir haben». Denn: «Nur in dieser natürlichen Ordnung herrschen wir selbst (als Konsumenten und Produzenten) über unser Leben – und nicht anmassende Funktionäre und korrupte Machteliten.»[18]

Der Sozialismus in all seinen Ausprägungen (und in etwas abgeschwächter Form auch der Interventionismus) hingegen ist die Antithese zur Marktwirtschaft: Er ist das System des gewaltsamen Verletzens dieses natürlichen Rechts auf exklusive Nutzung des eigenen Körpers und der mit diesem Körper rechtmässig angeeigneten und erzeugten Produkte. Damit der Sozialismus eingeführt werden kann, muss der Staat die ur-

[17] Murray N. Rothbard (2012). *Für eine neue Freiheit: Kritik der politischen Gewalt. Band 1: Staat und Krieg.* Berlin: edition g. S. 40.
[18] Roland Baader (2005). *Das Kapital am Pranger: Ein Kompass durch den politischen Begriffsnebel.* Gräfelfing: Resch. S. 75-76.

sprünglichen Eigentümer bedrohen, damit sie ihm gegen ihren Willen ihre Eigentumstitel aushändigen oder sich seinen Befehlen aus Angst vor schlimmen Repressionen fügen. Es ist daher ein unmenschliches System institutionalisierter Drohung und nackter Gewalt. Der Staat dient in diesem nicht dem Schutz der Eigentumsrechte und der Freiheit. Vielmehr verkommt er zum schlimmsten Aggressor gegen dieses Naturrecht. Solche eigentumsfeindlichen Systeme haben immer in Konflikten, menschlichen Katastrophen und in Umweltschäden spektakulären Ausmasses geendet.[19]

Eigentumsrechte zu schützen, sollte deshalb die prioritäre Aufgabe einer jeden Gesellschaft sein. Nur so kann eine friedensstiftende, Wohlstand generierende und gerechte Ordnung aufrechterhalten werden, in welcher Leben, Freiheit und Privatautonomie der Menschen geschützt werden. Niemals sollte der Staat selbst diese Rechte angreifen. Tut er dies, verwirkt er gemäss Thomas Jefferson (1743-1826), Gründervater der Vereinigten Staaten von Amerika, seine Existenzberechtigung. Dies stellt er in der von ihm verfassten amerikanischen Unabhängigkeitserklärung klar:

«Wir halten diese Wahrheiten für selbstverständlich, dass alle Menschen gleich erschaffen wurden, dass sie von ihrem Schöpfer mit gewissen unveräusserlichen Rechten begabt worden, worunter Leben, Freiheit und das Bestreben nach Glückseligkeit sind. Dass zur Versicherung dieser Rechte Regierungen unter den Menschen eingeführt worden sind, welche ihre gerechte Gewalt von der Einwilligung der Regierten herleiten; dass sobald eine Regierungsform diesen

---

[19] Vergleiche zu den negativen Umweltfolgen des Sozialismus beispielsweise: Alexander Fink, Fabian Kurz und Alexander Mengden. Dysfunktionalität des Ökosozialismus: Das Umweltdesaster in der DDR. In: Olivier Kessler und Claudia Wirz (2020, Hrsg.). *Mutter Natur und Vater Staat: Freiheitliche Wege aus der Beziehungskrise.* Zürich Edition Liberales Institut.

Endzwecken verderblich wird, es das Recht des Volks ist, sie zu verändern oder abzuschaffen [...].»[20]

Der Staat auf seine Kernfunktionen zurückbinden

Auch heute noch steht in den Verfassungen unserer Länder, dass der Staat dazu da sei, das Eigentum seiner Bürger zu schützen. In der Schweizer Bundesverfassung etwa heisst es in Art. 26, Abs. 1: «Das Eigentum ist gewährleistet.» Jedoch verkam diese Absicht in Anbetracht der stetigen Aufgaben- und Ausgabenausweitung des Staates immer mehr zu einem Papiertiger. Der Fiskus bereichert sich zunehmend bei seinen Bürgern. Er erfindet mit ständig neuen Vorwänden innovative Steuern, Abgaben und Gebühren. Diese erhöht er dann in vielen kleinen Schritten scheibchenweise. So ruft man keine grossen Proteste auf den Plan, weil die Bürger wie in der bekannten Analogie des Frosches im heissen Wasser gar nicht merken, wie schlecht es schon um ihr fundamentalstes Menschenrecht – das Eigentumsrecht – steht. Sie werden schleichend an die neuen Entmündigungsrealitäten gewöhnt. Viele können sich heute nicht einmal mehr vorstellen, dass wir noch vor wenigen Jahrzehnten mit einem Bruchteil der heutigen Staatsquote ausgekommen sind. Die Salamitaktik scheint aufzugehen: Schleichend verkommen die Bürger zu Untertanen, die immer weniger über ihr eigenes Leben entscheiden können, weil das Privateigentum mehr und mehr unter die Kontrolle der politischen Machthaber fällt.

Der Staat muss also auf seine Kernfunktion – den Schutz des Eigentumsrechts – zurückgebunden werden.[21] Ansonsten

---

[20] Thomas Jefferson (1776). Die einmütige Erklärung der dreizehn vereinigten Staaten von Amerika. Zitiert auf Wikipedia: https://de.wikipedia.org/wiki/Unabh%C3%A4ngigkeitserkl%C3%A4rung_der_Vereinigten_Staaten
[21] Eine Alternative zur klassisch liberalen Vorstellung der Schutzfunktion des Staates wäre das Zulassen eines freien Marktes für Sicherheitsleistungen. Siehe dazu: Hans-Hermann Hoppe (2003). *Demokratie: Der Gott, der keiner ist.* (2003).

176

verkommt der Staat zu einem mächtigen Tyrannen, der seine Muskeln spielen lässt und die Sonderinteressen einiger rücksichtslos auf Kosten der anderen durchsetzt. «Macht korrumpiert, absolute Macht korrumpiert absolut», brachte es der Historiker Lord Acton (1834-1902) treffend auf den Punkt.

Der Weg zum Ziel: Entstaatlichung

Das beste Rezept gegen Machtanmassung und -missbrauch ist daher eine Entpolitisierung und Entstaatlichung all jener Lebensbereiche, in denen der Staat nichts verloren hat. Alle staatlichen Handlungen, die nicht dem Schutz des Privateigentums dienen, sollten ganz nach dem Prinzip «Wehret den Anfängen» konsequent unterbunden werden, damit die Gefahr im Keim erstickt wird, dass sich der Staat zu einem Ungeheuer entwickeln kann.

Es gilt, mit entschlossenen liberalen Reformen all jene staatlichen Tätigkeiten zu beenden, die gemäss der hier hergeleiteten Logik keine staatlichen Tätigkeiten sein dürfen – mit entsprechend positiven Effekten für alle:

- Die *Steuerzahler* müssten wesentlich weniger Steuern bezahlen und hätten damit mehr Geld zur Erreichung eigens gesteckter Ziele zur Verfügung. Dies erhöht den Wohlstand, weil Wohlstand ein psychisches Phänomen ist, nämlich welche Ziele *aus Sicht des Betroffenen* befriedigt werden können. Der Staat kann keine objektiven Massstäbe verwenden und hat keine Möglichkeit, um festzustellen, was all die Bürger gewollt hätten, wenn man ihnen das Geld nicht durch Besteuerung abgenommen hätte. Der Einzelne jedoch weiss sehr genau, wie seine Interessenlage aussieht und kann diese besser verfolgen, wenn ihm mehr Mittel

Edition Sonderwege bei Manuscriptum; Hans-Hermann Hoppe (2003). *The Myth of National Defense* (2003). Auburn: Ludwig von Mises Institute.

zur Verfügung stehen, über die er direkt verfügen kann. Natürlich ist es dabei möglich, mit anderen freiwillig zu kooperieren, um gemeinsame Ziele zu erreichen.

- Die *Unternehmer* profitieren, weil sie Produkte und Dienstleistungen auch in jenen Gebieten anbieten können, in denen zuvor ein Tätigwerden aufgrund der staatlichen Einmischung wenig profitabel erschien oder sogar verboten war. Dies führt aufgrund des Wettbewerbs zu kostengünstigeren und besseren Leistungen.

- Die *Konsumenten* profitieren von einer besseren Kundenorientierung sowie ein höheren Qualität und tieferen Güter- und Dienstleistungspreisen.

- Die *Bürger* zählen zu den Gewinnern, weil sie mit weniger Regulierungen zu kämpfen haben (die nichts mit dem Schutz von Eigentumsrechten zu tun haben) und sich wieder freier in ihrem Leben bewegen können.

- Die *Staatsangestellten* aus jenen Bereichen, die nicht der Sicherung des Privateigentums dienen, gewinnen ebenfalls. Sie können dank der Entpolitisierung wieder ohne schlechtes Gewissen in den Spiegel schauen, weil sie wissen, dass sie nun einer allgemeinwohlfördernden Tätigkeit nachgehen – sei es in einer aus klassisch-liberaler Sicht notwendigen Behörde oder aber in der Privatwirtschaft, wo sie ihre Produkte freiwillig zahlenden Kunden ganz ohne Drohung verkaufen können. Das stärkt das Selbstvertrauen sowie die Beziehung zu den Kunden.

Wettbewerb statt Gewaltmonopol

Hans-Hermann Hoppe

Der klassische Liberalismus befindet sich seit über einem Jahrhundert im Niedergang. Sowohl in den USA als auch in Westeuropa sind öffentliche Angelegenheiten seit der zweiten Hälfte des 19. Jahrhunderts stattdessen zunehmend von sozialistischen Ideen geformt und geprägt worden. Tatsächlich könnte das 20. Jahrhundert sehr wohl als das Jahrhundert des Sozialismus *par excellence* beschrieben werden: Des Kommunismus, des Faschismus, des Nationalsozialismus und, am dauerhaftesten, der Sozialdemokratie.

Sicher, dieser Niedergang ist kein kontinuierlicher gewesen. Aus liberaler Sicht wurde es nicht ständig schlechter. Es gab auch einige Aufschübe. Als Ergebnis des Zweiten Weltkriegs erfuhren etwa Westdeutschland und Italien eine deutliche Liberalisierung im Vergleich zum *status quo ante* unter dem Nationalsozialismus und dem Faschismus. Ähnlich führte der Zusammenbruch des kommunistischen Sowjet-Imperiums in den späten 1980er Jahren zu einer beachtlichen Liberalisierung in ganz Osteuropa.

So sehr Liberale diese Ereignisse willkommen hiessen, waren sie jedoch kein Zeichen einer Renaissance des Liberalismus. Stattdessen waren die Liberalisierung Deutschlands und Italiens in den Nachwirkungen des Zweiten Weltkriegs und die post-kommunistische Liberalisierung Osteuropas das Ergebnis externer und zufälliger Ereignisse: Der militärischen Niederlage und/oder des vollständigen wirtschaftlichen Bankrotts. Es waren in jedem Fall Liberalisierungen aufgrund von Fehlfunktionen in den vorherigen sozialistischen Systemen. Selbst wenn somit die Liberalen einige wenige Perioden des Aufschubs genossen haben, ist die Verdrängung des Liberalismus durch den Sozialismus die bestimmende Tendenz gewesen.

Hat der klassische Liberalismus versagt?

Liberale können sich nicht mit dem Wissen trösten, dass auch die Sozialdemokratie – wie jegliche Formen des Sozialismus – mit Sicherheit wirtschaftlich zusammenbrechen wird. Sie wussten, dass der Kommunismus zusammenbrechen musste. Jedoch als er es tat, leitete dies keine liberale Renaissance ein. Es gibt keinen *a priori* Grund anzunehmen, dass der zukünftige Zusammenbruch des sozialdemokratischen Wohlfahrtsstaates günstigere Ergebnisse hervorbringen wird.

Angenommen, dass der Verlauf der Menschheitsgeschichte durch Ideen (statt «blinder Kräfte») bestimmt wird und dass historische Veränderungen das Resultat ideologischer Verschiebungen in der öffentlichen Meinung sind, dann folgt daraus, dass die sozialistische Transformation der letzten Jahrzehnte als Resultat der intellektuellen – philosophischen und theoretischen – Niederlage des Liberalismus verstanden werden muss, d. h. als zunehmende Ablehnung der liberalen Doktrin durch die öffentliche Meinung aufgrund ihrer Fehlerhaftigkeit.[1]

In dieser Situation können Liberale auf zweierlei Art reagieren. Einerseits können sie darauf bestehen, dass der Liberalismus eine solide Doktrin ist und dass die Öffentlichkeit ihn trotz seiner Wahrheit ablehnt. In diesem Fall muss man erklären, weshalb die Menschen an falschen Vorstellungen festhalten, selbst wenn sie sich der richtigen liberalen Ideen bewusst sind.[2] Ferner muss man erklären, weshalb das liberale

---

[1] Siehe hierzu Ludwig von Mises, *Theory and History: An Interpretation of Social and Economic Evolution* (Auburn, Ala.: Ludwig von Mises Institute, 1985), bes. Teil 4.

[2] Zu einem Versuch in diese Richtung siehe Ludwig von Mises, *The Anti-Capitalistic Mentality* (South Holland, Ill.: Libertarian Press, 1972).

Ideal zunehmend zugunsten sozialistischer Unwahrheiten abgelehnt wird. Wurde die Bevölkerung mehr und mehr träge?
Degeneriert sie sogar? Wenn ja, wie kann dies schlüssig erklärt
werden?[3]

Andererseits kann man die Ablehnung als Hinweis auf
einen oder mehrere Fehler in der eigenen Doktrin betrachten.
In diesem Fall muss man ihre theoretischen Fundamente über-
denken und den Fehler identifizieren, der nicht nur eine Erklärung für die Ablehnung der Doktrin liefern kann, sondern
auch für den tatsächlichen Verlauf der Ereignisse. Mit anderen
Worten: Die sozialistische Transformation muss als eine verständliche und vorhersehbar fortschreitende Dekonstruktion
und Degenerierung der liberalen politischen Theorie angesehen werden, die in diesem Fehler ihren Ursprung haben und
als Quelle aller folgenden sozialistischen Verwirrung logisch
aus ihm hervorgehen. In diesem Beitrag wollen wir uns einem
zentralen und bedeutsamen Fehler des klassischen Liberalismus widmen, nämlich seiner Staatstheorie.[4]

Falsche Theorie über den Staat

Die Klassisch-liberale politische Philosophie – personifiziert
durch John Locke und am prominentesten durch Thomas Jef-
fersons Unabhängigkeitserklärung dargestellt – war zunächst
und vor allem eine Morallehre. Auf der Philosophie der Stoiker
und späten Scholastiker aufbauend, konzentrierte sie sich auf
die Ideen des Selbsteigentums, der ursprünglichen Aneignung
naturgegebener (herrenloser) Ressourcen, Eigentum und Vertrag als universelle Menschenrechte, impliziert in der Natur

---

[3] Zu einem Versuch in diese Richtung siehe Seymour Itzkoff, The Decline of
Intelligence in America (Westport, Conn.: Praeger, 1994).
[4] Siehe zum Folgenden insbesondere Murray N. Rothbard, *The Ethics of Liberty*
(New York: New York University Press, 1998); Hans-Hermann Hoppe, *The Economics and Ethics of Private Property* (Boston: Kluwer, 1993).

des Menschen als rationales Tier.[5] In der Umgebung fürstlicher und königlicher Herrscher stellte die liberale Philosophie mit ihrer Betonung der Universalität der Menschenrechte natürlich eine radikale Opposition zu jedem etablierten Staat dar.[6] Für einen Liberalen war jeder Mensch, ob König oder Bauer, denselben universellen und ewigen Prinzipien des Rechts unterworfen. Ein Staat konnte seine Berechtigung entweder aus einem Vertrag zwischen Privateigentumsbesitzern ableiten, oder er konnte überhaupt nicht gerechtfertigt werden.[7] Aber konnte irgendein Staat solchermassen gerechtfertigt werden?

---

[5] Siehe auch Ernst Cassirer, *The Myth of the State* (New Haven, Conn.: Yale University Press, 1946), bes. Kap. 8 und 13; Richard Tuck, *Natural Rights: Their Origin and Development* (Cambridge: Cambridge University Press, 1979); Murray Newton Rothbard, *Economic Thought Before Adam Smith: An Austrian Perspective on the History of Economic Thought* (Cheltenham, U.K.: Edward Elgar, 1995), Bd. 1, bes. Kap. 4; Hans-Hermann Hoppe, «The Western State as a Paradigm: Learning from History», *Politics and Regimes. Religion and Public Life* 30 (1997).

[6] Ludwig von Mises beschrieb den Liberalismus in *Nation, State, and Economy* (New York: New York University Press, 1983) als «feindselig gegenüber Fürsten» (S. 33). Um jegliches Missverständnis zu vermeiden sollte jedoch angemerkt werden, dass dieses pauschale Urteil nur auf «absolute» Herrscher im Europa des 17. und 18. Jahrhunderts angewendet werden kann und in der Tat nur so von Mises angewandt wurde. Es passt *nicht* ebenso auf die früheren, mittelalterlichen Könige und Fürsten, die normalerweise lediglich *primus inter pares* waren, d. h. freiwillig anerkannte Autoritäten, die demselben universellen Naturrecht unterworfen waren wie jeder andere auch.

[7] Cassirer schrieb:

«Die Doktrin eines Staatsvertrages entwickelt sich im 17. Jahrhundert zu einem selbstverständlichen Axiom politischen Denkens. ... diese Tatsache kennzeichnet einen grossen und entscheidenden Schritt. Denn wenn wir diese Sichtweise annehmen, wenn wir die Rechts- und Sozialordnung auf freie individuelle Handlungen, auf eine freiwillige vertragliche Unterwerfung der Beherrschten reduzieren, verschwindet das ganze Mysterium. Es gibt nichts weniger Mysteriöses als den Vertrag. Ein Vertrag muss bei vollem Bewusstsein seiner Bedeutung und seiner Konsequenzen abgeschlossen werden; er setzt die freiwillige Zustimmung aller beteiligten Parteien voraus. Wenn wir den Staat auf einen solchen Ursprung zurückverfolgen

Die zustimmende Antwort vieler klassisch Liberalen ist wohlbekannt. Sie ging von der nicht zu leugnenden wahren Tatsache aus, dass es, wie die Menschheit nun mal ist, Mörder, Räuber, Diebe, Schurken und Trickbetrüger immer geben wird und dass das Leben in der Gesellschaft unmöglich sein wird, wenn diese nicht mit physischer Strafe bedroht werden. Um eine liberale Sozialordnung aufrechtzuerhalten, bestanden klassisch Liberale darauf, dass es notwendig sei, dass die Mitglieder der Gesellschaft in der Lage sind, Druck (durch die Androhung oder Anwendung von Gewalt) auf jeden auszuüben, der Leben und Eigentum anderer nicht respektiert. Aus dieser korrekten Prämisse schlossen die klassisch Liberalen, dass diese unverzichtbare Aufgabe der Bewahrung von Recht und Ordnung die einzigartige Funktion des Staates sei.[8]

Ob diese Schlussfolgerung korrekt ist oder nicht, hängt von der Definition des Begriffs «Staat» ab. Sie ist korrekt, wenn «Staat» einfach ein Individuum oder ein Unternehmen bedeutet, welches einer freiwillig zahlenden Kundschaft von Privateigentumsbesitzern mit Schutz und Sicherheitsdiensten versorgt. Dies ist jedoch nicht die Definition des Staates, von der die meisten klassisch Liberalen ausgehen.

Für einen klassischen Liberalen ist der Staat nicht einfach ein Spezialunternehmen. Stattdessen besitzt der Staat zwei einzigartige Kennzeichen. Im Gegensatz zu einem normalen Unternehmen besitzt er ein territoriales Zwangsmonopol der Gesetzgebung (höchste Entscheidungsfindung) und das Recht der Besteuerung. Wenn es das ist, was man unter einem Staat versteht, dann ist die klassisch liberale Schlussfolgerung falsch. Es folgt nicht aus dem Recht auf und dem Bedürfnis nach Schutz von Person und Eigentum, dass dieser Schutz rechtmässig oder effektiv von einem Gesetzgebungs- und

können, wird aus ihm eine absolut klare und verständliche Tatsache.» (*The Myth of the State*, S. 172 – 73).

[8] Siehe Ludwig von Mises, *Liberalismus*, S. 33.

Besteuerungsmonopolisten angeboten werden sollte und
könnte. Im Gegenteil. Es kann vielmehr gezeigt werden, dass
jegliche Institution dieser Art mit rechtmässigem und effekti-
vem Eigentumsschutz unvereinbar ist und daher zwangsläufig
über kurz oder lang in eine illiberale Ordnung führen muss.

Das absurde Konstrukt des Gesellschaftsvertrags

Entsprechend der liberalen Doktrin geht das private Eigentumsrecht logisch und zeitlich jedem Staat voraus. Das Privateigentum ist das Resultat von Handlungen der ursprünglichen
Aneignung, der Produktion und/oder dem Tausch vom vorherigen zum späteren Besitzer. Damit einher geht ein Recht des
Eigentümers auf ausschliessliche Rechtsprechung über bestimmte physische Ressourcen. Es ist in der Tat der Zweck des
Privateigentums an sich, physisch separate Domänen der aus-
schliesslichen Rechtsprechung zu etablieren, um mögliche
Konflikte bezüglich der Verwendung knapper Ressourcen zu
vermeiden.[9]

Kein Privateigentumsbesitzer darf sein Recht auf letzt-
instanzliche Rechtsprechung über sein Eigentum und dessen
physischen Schutz jemand anderem übertragen, es sei denn, er

---

[9] Die klassisch liberale Position wurde schön vom französischen Physiokraten
des 18. Jahrhunderts Mercier de la Rivière, der einmal *intendant* von Martini-
que und für kurze Zeit Berater von Katharina der Grossen von Russland war,
in seinem *L'Ordre Naturel* zusammengefasst. Mittels seiner Vernunft, erklärte
er, war der Mensch fähig, die Gesetze zu erkennen, die zu seinem grössten
Glück führen würden, und alle sozialen Übel folgen aus der Missachtung dieser Gesetze der menschlichen Natur. In der menschlichen Natur bedeutet das
Recht auf Selbsterhalt das Recht auf Eigentum. Jedes individuelle Eigentum
menschlicher Produkte des Bodens benötigt Eigentum an Grund und Boden
selber. Aber das Recht auf Eigentum wäre bedeutungslos ohne die Freiheit, es
zu gebrauchen. Somit leitet sich Freiheit vom Recht auf Eigentum ab. Menschen florieren als soziale Tiere: Durch Eigentumshandel und -tausch maximieren sie das Glück aller. Siehe Murray N. Rothbard, *Economic Thought before
Adam Smith*, S. 370.

verkauft sein Eigentum oder überträgt es einem anderen auf andere Weise (in diesem Fall erhält jemand anderes die ausschliessliche Rechtsprechung darüber). Jeder Eigentumsbesitzer darf jedoch an den Vorteilen der Arbeitsteilung teilhaben und mehr oder besseren Schutz seines Eigentums durch Kooperation mit anderen Eigentümern und ihrem Eigentum anstreben. Jeder Eigentumsbesitzer darf mehr oder besseren Eigentumsschutz von jedem anderen Eigentümer kaufen, oder an ihn verkaufen, oder auf andere Weise herstellen und einen entsprechenden Vertrag abschliessen. Auch kann jeder Eigentumsbesitzer jederzeit einseitig solch eine Kooperation mit anderen beenden. Somit wäre es, um die Nachfrage nach Schutz zu decken, rechtlich möglich und ökonomisch wahrscheinlich, dass spezialisierte Individuen oder Agenturen entstehen würden, die freiwillig zahlenden Kunden Schutz, Versicherungen und Vermittlungsdienste anbieten würden.[10]

Während es einfach ist, sich den vertraglichen Ursprung eines Systems konkurrierender Sicherheitsanbieter vorzustellen, ist es unvorstellbar, wie Privateigentumsbesitzer überhaupt einem Vertrag beitreten könnten, welcher einen anderen Agenten dazu berechtigt, jeden innerhalb eines gegebenen Territoriums zu zwingen, zwecks Schutzes und rechtlicher Entscheidungsfindung ausschliesslich zu ihm zu kommen und jeden anderen Agenten vom Anbieten von Schutzdienstleistungen abzuhalten. Solch ein Monopolvertrag würde bedeuten, dass jeder Privateigentumsbesitzer sein Recht der letztinstanzlichen Entscheidungsfindung und des Schutzes seiner Person und seines Eigentums dauerhaft jemand anderem übergeben würde. Indem er dieses Recht jemand anderem überträgt, begibt sich eine Person im Endeffekt in dauerhafte Sklaverei.

---

[10] Siehe hierzu Murray N. Rothbard, *Power and Market: Government and the Economy* (Kansas City: Sheed Andrews and McMeel, 1977), Kap. 1.

Entsprechend der klassisch liberalen Doktrin sind alle derartigen Unterwerfungsverträge von Beginn an unzulässig (und damit null und nichtig), weil sie der praxeologischen Grundlage aller Verträge widersprechen, d. h. dem Privateigentum und des individuellen Eigentums an sich selbst.[11]

Die hier kritisierte Vertragstheorie hat ihren Ursprung in Thomas Hobbes und seinem Werk *De Cive* (Kap. 5–7) und *Leviathan* (Kap. 17–19). Hobbes behauptet dort, dass das legale Band zwischen Herrscher und Untertanen, wenn es einmal gebunden wurde, unauflösbar ist. Jedoch, schreibt Cassirer,

> *«verwarfen die meisten einflussreichen politischen Schriftsteller im 17. Jahrhundert die von Hobbes gezogenen Schlüsse. Sie warfen dem grossen Logiker einen inneren Widerspruch vor. Wenn ein Mensch seine Persönlichkeit aufgeben könnte [d. h. sein Recht auf Selbsteigentum], würde er aufhören, ein moralisches Wesen zu sein. Er würde ein lebloses Ding werden – und wie könnte sich solch ein Ding verpflichten – wie könnte es ein Versprechen geben, in einen solchen Gesellschaftsvertrag einzutreten? Dieses fundamentale Recht, dieses Recht auf die eigene Persönlichkeit, beinhaltet gewissermassen alle anderen. Seine Persönlichkeit zu erhalten und zu entwickeln ist ein universelles Recht. Sie ist nicht den Irrungen und Launen eines einzelnen Individuums unterworfen und kann daher nicht von einem Individuum auf ein anderes übertragen werden. Der Herrschaftsvertrag, der die rechtliche Grundlage aller zivilen Mächte ist, hat daher seine inhärenten Grenzen. Es gibt kein pactum subjectionis, keine Unterwerfungshandlung, mit der ein Mensch seinen Zustand des freien Agenten aufgeben und sich versklaven kann. Denn durch solch eine Verzichtshandlung würde er gerade das Kennzeichen aufgeben,*

---

[11] Ernst Cassirer, *The Myth of the State* (New Haven, Conn.: Yale University Press, 1946), S. 195.

*welches seine Natur und sein Wesen ausmacht: Er würde
seine Menschlichkeit verlieren.»*

Keiner kann also rechtmässig zustimmen, und wahrscheinlich wird keiner zustimmen, seine Person und sein Eigentum auf Dauer schutzlos den Handlungen eines anderen auszuliefern. Gleichfalls unvorstellbar ist die Idee, dass er seinen monopolistischen Beschützer mit dem dauerhaften Recht der Besteuerung ausstatten würde. Niemand kann oder wird einem Vertrag zustimmen, der dem Beschützer erlaubt, einseitig, ohne Zustimmung des Beschützten, die Geldsumme zu bestimmen, die der Beschützte für seinen Schutz zu zahlen hat.

Seit Locke haben Liberale versucht, diese inneren Widersprüche durch den Notbehelf der «stillschweigenden», «impliziten» oder «begrifflichen» Übereinkünfte, Verträge oder Verfassungen zu lösen. Alle diese normalerweise gequälten und verwirrten Versuche haben nur zur selben unvermeidbaren Schlussfolgerung beigetragen: Dass es unmöglich ist, eine Berechtigung für einen Staat aus expliziten Verträgen zwischen Privateigentumsbesitzern abzuleiten.[12]

---

[12] Über John Lockes Ansichten zur «Einwilligung» siehe sein *Two Treatises on Government*, Buch II, Abschn. 119 – 22. Nachdem er anerkennt, dass Regierung nicht auf «ausdrückliche» Einwilligung basiert, schreibt er dort,

> «die Schwierigkeit ist, was als stillschweigende Einwilligung betrachtet werden kann, und inwiefern sie bindet – d. h., wie weit jemand betrachtet werden kann als einer, der eingewilligt hat, und sich damit einer Regierung unterworfen hat, wo er sich keinesfalls in dieser Hinsicht geäussert hat. Und dazu sage ich, dass jeder Mensch, der in Besitz oder im Genuss eines Teils der Güter einer Regierung ist, dadurch seine stillschweigende Einwilligung gibt und insofern verpflichtet ist, den Gesetzen dieser Regierung zu gehorchen wie jeder unter ihr, ob es der Besitz seines Grundstücks für ihn und seine Erben für immer ist, oder die Unterkunft für nur eine Woche; oder ob es lediglich das freie Geleit auf der Strasse ist; und im Endeffekt reicht sie soweit wie das Wesen eines jeden innerhalb der Territorien dieser Regierung.» (Abschn. 119)

Im Endeffekt, wenn nach Locke einmal eine Regierung entstanden ist, egal ob man ausdrücklich ihrer Herrschaft anfangs zugestimmt hat oder nicht und

Mission impossible: Verfassungsmässig beschränkter Staat

Der Fehler des klassischen Liberalismus, die Institution des Staates als vereinbar mit den grundlegenden liberalen Prinzipien des Selbsteigentums, der ursprünglichen Aneignung des Eigentums und des Vertrages zu akzeptieren, führte konsequenterweise zu seiner eigenen Zerstörung.

Zunächst und vor allem folgt aus dem Ausgangsfehler bezüglich des moralischen Status des Staates, dass die liberale Lösung des ewigen menschlichen Problems der Sicherheit – ein verfassungsmässig beschränkter Staat – ein widersprüchliches, praxeologisch unmögliches Ideal ist. Im Gegensatz zur ursprünglichen liberalen Absicht der Sicherung der Freiheit und des Eigentums besitzt jeder *minimale* Staat die inhärente Tendenz, sich in einen *maximale* Staat, in einen freiheits- und eigentumsfeindlichen Tyrannen zu verwandeln.

Wenn einmal das Prinzip des Staates – verstanden als Institution mit einem Rechtsprechungsmonopol und der Macht zur Besteuerung – fälschlicherweise als gerecht akzeptiert ist, ist jede Vorstellung der Zügelung der Staatsmacht und des Schutzes individueller Freiheit und des Eigentums illusorisch.

Es ist vorherzusehen, dass der Preis der Gerechtigkeit und des Schutzes unter monopolistischer Schirmherrschaft kontinuierlich steigen und die Qualität der Gerechtigkeit und des Schutzes sinken wird. Eine steuerfinanzierte Schutzagentur ist ein Widerspruch in sich, denn sie ist ein enteignender

---

ungeachtet dessen, was die Regierung im Folgenden macht, hat man ihr und allem was sie tut «stillschweigend» zugestimmt, solange man weiterhin in «ihrem» Territorium lebt. Das bedeutet, jede Regierung hat immer die einstimmige Zustimmung von allen, die unter ihrer Gesetzgebung leben, und nur eine Auswanderung zählt als eine «Nein»-Stimme und als Entzug der Einwilligung nach Locke. (Abschn. 121).

Eigentumsschützer, was unweigerlich zu mehr Steuern und weniger Schutz führen wird.

Selbst wenn, wie klassisch Liberale vorgeschlagen haben, ein Staat seine Aktivitäten ausschliesslich auf den Schutz vorexistenter Privateigentumsrechte beschränkte, würde die Folgefrage auftauchen, wie viel Sicherheit zu produzieren sei. Motiviert (wie es jeder ist) durch Eigeninteressen und den negativen Nutzen der Arbeit, aber ausgestattet mit der einzigartigen Macht der Besteuerung, wird es unweigerlich das Ziel eines jeden Staates sein, die Ausgaben für den Schutz zu maximieren (und fast das gesamte Vermögen einer Nation kann denkbar für die Schutzkosten ausgegeben werden) und gleichzeitig die Produktion des Schutzes zu minimieren. Je mehr Geld man ausgeben kann und je weniger man arbeiten muss, desto besser geht es einem.[13]

---

[13] Murray N. Rothbard erklärt in *For A New Liberty* (New York: Collier, 1978), S. 215 – 216:

«[E]s gibt ein weitverbreitetes Fehlurteil, selbst von den meisten Befürwortern des Laissez-faire übernommen, dass die Regierung ‹Polizeischutz› anbieten muss, als ob Polizeischutz ein einzelnes, absolutes Wesen wäre, eine fixierte Menge von etwas, was die Regierung allen anbietet ... Tatsächlich gibt es fast unendlich viele Abstufungen aller Arten des Schutzes. Für jegliche gegebene Person oder Firma kann die Polizei alles anbieten vom Streifenpolizisten, der einmal pro Nacht auf Patrouille geht, über zwei Polizisten, die kontinuierlich jeden Block patrouillieren, über patrouillierende Streifenwagen, bis hin zu einem oder mehreren persönlichen Leibwächtern rund um die Uhr. Ferner gibt es viele andere Entscheidungen, welche die Polizei treffen muss, deren Komplexität offensichtlich werden, sobald man hinter den Schleier des Mythos absoluten ‹Schutzes› blickt. Wie soll die Polizei ihre Ressourcen verteilen, die, natürlich, immer begrenzt sind, so wie die Ressourcen aller anderen Individuen, Organisationen und Agenturen? Wieviel soll die Polizei in elektronisches Gerät investieren? Fingerabdruckapparate? Detektive in Zivil statt uniformierter Polizisten? Streifenwagen statt Streifenpolizisten usw.? ... Der Punkt ist, dass die Regierung keine rationale Möglichkeit hat, solche Verteilungen vorzunehmen. Die Regierung weiss nur, dass sie einen begrenzten Haushalt hat.»

Ein Rechtsmonopol wird darüber hinaus zu einem stetigen Verfall bei der Qualität des Schutzes führen. Wenn keiner für Gerechtigkeit in Berufung gehen kann, ausser sich an den Staat zu wenden, wird Gerechtigkeit, trotz Verfassungen und oberster Gerichte, zugunsten der Staatsmacht pervertiert. Verfassungen und oberste Gerichte sind Verfassungen und Agenturen des Staates, und was immer für Beschränkungen auf staatliches Handeln sie beinhalten oder finden mögen, wird unweigerlich von Agenten gerade derjenigen Institution entschieden, die davon betroffen ist. Es ist vorherzusehen, dass die Definition des Eigentums und des Schutzes kontinuierlich verändert wird und die Reichweite der Gesetzgebung sich zum Vorteil des Staates ausweiten wird.[14]

Inkonsequente Haltung

Zweitens folgt ebenfalls aus dem Fehler bezüglich des moralischen Status des Staates, dass die traditionelle Präferenz für und Verbindung zu lokalem (dezentraler und territorial kleinem) Staat inkonsequent und widersprüchlich ist.[15] Im Gegensatz zur ursprünglichen liberalen Absicht besitzt jeder Staat, einschliesslich lokaler Staaten, eine inhärente Tendenz zur Zentralisierung und letztlich dazu, ein Weltstaat mit Weltregierung zu werden.

---

[14] Murray N. Rothbard erklärt in *For A New Liberty*, S. 48:
«[K]eine Verfassung kann sich selbst interpretieren oder in Kraft setzen; sie muss von *Menschen* interpretiert werden. Und wenn die höchste Interpretationsmacht dem staatseigenen obersten Gericht übertragen wird, dann wird es die unweigerliche Tendenz des Gerichtes sein, sein Imprimatur auf immer ausgedehntere Kompetenzen seines eigenen Staates zu setzen. Ferner sind die hochfavorisierten ‹checks and balances› und die ‹Gewaltenteilung› innerhalb des amerikanischen Staates sehr instabil, denn letztendlich sind alle diese Abteilungen Teil desselben Staates und werden von der gleichen Herrschergruppe regiert.»

[15] Über die charakteristische liberale Präferenz für dezentrale Staaten siehe Wilhelm Röpke, *Jenseits von Angebot und Nachfrage* (Bern: Paul Haupt, 1979)

Wenn einmal fälschlich akzeptiert wird, dass es, um die friedliche Kooperation zwischen zwei Individuen A und B zu schützen und zu erzwingen, gerechtfertigt und notwendig ist, einen Gesetzgebungsmonopolisten X zu haben, folgen zwei Schlüsse. Wenn es mehr als einen territorialen Monopolisten X, Y und Z gibt, dann kann es, genauso wenig wie vermutlich zwischen A und B ohne X, auch keinen Frieden zwischen X, Y und Z geben, solange sie zueinander im «Zustand der Anarchie» verbleiben. Daher ist, um die klassisch liberale Vision eines universellen und ewigen Friedens zu erfüllen, sämtliche politische Zentralisierung und Vereinigung und letztendlich die Etablierung einer einzigen Weltregierung gerechtfertigt und notwendig.

Interessanterweise, während Sozialisten aller Art – traditionelle Marxisten, Sozialdemokraten und Neokonservative – normalerweise wenig Schwierigkeiten damit haben, die Idee einer Weltregierung zu akzeptieren und somit wenigstens konsequent waren, haben klassische Liberale selten (wenn überhaupt) die Tatsache anerkannt, dass auch sie durch die Logik ihrer Doktrin gezwungen sind, Befürworter einer einzigen, vereinten Weltregierung zu sein. Sie hielten stattdessen inkonsequenterweise an der Idee einer dezentralen Regierung fest. Nun ist theoretische Konsequenz nicht notwendigerweise eine gute Sache; und wenn eine Theorie in sich stimmig aber falsch ist, könnte man sehr wohl zugeben, dass es besser ist, inkonsequent zu sein. Eine inkonsequente Theorie kann jedoch niemals wahr sein und indem sie sich der Unstimmigkeit ihrer theoretischen Position nicht gestellt haben, haben es klassisch Liberale normalerweise versäumt, auf zwei wichtige, und aus ihrer eigenen Sicht «anomalen» Phänomene zu achten und ihnen Rechnung zu tragen.

Wenn einerseits, wie sie behaupten, Recht und Ordnung einen einzigen, monopolistischen Richter und Durchsetzer (die Regierung) benötigt, warum erscheint dann die Beziehung zwischen, sagen wir mal, deutschen und amerikanischen

Geschäftsleuten genauso friedlich wie die zwischen Geschäftsleuten in, sagen wir, New York und Kalifornien, trotz der Tatsache, dass erstere miteinander im «Zustand der Anarchie» leben? Ist dies nicht der positive Beweis, dass ein Staat nicht notwendig ist, um Frieden zu haben?!

Zum anderen, während die Beziehung zwischen Bürgern und Unternehmen verschiedener Länder weder friedli-
cher noch weniger friedlich ist, als diejenige zwischen Bürgern
und Unternehmen ein und desselben Landes, erscheint es
gleichermassen offensichtlich, dass die Beziehung irgendeines
Staates, sagen wir der USA, sowohl mit ihren eignen Bürgern
als auch als auch mit anderen (ausländischen) *Staaten* und Bürgern alles andere als friedlich ist.[16]

Opferung universeller Menschenrechte

Schliesslich folgt aus dem Fehler, den Staat als gerecht zu akzeptieren, dass die uralte Idee der Universalität der Menschenrechte und die Einheit des Rechts durcheinandergebracht wird
und unter dem Motto «Gleichheit vor dem Recht» in ein Instrument des Egalitarismus verwandelt wird. Wenn einmal, im Gegensatz zu den anti-egalitären oder gar aristokratischen Meinungen der alten Liberalen,[17] die Idee der universellen Men-

---

[16] In seinem wohlbekannten Buch *Death by Government* (New Brunswick, N.J.:
Transaction Publishers, 1995) hat Rudolph Rummel in der Tat geschätzt, dass
Regierungen allein im Verlauf des 20. Jahrhunderts für den Tod von ungefähr
170 Millionen Menschen verantwortlich sind. Ist dies dann nicht ein positiver
Beweis, dass die liberale Sicht bezüglich des «Zustands der Anarchie» als kon-
fliktreich und des «Etatismus» als *sine qua non* der Sicherheit und des Friedens
so ziemlich das Gegenteil der Wahrheit ist?
[17] Über die aristokratischen Wurzeln des Liberalismus siehe Bertrand de
Jouvenel, *On Power: The Natural History of its Growth* (New York: Viking, 1949),
Kap. 17; Erik von Kuehnelt-Leddihn, *Liberty or Equality* (Front Royal, Va.:
Christendom Press, 1993).

schenrechte mit dem Staat verbunden wird, wird das Resultat Egalitarismus und die Zerstörung der Menschenrechte sein.

Wenn einmal ein Staat fälschlicherweise als gerecht an-genommen wird und Erbfürsten und Könige als unvereinbar mit der Idee universeller Menschenrechte ausgeschlossen wer-den, taucht die Frage auf, wie die Idee der Universalität und der Gleichheit der Menschenrechte mit einem Staat auf einen Nenner zu bringen sind. Die liberale Antwort ist, allen gleich-ermassen die Beteiligung an und den Zutritt zum Staat mittels der Demokratie zu ermöglichen. Jedem – nicht nur der Klasse des Erbadels – ist es erlaubt, ein Staatsbeamter zu werden oder eine Staatsfunktion auszuüben.

Diese demokratische Gleichheit vor dem Gesetz ist je-doch etwas gänzlich anderes als die (und unvereinbar mit der Idee) des universellen Rechts auf geschütztes Privateigentum, das auf alle Menschen gleichermassen, überall und jederzeit anwendbar ist. Die vorherige anstössige Spaltung und Un-gleichheit des höheren Rechts der Könige gegen das unterge-ordnete Recht der gemeinen Untertanen bleibt in der Demo-kratie als Trennung von öffentlichem und privatem Recht und in der Überlegenheit des ersteren über dem letzteren erhal-ten.[18] In einer Demokratie ist insofern jeder gleich, als dass der Zutritt zum Staat allen unter gleichen Bedingungen offensteht. In einer Demokratie gibt es keine persönlichen Privilegien. Es existieren jedoch funktionale Privilegien und privilegierte Funktionen. Solange sie in ihrer offiziellen Kapazität handeln, werden öffentlich Bedienstete vom öffentlichen Recht be-herrscht und geschützt. Sie nehmen damit eine privilegierte Stellung gegenüber Personen ein, die lediglich unter der Auto-rität des Privatrechts handeln (am fundamentalsten, indem es

---

[18] Über die Unterscheidung zwischen privatem und öffentlichem Recht siehe Bruno Leoni, *Freedom and the Law* (Indianapolis, Ind.: Liberty Fund, 1991); Frie-drich A. Hayek, *Law, Legislation, and Liberty* (Chicago: University of Chicago Press, 1973), Bd. 1, bes. Kap. 6.

ihnen erlaubt wird, ihre Aktivitäten mit Steuern zu finanzieren, die den Privatrechts-Untertanen auferlegt werden).[19] Privilegien und rechtliche Diskriminierung werden in einer Demokratie nicht verschwinden. Im Gegenteil. Anstatt auf Fürsten und Adelige beschränkt zu sein, stehen Privilegien, Protektionismus und rechtliche Diskriminierung allen zur Verfügung und können von allen ausgeübt werden.

Unter demokratischen Bedingungen wird die Tendenz jedes Monopols, die Preise zu erhöhen und die Qualität zu senken, vorhersehbar lediglich stärker und ausgeprägter sein. Als Erbmonopolist betrachtete ein König oder Fürst das Territorium und die Menschen unter seiner Gesetzgebung als persönliches Eigentum und betrieb die monopolistische Ausbeutung seines «Eigentums». In der Demokratie verschwinden Monopole und monopolistische Ausbeutung nicht. Selbst wenn es jedem erlaubt ist, der Regierung beizutreten, eliminiert dies nicht den Unterschied zwischen Herrschern und Beherrschten. Regierung und Regierte sind nicht ein und dieselbe Person. Statt eines Fürsten, der sein Land als Privateigentum betrachtet, wird einem vorübergehenden und austauschbaren Verwalter die monopolistische Kontrolle des Landes übertragen. Der

---

[19] Die Unvereinbarkeit von privatem und öffentlichem Recht ist von Randy E. Barnett in *Fuller, Law, and Anarchism*, The Libertarian Forum (Februar 1976), S. 7, kurz und bündig zusammengefasst worden:

> «Zum Beispiel sagt der Staat, dass Bürger nicht mit Gewalt und gegen seinen Willen etwas wegnehmen dürfen, was einem anderen gehört. Aber der Staat tut jedoch genau dies mit seiner Macht der ‹legitimen› Besteuerung. ... Noch wesentlicher ist, dass der Staat sagt, dass eine Person Gewalt gegen einen anderen nur im Falle einer Selbstverteidigung anwenden darf, d. h. nur als Verteidigung gegen jemanden, der die Gewaltanwendung initiiert hat. Über das Recht zur Selbstverteidigung hinauszugehen wäre Aggression gegen das Recht anderer, eine Verletzung der eigenen legalen Pflicht. Aber durch sein beanspruchtes Monopol erlegt der Staat seine Rechtsprechung gewaltsam auf Personen, die nichts falsch gemacht haben mögen. Indem er das tut, verletzt er die Rechte seiner Bürger, etwas, was seine Regeln dem Bürger gerade verbieten.»

Verwalter besitzt das Land nicht, aber solange er im Amt ist, ist es ihm erlaubt, es zu seinem Vorteil und dem seiner Schützlinge zu nutzen. Er besitzt seinen gegenwärtigen Nutzen – die Nutzniessung –, aber nicht seinen Kapitalstock. Dies wird die Ausbeutung nicht eliminieren. Im Gegenteil, die Ausbeutung wird weniger kalkulierend sein und mit wenig oder keiner Beachtung des Kapitalstocks durchgeführt werden. Mit anderen Worten, die Ausbeutung wird kurzsichtig sein.[20]

Mit freiem Zutritt zur und öffentlicher Teilnahme an der Regierung wird die Pervertierung des Rechts noch schneller voranschreiten. Statt vorexistente Privateigentumsrechte zu schützen, entwickelt sich der demokratische Staat in eine Maschine für kontinuierliche Umverteilung vorexistenter Eigentumsrechte. Dadurch verschwindet die Idee der universellen und unveränderlichen Menschenrechte und wird durch eine vom Staat gemachte Gesetzgebung ersetzt.

Fehlende moralische Argumente

Im Lichte all dessen kann eine Antwort auf die Frage nach der Zukunft des Liberalismus gesucht werden.

Aufgrund seines eigenen fundamentalen Fehlers bezüglich des moralischen Status des Staates hat der klassische Liberalismus in Wirklichkeit zur Zerstörung all dessen beige-

---

[20] Wie Murray N. Rothbard in diesem Zusammenhang schreibt,
«ist es merkwürdig, dass fast alle Autoren die Meinung nachplappern, dass Privateigentümer, weil sie eine Zeitpräferenz haben, eine ‹kurzfristige Sicht› haben, während nur Regierungsangestellte die ‹langfristige Sicht› annehmen und Eigentum so zuweisen können, dass die ‹allgemeine Wohlfahrt› gefördert wird. Die Wahrheit ist genau das Gegenteil. Das private Individuum kann, mit der Sicherheit seines Eigentums und seiner Kapitalressourcen, langfristig planen, denn es möchte den Kapitalwert seiner Ressourcen erhalten. Es ist der Regierungsangestellte, der nehmen und rennen muss, der das Eigentum plündern muss, solange er noch das Kommando hat.» (*Power and Market*, S. 189)

tragen, was er ursprünglich zu bewahren und zu schützen be-
absichtigte. Wo einmal das Prinzip des Staates fälschlich akzeptiert worden war, war der letztliche Triumph des Sozialismus über den Liberalismus nur eine Frage der Zeit. Der klassische Liberalismus hat somit in seiner gegenwärtigen Form
keine Zukunft. Er entwickelt sich unweigerlich zu einer Sozialdemokratie weiter, die inhärent disfunktional ist.

Wenn einmal die Prämisse des Staates akzeptiert ist,
haben Liberale kein Argument übrig, wenn Sozialisten diese
Prämisse bis an ihr logisches Ende verfolgen. Wenn das Monopol gerecht ist, dann ist Zentralisierung gerecht. Wenn Besteuerung gerecht ist, dann ist mehr Besteuerung ebenfalls gerecht.
Was kann ein Liberaler tatsächlich zugunsten weniger Besteuerung und Umverteilung sagen? Wenn zugegeben wird, dass
Besteuerung und das Monopol gerecht sind, kann der Liberale
keine prinzipielle moralische Verteidigung vorlegen.[21]

---

[21] Somit, schreibt Murray N. Rothbard,

«wenn für eine Regierung die Besteuerung legitim ist, warum nicht ihre
Untertanen besteuern, um andere Güter und Dienstleistung anzubieten,
die Konsumenten nützlich finden könnten: Warum sollte die Regierung
nicht, zum Beispiel, Stahlfabriken bauen, Schuhe anbieten, Dämme, Post-
dienstleistungen usw.? Denn jedes dieser Güter und jede Dienstleistung ist
für Konsumenten nützlich. Wenn die laissez-faire-Verfechter entgegnen,
dass der Staat keine Stahl- oder Schuhfabriken bauen und sie den Konsumenten (entweder kostenlos oder zum Verkauf) anbieten sollte, weil Steu-
erzwang angewendet wurde, um diese Fabriken zu bauen, nun, dann kann
dieselbe Entgegnung auch gegenüber der Polizei oder dem Gerichtssystem
aufgestellt werden. Aus Sicht des Laissez-faire dürfte die Regierung nicht
immoralischer handeln, wenn sie Häuser oder Stahl anbietet, als wenn sie
für Polizeischutz sorgt. Ein auf Schutz beschränkter Staat kann dann nicht
einmal *innerhalb* des laissez-faire-Ideals selbst aufrechterhalten werden,
noch weniger unter jeglichen anderen Voraussetzungen. Es ist wahr, dass
das laissez-faire-Ideal immer noch eingesetzt werden könne, um regie-
rungsseitige Zwangsaktivitäten ‹zweiten Grades› (z. B. Zwang *jenseits* des
ursprünglichen Zwangs der Besteuerung) wie Preiskontrolle oder die Äch-
tung der Pornografie zu verhindern; aber die ‹Grenzen› sind nun sehr
schwach geworden und können bis hin zum vollständigen Kollektivismus

Steuern zu senken ist keine moralische Notwendigkeit. Stattdessen ist das liberale Argument ein rein ökonomisches. Beispielsweise wird gesagt, niedrigere Steuern würden einen bestimmten langfristigen wirtschaftlichen Nutzen produzieren. Aber wenigstens kurzfristig und für einige Menschen (den gegenwärtigen Empfängern von Steuergeldern) bedeuten niedrigere Steuern auch ökonomische Kosten. Ohne dass ihm ein moralisches Argument zur Verfügung steht, bleibt einem Liberalen nur das Werkzeug der Kosten-Nutzen-Analyse, aber solch eine Analyse muss immer einen interpersonellen Nutzenvergleich beinhalten, und solch ein Vergleich ist wissenschaftlich unmöglich.[22] Daher ist das Ergebnis einer Kosten-Nutzen-Analyse willkürlich und jeder Vorschlag, der mit Bezug auf sie gerechtfertigt wird, ist lediglich eine Meinung.

In dieser Situation erscheinen demokratische Sozialisten als aufrichtig, logisch und konsequent, während Liberale als blauäugig, konfus und prinzipienlos oder gar opportunistisch aufzutreten scheinen. Sie akzeptieren die grundlegende Prämisse der gegenwärtigen Ordnung – des demokratischen Staates –, lamentieren dann aber ständig gegen ihre antiliberalen Ergebnisse.

Der Liberalismus muss seine Fehler beheben

Wenn der Liberalismus eine Zukunft haben soll, muss er seinen fundamentalen Fehler korrigieren. Liberale müssen erkennen, dass kein Staat vertragsmässig gerechtfertigt werden kann, dass jeder Staat zerstört, was sie erhalten wollen und dass Schutz und Sicherheitsproduktion rechtmässig und

---

ausgedehnt werden, in dem der Staat nur noch Güter und Dienstleistungen anbietet, jedoch sämtliche davon.» (*The Ethics of Liberty*, S. 182)

[22] Siehe Lionel Robbins, *The Nature and Significance of Economic Science* (New York: New York Universtiy Press, 1984); Murray N. Rothbard, «Toward a Reconstruction of Utility and Welfare Economics», in ders., *The Logic of Action One* (Cheltenham, U.K.: Edward Elgar, 1997).

effektiv nur in einem System konkurrierender Sicherheitsanbieter vorgenommen werden kann. Das bedeutet, dass sich der
Liberalismus in eine Theorie eines Privateigentums-Anarchis-
mus (oder einer Privatrechtsgesellschaft) verwandeln muss,
wie erstmals vor einhundertfünfzig Jahren von Gustave de
Molinari skizziert und in neuerer Zeit von Murray N. Rothbard
vollständig ausgearbeitet wurde.[23]

Solch eine theoretische Verwandlung würde sich un-
mittelbar auf zweifache Weise auswirken. Zum einen würde
sie zu einer Reinigung der gegenwärtigen liberalen Bewegung
führen. Sozialdemokraten in liberalem Gewand und viele
hochrangige liberale Regierungsfunktionäre würden sich
schnell von dieser neuen liberalen Bewegung distanzieren.

Zum anderen würde die Verwandlung zu einer grösseren Entschlossenheit der liberalen Bewegung führen. Für
jene Mitglieder der Bewegung, die noch an der klassischen
Vorstellung der universellen Menschenrechte festhalten und
an der Idee, dass Selbsteigentum und Privateigentumsrechte
jeglichem Staat und jeglicher Gesetzgebung vorangehen, ist
der Übergang vom etatistischen Liberalismus zur Privatrechtsgesellschaft nur ein kleiner intellektueller Schritt, besonders im
Lichte des offensichtlichen Versagens der demokratischen
Staaten, die einzige Dienstleistung anzubieten, die sie jemals
anbieten sollte: nämlich die des Schutzes. Eine Privatrechtsgesellschaft ist lediglich eine konsequente Form des Liberalismus; Liberalismus bis zur letzten Schlussfolgerung durch-
dacht, oder zu seiner ursprünglichen Intention wiederherge-

---

[23] Zu Gustave de Molinari siehe sein *The Production of Security* (New York: Cen-
ter for Libertarian Studies, 1977); David M. Hart, «Gustave de Molinari and the
Anti-Statist Liberal Tradition», Teile I, II und III, *Journal of Libertarian Studies* 5,
no. 3 (1981), 5, no.4 (1981) und 6, no. 1 (1982); Über Murray N. Rothbard siehe
neben der oben zitierten Werke sein *Man, Economy , and State*, 2 Bde. (Auburn,
Ala.: Ludwig von Mises Institute, 1993).

stellter Liberalismus. Dieser kleine theoretische Schritt hat jedoch gewaltige Auswirkungen.

Indem sie diesen Schritt vornehmen, würden Liberale
ihre Verbundenheit mit dem gegenwärtigen System aufkündi-
gen, demokratische Staaten als illegitim verurteilen und ihr
Recht auf Selbstverteidigung zurückbeanspruchen. Politisch
würden sie mit diesem Schritt an den frühesten Anfang des Liberalismus zurückkehren. Indem er die Rechtsgültigkeit aller
Erbprivilegien ablehnte, steht der klassische Liberalismus in
fundamentaler Opposition zu *allen* etablierten Staaten.

Es ist bezeichnend, dass der grösste politische Triumph des Liberalismus – die Amerikanische Revolution – das
Ergebnis eines Sezessionskrieges war.[24] Und in der Unabhängigkeitserklärung erklärte Jefferson, die Handlungen der amerikanischen Kolonisten rechtfertigend, dass «unter Menschen
Regierungen eingesetzt werden, die ihre gerechte Macht aus
der Zustimmung der Regierten ableiten», um das Recht auf
«Leben, Freiheit, und das Streben nach Glück» zu sichern; und
wann immer eine Regierungsform diese Ziele zerstört, ist es
das Recht der Menschen sei, sie zu verändern oder abzuschaffen und eine neue Regierung einzusetzen, ihr Fundament auf
solche Prinzipien legend und ihre Macht solcherart organisie-
rend, als dass sie am ehesten ihre Sicherheit und ihr Glück zu
bewirken scheint.

Privateigentumsanarchisten würden insofern lediglich
das klassisch-liberale Recht zurückbeanspruchen, «solch eine
Regierung abzuwerfen, und für neuen Schutz für ihre zukünftige Sicherheit zu sorgen».

---

[24] Über die radikal-liberalen ideologischen Quellen der Amerikanischen Revolution siehe Bernhard Bailyn, *The Ideological Origins of the American Revolution* (Cambridge, Mass.: Harvard University Press, 1967); Murray N. Rothbard, *Conceived in Liberty*, 4 Bde. (New Rochelle, N.Y.: Arlington House, 1975-
1979).

Natürlich, in sich selbst hätte die grössere Entschlossenheit der liberalen Bewegung eine geringfügige Folgewirkung. Stattdessen ist es die inspirierende Vision einer fundamentalen Alternative zum gegenwärtigen System, welche die zerstörerische sozialdemokratische Maschinerie stoppen wird.

Anstatt supranationaler politischer Integration mit einem Weltstaat und einer Weltregierung (ob demokratisch oder nicht spielt keine Rolle) schlagen konsequente Liberale die Zerlegung des Nationalstaates in seine heterogenen Bestandteile vor. Wie ihre klassischen Vorgänger, streben die konsequenten Liberalen nicht nach irgendeiner Regierungsübernahme. Sie ignorieren den Staat. Sie wollen nur vom Staat in Ruhe gelassen werden, von seiner Gesetzgebung sezessieren und ihren eigenen Schutz organisieren.

Ungleich ihrer Vorgänger jedoch, die lediglich einen grösseren Staat durch einen kleineren ersetzen wollten, folgen die neuen Liberalen der Sezessionslogik bis zu ihrem Ende. Sie schlagen eine unbegrenzte Sezession vor, d. h. die unbeschränkte Vermehrung unabhängiger, freier Territorien, bis die Reichweite der staatlichen Gesetzgebung schliesslich verkümmert.[26] Zu diesem Zweck – und in vollständigem Gegensatz zu den etatistischen Projekten der «europäischen Integration» und einer «globalen Mindeststeuer» – fördern sie die Vision einer Welt aus zehntausenden freier Länder, Regionen, Kantonen, von hunderttausenden freier Städte – so wie die gegenwärtigen Kuriositäten Monaco, Andorra, San Marino, Liechtenstein, (das frühere) Hong Kong und Singapur – und noch zahlreichere freie Bezirke und Nachbarschaften, wirtschaftlich integriert durch freien Handel (je kleiner das Territorium, desto grösser der wirtschaftliche Druck, sich für den freien Handel zu entscheiden!) und einem internationalen Gold-Warengeld-Standard.

Ob und wann immer diese alternative liberale Vision in der öffentlichen Meinung den Vorrang erringt, sei einmal dahingestellt. Klar ist jedenfalls, dass dies einer liberalen Renaissance enormen Auftrieb geben würde.[25]

[25] Bei diesem Beitrag handelt es sich um einen aktualisierten und überarbeiteten Beitrag aus dem Buch von Hans-Hermann Hoppe (2003). *Demokratie: Der Gott, der keiner ist*. Edition Sonderwege bei Manuscriptum.

Natürliches Recht auf Austritt aus dem Staat

David Dürr

Entstaatlichung, so der Gegenstand dieses Beitrags, bedeutet nicht unbedingt, den real bestehenden Staat, etwa in der Schweiz die «Schweizerische Eidgenossenschaft» aufzulösen und abzuwickeln. Es wäre auch möglich, diese Organisation zu belassen, aber sie ihrer staatstypischen Unrechtmässigkeiten zu entledigen.

Ja, das gibt es, staatstypische Unrechtmässigkeiten. Das tönt zwar ungewohnt, wird der Staat doch gemeinhin mit Recht konnotiert, etwa in seiner Funktion als Gesetzgeber, Richter und monopolisierter Rechtsdurchsetzer oder mit seinen Maximen der Rechtsstaatlichkeit. Das Problem ist nur, dass all diese so hehr daherkommenden Staatsfunktionen und -eigenheiten an einem fundamentalen Rechtsdefekt leiden: Sie drängen sich auch denen auf, die sie nicht wollen; ihre Verbindlichkeit beruht nicht auf Freiwilligkeit der Rechtsadressaten, sondern auf einseitig auferlegtem Zwang.

Dieses grundsätzliche Rechtsdefizit liesse sich mit einer einfachen, unspektakulären, überhaupt nicht aggressiven und eigentlich völlig unbestreitbaren Massnahme beseitigen: Der Staat, z.B. die erwähnte «Schweizerische Eidgenossenschaft», könnte bestehen bleiben, die Leute, die sich bei ihr wohl fühlen und Mitglied bleiben wollen, sollen daran nicht gehindert werden. Ändern würde sich einzig, dass die Mitgliedschaft freiwillig wird. Dagegen sollte eigentlich niemand etwas einwenden können; so wenig wie Kirchen und ihre Glaubensanhänger ein Recht haben, Ungläubige gegen ihren Willen zur Mitgliedschaft zu zwingen.

Entterritorialisierung des Staates

Man kann diesen Ansatz auch «Entterritorialisierung des Staates» nennen: Denn nach konventionellem Verständnis gehört es wesentlich zu einem Staat, nebst seiner Machtorganisation und seinem Staatsvolk auch ein Staatsterritorium zu haben. Man kann dies historisch auf Gebiets-Zuordnungen zurückführen, wie sie typischerweise nach Kriegen stattfinden, prominent etwa mit dem westfälischen Frieden von 1648, dem Wiener Kongress von 1815 oder dem Versailles Vertrag von 1919. Diese international-*politischen* Entwicklungen finden auch Niederschlag in *rechtlichen* Theorien wie namentlich der Drei-Elemente-Lehre des deutschen Staatsrechtlers Georg Jellinek aus dem Jahr 1900,[1] die den Staat aus einer Verknüpfung von Staatsmacht, Staatsvolk und Staatsterritorium definiert. Diese Lehre hat sich schon bald als eine staatsrechtlich vorherrschende, nicht weiter zu hinterfragende Staatsdefinition entwickelt und bis heute gehalten. In der praktischen Auswirkung geht sie dahin, dass jeder, der seinen Fuss auf ein Staatsterritorium setzt, dessen Normen zwingend untersteht; das heisst seine Gesetze befolgen, sich seiner Gerichtsbarkeit unterwerfen und seine Steuern bezahlen muss.

Im Gegensatz dazu würde eine entterritorialisierte Staats-Verbindlichkeit nicht bereits mit dem Betreten des Territoriums, sondern erst mit der Unterzeichnung einer Beitrittserklärung eintreten; dies wiederum vergleichbar mit dem Beitritt zu einer Kirche. Auch bei einer Kirche wird man nicht automatisch Mitglied, nur weil man sich in einem Quartier aufhält, in dem etwa besonders viele Mitglieder einer bestimmten Kirche wohnen, sondern erst dann, wenn man – freiwillig – beitritt.

Es mag zwar sein, dass man sich als Nichtmitglied in einem solchen Quartier nicht besonders heimisch oder will-

---

[1] Georg Jellinek, Allgemeine Staatslehre, Berlin 1900, 3. Auflage 1914, S. 394 ff.

kommen fühlt und dass eben dies einen motiviert, der betreffenden Kirche beizutreten; zunächst vielleicht probehalber, um je nach dem auch wieder auszutreten. Vielleicht würde man auch in eine andere Gegend ziehen, in der eine bestimmte Kirchenmitgliedschaft nicht so wichtig ist. Was aber sicher nicht anginge, wäre, aufgrund des Wohnorts *automatisch* Mitglied der betreffenden Kirche zu werden; und ebenso wenig, dass man, um der Mitgliedschaft zu entgehen, zwingend das Territorium verlassen müsste. Es geht also – um nun wieder auf den Staat zu kommen – nicht um die schon heute bestehende Möglichkeit, einer Staatsunterordnung dadurch zu entgehen, dass man in ein anderes Territorium auswandert. Der in solchen Zusammenhängen bisweilen gehörte Spruch «Wenn es dir hier nicht passt, kannst du ja gehen» gilt also nicht.

Individuelle und gemeinsame Selbsthilfe

Die Regel, als Individuum einer überindividuellen Gruppe nicht beitreten zu müssen beziehungsweise aus ihr austreten zu dürfen, gehört als negative Vereinigungsfreiheit zum klassischen Kanon liberaler Grundrechte; gleich wie die etwas besser bekannte positive Vereinigungsfreiheit, nämlich das Recht, einer Gruppierung der eigenen Wahl beitreten zu dürfen, beziehungsweise nicht aus ihr austreten zu müssen.[2] Der liberale Grundrechts-Kanon ist nicht theoretisch hergeleitet, sondern Ausdruck von Gesetzmässigkeiten des sozialen Verhaltens, die sich im Lauf der kulturellen und zivilisatorischen Evolution des Menschen bewährt haben. Sie begleiten den Menschen schon seit Jahrmillionen und gehen in ihrem Kern dahin, dass die Entscheidungs-, Handlungs- und damit auch Verantwortungszuständigkeit in letzter Instanz bei jedem Einzelnen liegt.

---

[2] Die Schweizerischen Bundesverfassung beispielsweise garantiert die positive und negative Vereinigungsfreiheit in Art. 23, den Sonderfall der gewerkschaftlichen Koalitionsfreiheit in Art. 28.

Nicht zufällig erfährt diese Selbstzuständigkeits-Prägung im Zusammenhang mit den revolutionären Umbrüchen des 18. und 19. Jahrhunderts einen Schub. Das «ancien régime» ist weg, ein «nouveau régime» noch nicht gefunden. Da erinnert man sich an die Grundzuständigkeit eines jeden Einzelnen und artikuliert entsprechende Freiheitsrechte.[3] Und dort, wo es sich aus praktischen Gründen empfiehlt, konkrete Bedürfnisse nicht allein, sondern gruppenweise anzugehen, geschieht auch dies nach dem Prinzip der Selbsthilfe, zwar nicht einer individuellen, sondern einer gemeinsamen Selbsthilfe.

Das zeigt sich in der im 19. Jahrhundert aufkommenden Genossenschaft als bewusst organisierter gemeinsamer Selbsthilfe. Das sind dann Einkaufs-, Landwirtschafts-, Handwerker-, Konsum-, Versicherungs- oder Wohngenossenschaften, bis hin zu Kreditgenossenschaften, in denen die Mitglieder Spargelder zusammenlegen, um sie sicher zu verwahren oder an besonders kreditwürdige Mitglieder auszuleihen. Ausgehend von England entwickelt sich eine in ganz Europa und schon bald auch in den USA starke Genossenschaftsbewegung, die – aus heutiger Sicht zurückblickend – das Zeug dazu gehabt hätte, so etwas wie die Grundstruktur des «nouveau régime» zu werden.

«Bottom up» versus «Top down»

Bisweilen haben Genossenschaften mit ihrem überindividuellen Selbsthilfeansatz eine sozialistische Orientierung. Dem gleichzeitig aufkommenden Kommunismus sind sie aber trotzdem verdächtig bis gar verhasst: Marx und Engels kritisieren

---

[3] Prominent etwa die amerikanische Unabhängigkeitserklärung von 1776, die Freiheitsrechte gegenüber dem Staat nicht neu einführt, sondern als altbewährte Wahrheiten gleichsam «reaktiviert».

sie als «Bourgeois-Sozialisten»,[4] weil sie nicht die Gesellschaft in ein einziges Gesamtkollektiv verwandeln wollen, sondern sich auf dem Boden der sozialen und wirtschaftlichen Realitäten bewegen.[5] Während kommunistische Ansätze den im alten Regime vorherrschenden «top down»-Ansatz im Ergebnis weiterführen, setzt die Genossenschaftsbewegung freiheitlich «bottom up» an; und nicht etatistisch zentral, sondern vielfältig dezentral. Wo sich grossräumige Problemstellungen auftun, erstreben sie nicht die Grossgenossenschaft, sondern den föderalistischen Genossenschaftsverband.

Und was sie vom marxistisch-etatistischen Ansatz am stärksten unterscheidet: Die Mitgliedschaft ist freiwillig. Die in der Genossenschaftsbewegung verbreiteten Organisationsprinzipien sehen regelmässig vor, dass der Austritt einem Mitglied nicht übermässig erschwert werden darf; gewisse Kündigungsfristen darf man ihm zwar zumuten, doch bloss in einem moderaten Ausmass von beispielsweise einem Jahr. Und auch dies stammt nicht aus theoretischer Herleitung, sondern rein aus praktischer Bewährung. Das ist so etwas wie natürliches Recht, Recht, das keinen Gesetzgeber braucht, um da zu sein; das sind Gesetze, die schon da sind, wie die Schwerkraft oder andere Naturgesetze auch.

Der Sündenfall von 1848

Nicht zufällig nennt sich der in der Schweiz damals ausgerufene Nationalstaat «Genossenschaft». Das passt nicht nur zu alten landwirtschaftlichen Genossenschaftstraditionen schwei-

---

[4] Manifest der kommunistischen Partei, verfasst von Karl Marx und Friedrich Engels, erstmals erschienen 1848, daselbst Ziff. III. / 2. unter «Der konservative oder Bourgeoissozialismus».
[5] Dies wird sehr sorgfältig vom linken, aber nicht marxistischen Religionsphilosophen Buber rund 100 Jahre später aufgenommen und in die seither vielfach umgesetzten Genossenschaftsbewegungen eingeordnet, Martin Buber, Pfade in Utopia, Heidelberg 1950.

zerischer Orte, und auch nicht nur zur eben erwähnten damals
aktuellen Genossenschaftsbewegung, sondern vor allem auch
zum «Marketing» dieses neuen bundesstaatlichen Gebildes. Es
gilt, basisdemokratische «bottom up»-Atmosphäre auszudrücken, liberal, radikal, ja revolutionär zu sein; gerade anders als
was gleichzeitig in Deutschland oder Frankreich mit reaktionä-
ren Wiederherstellungsversuchen des «ancien régime» passiert. In der Schweiz sollen sich das Volk und die einzelnen
Orte zu einer Organisation der allgemeinen Selbsthilfe zusam-
menschliessen, zu einer Genossenschaft eben, zur «Schweizerischen Eidgenossenschaft».

Allerdings ist dieses Marketing das, was man heute
«fake» nennt. Die Gründung dieser «Genossenschaft» ist so
ziemlich das Gegenteil einer «bottom up» entstehenden Selbst-
hilfebewegung. In Tat und Wahrheit ist diese Staatsgründung
von 1848, die heute als Geburt der modernen, freiheitlichen
und demokratischen Schweiz gefeiert wird, ein völkerrechts-
widriger Staatsstreich von oben. Sie ist ein Gewaltakt der refor-
mierten, «liberalen» Siegerkantone des Sonderbundskriegs, die
den militärisch besiegten katholischen, «konservativen» Kantonen den neuen Bundesstaat mit einem Mehrheitsentscheid
aufzwingen. Nach Völkerrecht wäre Einstimmigkeit nötig, entsprechend der erwähnten negativen Vereinigungsfreiheit: Keiner, der nicht will, darf zur Mitgliedschaft bei einer überindividuellen Gruppierung gezwungen werden.[6] Die gleiche natürliche Verhaltensregel, die sich innerhalb eines nationalen
oder örtlichen Kontextes bewährt, ist auch auf internationaler
Ebene zu respektieren.

Diese Parallelität zwischen Völkerrecht und dem erwähnten natürlichen Recht ist kein Zufall. Beide kommen
grundsätzlich ohne Rechtssetzungs-, Justiz- und Durchset-
zungsmonopol aus. Beide verzichten auf die Anrufung Levia-

---

[6] Alfred Kölz, Neuere schweizerische Verfassungsgeschichte: Ihre Grundlinien
vom Ende der Alten Eidgenossenschaft bis 1848, S. 611.

thans, der ja doch nur an sich selbst denkt. Beide lösen ihre Differenzen auf Augenhöhe, in einer horizontalen Konfliktlösungsstruktur, und lassen sich nicht von oben herab in den Senkel stellen. Mit anderen Worten, sowohl das Völkerrecht wie auch das natürliche Verhaltensrecht sind anarchistisch, sie kommen ohne «Arche» aus, das heisst ohne monopolisierte Letztinstanz; dies im Gegensatz zum «Recht», das von staatlichen Gesetzgebern angeordnet, von staatlichen Gerichten angewendet und von staatlichen Organen durchgesetzt wird.

Das heisst, die Gründung der Schweizerischen Eidgenossenschaft steht nicht nur im Widerspruch zum – übrigens schon damals anerkannten – Völkerrecht, sondern auch zu den natürlichen Gesetzmässigkeiten des menschlichen Verhaltens.

Das Austrittsrechtsrecht der Genossenschafter

Und so erstaunt es nicht, dass diese sogenannte «Eidgenossenschaft» auch sonst ein eher verspannten Verhältnis zu natürlichem Recht und insbesondere zur negativen Vereinigungsfreiheit hat und – wie eingangs schon erwähnt – jeden, der den Fuss auf ihr Territorium setzt, zwingend seinem Herrschaftsbereich unterstellt.

Dabei ist sie zynisch genug, das jederzeitige Austrittsrecht für private Genossenschaften im nationalen Privatrechtsgesetzbuch, konkret im Obligationenrecht (OR), ausdrücklich festzuschreiben. Die betreffenden Artikel lauten wie folgt:[7]

Art. 842 OR

Solange die Auflösung der Genossenschaft nicht beschlossen ist, steht jedem Genossenschafter der Austritt frei.

---

[7] Die Artikel finden sich im Obligationenrecht als einem Teil des Gesamtzivilrechtskodex ZGB, wo sie nebst anderen Gesellschaftsformen wie der AG und der GmbH stehen.

Die Statuten können vorschreiben, dass der Austretende zur Bezahlung einer angemessenen Auslösungssumme verpflichtet ist, wenn nach den Umständen durch den Austritt der Genossenschaft ein erheblicher Schaden erwächst oder deren Fortbestand gefährdet wird.

Ein dauerndes Verbot oder eine übermässige Erschwerung des Austrittes durch die Statuten oder durch Vertrag sind ungültig.

Art. 843

Der Austritt kann durch die Statuten oder durch Vertrag auf höchstens fünf Jahre ausgeschlossen werden.

Auch während dieser Frist kann aus wichtigen Gründen der Austritt erklärt werden. Die Pflicht zur Bezahlung einer angemessenen Auslösungssumme unter den für den freien Austritt vorgesehenen Voraussetzungen bleibt vorbehalten.

Art. 844

Der Austritt kann nur auf Schluss des Geschäftsjahres und unter Beobachtung einer einjährigen Kündigungsfrist stattfinden.

Den Statuten bleibt vorbehalten, eine kürzere Kündigungsfrist vorzuschreiben und den Austritt auch im Laufe des Geschäftsjahres zu gestatten.

Wollte man diese Bestimmungen nun auf die Schweizerische Eidgenossenschaft anwenden, käme seitens der offiziellen Rechtswissenschaft sogleich der Einwand, das Obligationenrecht sei ein privatrechtlicher Erlass, während die Schweizerische Eidgenossenschaft eine öffentlich-rechtliche juristische Person sei, deren Struktur und Handlungsweise nach öffentlichem Recht geregelt sei; zwischen Privatrecht und öffentlichem Recht sei strikt zu unterscheiden. Das lerne man doch an den staatlichen Rechtsfakultäten in der ersten Lektion.

Öffentliches Recht versus Privatrecht

Damit verrät sich die offizielle staatliche Rechtsordnung gleich mit einem weiteren Regelverstoss, und zwar gegen den wichtigsten Rechtsgrundsatz überhaupt, nämlich denjenigen der Rechtsgleichheit. Nach diesem Grundsatz sind alle vor dem Gesetz gleich, grosse wie kleine, starke wie schwache, der Staat wie die Bürger. Dass der Staat aber nicht dem gleichen Recht untersteht wie der einzelne Bürger, dass er ein eigens auf ihn zugeschnittenes, sogenanntes «öffentliches» Recht geniesst, das ihm im Vergleich zum «Privatrecht» der Bürger bemerkenswerte Privilegien einräumt,[8] ist ein ausgesprochen gravierender Rechtsverstoss. Denn Rechtsgleichheit ist nicht einfach eine Norm neben anderen wie zum Beispiel dem Tötungs-, dem Vertragsverletzungs- oder dem Schädigungsverbot, sondern der zentrale Kern von Recht überhaupt. Nur wenn eine Norm für alle gilt, kann sie Recht sein. Nur wenn alle der Schwerkraft unterworfen sind, nur wenn es auch den König, nicht nur den Bettler beim Stolpern zu Boden zieht, lässt sich bei der Schwerkraft von einem Naturgesetz sprechen.

Und genau gleich bei den natürlichen Gesetzen des Sozialverhaltens: Nur wenn sie sich widerspruchsfrei auf alle Gesellschaftsmitglieder anwenden lassen, sind es wahre Gesetze. Ein Beispiel ist der erwähnte, in Jahrmillionen evolutionär entwickelte Grundsatz, dass die Zuständigkeit für alles Tun oder Lassen eines Menschen bei dessen eigenem und nicht bei einem fremden Willen liegt. Diese Regel lässt sich widerspruchsfrei auf sämtliche Gesellschaftsmitglieder anwenden: Man kann sich mit dieser Regel dagegen wehren, einer Genossenschaft unfreiwillig beitreten zu müssen, ohne mit dieser

---

[8] Beispiele solcher Privilegien sind etwa das Besteuerungsrecht, das heisst das Erheben einer «voraussetzungslos geschuldeten» Abgabe; würde ein Privater das Gleiche tun, wäre es strafbarer Diebstahl; oder das Recht, Streitfälle gegen den Staat vor einem staatlich angestellten Richter auszutragen, was im privaten Prozessrecht wegen Befangenheit unmöglich wäre.

Abwehr seinen Willen einem anderen für dessen eigenes Tun aufzuzwingen. Sollte aber jemand das Recht haben, einen anderen zum unfreiwilligen Genossenschaftsbeitritt zu zwingen, so müsste der andere auch das Recht haben, den ihn Zwingenden zu zwingen, von seinem Zwingen abzulassen. Diese innere Widersprüchlichkeit zeigt, dass ein solcher Beitrittszwang kein wahres Gesetz sein kann. Wird es gleichwohl erzwungen, ist dies nicht Durchsetzung von Recht, sondern von schierer Macht.

Natürliches Recht versus staatliche Macht

Das ist eine heikle Ausgangslage: Von Rechts wegen müsste sich eigentlich das natürliche Recht und damit das genossenschaftliche Austrittsrecht durchsetzen, die Machtverhältnisse sprechen aber für eine unkündbare Zwangsmitgliedschaft. Wer gewinnt, das Recht oder die Macht? Auf lange Frist wird das Recht der natürlichen Verhaltensgesetzmässigkeiten obsiegen. Das ist gleich wie bei anderen Naturgesetzmässigkeiten, etwa bei einer Brückenkonstruktion, die Gesetzmässigkeiten der Statik nicht beachtet, gleichwohl viele Jahrzehnte hält, aber schliesslich – vielleicht anlässlich einer geringfügigen Materialermüdung – zusammenbricht. Naturgesetzmässigkeiten lassen sich vorübergehend unterdrücken, langfristig umgehen aber nicht. Und so mag sich Macht eine Weile behaupten, letztendlich durchsetzen aber wird sich das Recht.

Unterschiedlich ist auch die Wirkungsweise dieser beiden konkurrierenden Kräfte: Macht braucht, um den Naturgesetzen auszuweichen, Hilfsinstrumente, seien es physische Durchsetzungsstrukturen wie Polizeikräfte, Gefängnisse etc., seien es Bestechungen in Form finanzieller und anderer Vorteile, oder seien es wirkungsvolle Marketingstrategien wie etwa die durchsichtigen Narrative von Demokratie und

Rechtsstaat.[9] Demgegenüber wirkt Recht nicht mit Hilfsmitteln, sondern aus sich selbst. So wie die Gesetze der Statik auf eine Brückenkonstruktion einzig dadurch wirken, dass es sie gibt, so auch die Gesetze des Verhaltens auf eine soziale Struktur. Sie wirken dadurch, dass ihre Verletzung Reaktionen der betroffenen Opfer auslöst in Form von Irritation, Empörung, Einwand, Anklage, Abwehr, Aufruf zu gemeinsamem Widerstand etc. All dies wirkt sich dann auf die unrechtmässige soziale Struktur in der Art aus, wie Materialermüdung, Reibung, Vibration, Schwingung etc. eine fehlkonstruierte Brücke mit der Zeit einbrechen lassen.

Behebung des Konstruktionsfehlers

Es sei denn, man behebe noch rechtzeitig den Konstruktionsfehler; etwa mit einer solideren Abstützung eines zu weiten Brückenbogens; beziehungsweise indem man die Genossenschaft nur noch auf freiwillige, nicht mehr auf erzwungene und damit instabile Mitglieder abstützt. Die Brücke ist dann zwar nicht mehr so elegant, doch bricht sie nicht zusammen; die Genossenschaft wird dann zwar kleiner, aber dafür bleibt sie langfristig stabil.

Der Ingenieur stellt sich vielleicht quer; er will nicht zugeben, dass er Gesetze übersehen oder – noch schlimmer – bewusst gegenüber der Eleganz des Bauwerks hintangestellt hat; vielleicht fürchtet er auch Verantwortlichkeitsansprüche. Und ebenso werden sich die Exponenten der staatlichen Eidgenossenschaft gegen den Einwand der Fehlkonstruktion wehren. Auch sie werden nicht zugeben wollen, dass sie das fundamentale Naturgesetz der Selbstzuständigkeit des einzelnen Menschen übersehen haben oder – noch schlimmer – den Fehler zwar erkannt, aber bewusst gegenüber der Imposanz der

---

[9] Dazu Näheres David Dürr, Staatliches Unrecht – natürliches Recht, in: K. Mathys / L. Langensand, (Hrsg.), Anarchie als herrschaftslose Ordnung? S. 351 ff., 355 ff. zum Narrativ des Rechtsstaats, 360 ff., zum Narrativ Demokratie.

Grossgenossenschaft und ihrer eigenen Macht hintangestellt haben. Jedenfalls ist auch seitens dieser Polit-Ingenieure nicht mit allzu grosser Begeisterung zu rechnen, wenn man auf diesen fundamentalen Konstruktionsfehler hinweist.

Eine diplomatische Austrittserklärung

Deshalb wird es sich empfehlen, nun nicht gleich die Beseitigung dieser Zwangsstruktur zu fordern, so, wie wenn man den Ingenieur auffordern würde, die Brücke komplett abzureissen. Zielführender könnte es sein, bloss die fehlerhaften Teilbereiche anzusprechen und auch diese nicht abrupt herauszureissen, sondern zur Problembehebung etwas Zeit zu geben. Konkret also mit Bezug auf die Schweizerische Eidgenossenschaft, nicht gleich deren Auflösung und Liquidation zu verlangen, auch nicht fristlos auszutreten und sofort alle Mitgliedschaftspflichten zu verweigern, sondern ein gewisses Übergangsregime vorzuschlagen. Ein Regime, bei dem die Organisation «Schweizerische Eidgenossenschaft» als solche noch bestehen bleibt; für diejenigen, die sie wollen, ja ohnehin; aber auch für die, welche nun austreten. Aber auch sie sollen eine gewisse Zeit mit ihren Pflichten und Rechten noch dabei sein, damit sich beide Seiten auf die Zeit danach in Ruhe vorbereiten können; die Eidgenossenschaft auf eine Zukunft mit weniger Mitgliedern, die Austretenden für Bedürfnisse, die vorerst von der Eidgenossenschaft noch monopolistisch angeboten werden.

Das entsprechend flexibel formulierte Austrittsschreiben, adressiert an das Exekutivorgan der Genossenschaft, das heisst den Schweizerischen Bundesrat, könnte etwa so lauten:

Sehr geehrte Damen und Herren

Wir erklären hiermit den Austritt aus der Schweizerischen Eidgenossenschaft und damit das Ende der Pflicht, ihrer Weisungshoheit unterworfen zu sein; dies ungeachtet davon, ob wir weiterhin in der Schweiz wohnen und wirken. Was unsere jeweiligen vermögensmässigen Anteile an der

Genossenschaft anbelangt, so erklären wir die Bereitschaft, sie gegen angemessene Abgeltung an Sie zurückzugeben.

Mit dem hiermit erklärten Austritt behalten wir uns ausdrücklich vor, Ihre Dienstleistungen weiterhin zu beziehen, soweit Sie oder von Ihnen beherrschte Träger damit eine monopolistische oder monopolähnliche Stellung innehaben; so insbesondere, aber nicht ausschliesslich bei den Nationalstrassen, bei den Bundes- und anderen öffentlichen Bahnen, bei der Post, bei eidgenössischen Hochschulen, bei Teilen der Alters- und Gesundheitsvorsorge, bei der Luftüberwachung, bei der nationalen Sicherheit, bei der Ausstellung von Personalausweisen für die nationalen und internationalen Mobilitätsbedürfnisse, und einigem mehr. Soweit wir davon Gebrauch machen, entrichten wir die ausgewiesenen Zusatzkosten, die Ihnen aus unserer Benützung entstehen.

Ohne Ihren Gegenbericht bis in einem Monat gehen wir davon aus, dass Sie unseren Austritt mit den vorstehenden Bedingungen akzeptieren. Gegebenenfalls sind wir gerne bereit, die Detailmodalitäten gesprächsweise auszuhandeln; so etwa den Zeitpunkt, auf den unser Austritt wirksam werden soll. Der Einhaltung einer gewissen Kündigungsfrist wollen wir uns nicht verschliessen.

Sollten Sie unseren Austritt nicht akzeptieren, bitten wir Sie um eine schriftliche Begründung. Dabei wollen Sie beachten, dass die Berufung auf die geltende «Rechts»-Ordnung der Schweizerischen Eidgenossenschaft keine taugliche Begründung sein wird. Denn von Belang ist nicht, was diese Ihre Ordnung inhaltlich besagt, sondern weshalb sie auch für diejenigen verbindlich sein soll, die sich ihr nicht freiwillig unterwerfen. Wir sind zuversichtlich, dass Sie dazu keine schlüssigen Gründe vorzubringen haben.

Sollten Sie trotzdem unseren Austritt ablehnen, müssten wir leider prüfen, wie weit Sie für die Konsequenzen aus den uns zugemuteten Beeinträchtigungen haftbar sind. Wir denken da an die direkte Bundessteuer, die Mehrwertsteuer und andere Bundesabgaben, an wirtschaftliche Nachteile bundesrechtlicher Zwangsverzerrungen etwa durch Vorsorge- und Versicherungsobligatorien, Geld-, Post- und Infrastrukturmonopole, oder an die Vereitelung von Gewinnmöglichkeiten aufgrund bundesrechtlicher Verbote und Einschränkungen. Dabei behalten wir uns ausdrücklich vor, dies nicht nur für die Zukunft, sondern auch die Vergangenheit geltend zu machen, zumal unsere bisherige Mitgliedschaft bei Ihnen beziehungsweise unsere Unterworfenheit unter Ihre Rechtsordnung zumindest seit einiger Zeit nicht mehr auf Freiwilligkeit basiert, sondern nur noch auf Ihrer Macht. Unsere Verantwortlichkeitsansprüche werden sich nicht nur gegen die Organisation «Schweizerische Eidgenossenschaft» als solche richten, sondern auch gegen Sie und weitere Verantwortungsträger des Bundes persönlich. Auf all dies werden wir nur dann verzichten, wenn Sie unseren Austritt akzeptieren und die Begleitmodalitäten mit uns konstruktiv aushandeln.

Und noch etwas: Je nach dem, was nun kommt, wie Sie oder die von Ihnen beeinflusste Öffentlichkeit reagiert, wird uns vorerst nichts anderes übrigbleiben, als uns weiterhin mit Ihrem «Recht» konform zu verhalten, Ihre Vorschriften zu befolgen, Bundessteuern zu entrichten, Monopolstrukturen hinzunehmen etc. Zu gross könnten die Nachteile sein, die wir uns mit aktivem oder passivem Widerstand einhandeln. Jedenfalls sei schon jetzt klargestellt, dass künftiges Konformverhalten von uns nicht als Akzeptieren Ihres Regimes zu interpretieren ist, sondern als reine Unterlegenheit angesichts Ihrer Macht.

Freundliche Grüsse

Es ist kaum damit zu rechnen, dass die Schweizerische Eidgenossenschaft den Austritt sogleich akzeptiert, ja nicht einmal, dass sie sich die Mühe nimmt, die Austrittsablehnung zu begründen. Im besten Fall wird ein knappes Schreiben seitens der Bundeskanzlei eingehen mit der Mitteilung, ein Austritt sei nicht möglich.

Notfalls eine Sammelklage

Also wird schon bald das anstehen, was im Fall einer privaten Genossenschaft anstehen würde, wenn sie ihren Genossenschaftern das im OR statuierte Austrittsrecht verweigert: Das heisst, die Austrittwilligen werden gegen die Genossenschaft auf Entlassung aus der Zwangsmitgliedschaft klagen. In unserem Fall der Schweizerischen Eidgenossenschaft wird sich eine solche Klage formell zwar nicht auf das OR stützen, sondern auf die dem OR zugrunde liegenden natürlichen Verhaltensgesetzmässigkeiten, inhaltlich macht dies aber keinen Unterschied: Entlassung aus der Mitgliedschaft bei der Schweizerischen Eidgenossenschaft.

An welches Gericht sollen sich die Austrittwilligen mit ihrer Sammelklage wenden? Die staatlichen Richter werden als befangen ausscheiden, zumal sie auf der Lohnliste der beklagten Eidgenossenschaft stehen.[10] Zu denken wäre an Schieds- oder Mediationsverfahren, allenfalls auch an einen Appell an die Öffentlichkeit, so wie jener berühmte Aufruf des Romanautors Emile Zola im Jahr 1898 gegen den Justizskandal der Affäre Dreyfus in der Tageszeitung *L'Aurore* unter dem Titel «J'accuse» (Ich klage an!).[11] Oder andere Verfahren und Abläufe, wie sie sich natürlicherweise aus Konfliktsituationen ergeben und Potenzial zur deren Lösung bergen; insgesamt ein

---

[10] Siehe Fussnote 8.
[11] Der Aufruf, der mit einer grossen Zeitungsauflage eine breite Debatte auslöste, führte nicht nur zu einer Aufhebung der zu Unecht erfolgten erstinstanzlichen Verurteilung des jüdischen Offiziers Alfred Dreyfus, sondern auch dramatische Umwälzungen des politischen Systems.

weites Feld, das den Rahmen dieses Beitrags sprengen würde.[12]

Vielleicht wird die beklagte Eidgenossenschaft auf die Sammelklage mit einem interessanten Schachzug reagieren, indem sie in Analogie zu Art. 842 Abs. 1 OR die eigene Auflösung beschliesst. Damit kann sie einen drohenden Exodus zumindest vorübergehend vermeiden. Denn während des Liquidationsvorgangs sollen die Genossenschafter einander nicht im Stich lassen, sondern Aufräumarbeiten noch gemeinsam mittragen. Auch das ist eine bewährte natürliche Verhaltensregel; allemal vorausgesetzt, die Liquidatoren ziehen die Abwicklung der Schweizerischen Eidgenossenschaft zügig durch.

---

[12] Weiterführendes bei David Dürr, Recht statt Staat, in: Bernhard Pichler (Hrsg.), Perspektiven der Freiheit, Rottenburg 2021, S. 187 ff., 195 ff.

AUSBLICK

Eine Hayekianische Strategie für liberale Reformen

Jesús Huerta de Soto

Es gibt verschiedene gängige Gründe, um zu argumentieren, dass viele liberale Reformen politisch nicht durchführbar seien. So wird z. B. behauptet, dass die theoretischen Gründe zugunsten marktwirtschaftlicher Politik im Allgemeinen sehr abstrakt und schwer zu erklären seien. Es wird argumentiert, die Menschen hätten Vorbehalte gegen politischen Wandel, insbesondere dann, wenn dieser Wandel auf abstrakten Theorien beruhe und das Erreichen mittel- und langfristiger Ergebnisse zu Beginn Einschnitte erfordere, auch wenn verstanden werde, dass sie für das langfristige Ziel erforderlich seien. Das führe dazu, dass Politiker normalerweise dazu tendierten, zu ängstlich und ohne Überzeugung hinter Reformen zu stehen, die in die richtige Richtung weisen. Liberale Argumente stehen in dem Verdacht, einfacher Kritik zu viele Flanken zu bieten, insbesondere jener der sozialistischen Opposition, die in der Vergangenheit bewiesen hat, dass sie sich skrupellos demagogischer Instrumente bedient.

Diesen und anderen Argumenten scheinen die Arbeiten der *Public Choice School* ein theoretisches Fundament zu liefern. In der Tat bieten viele Analysen dieser von James M. Buchanan (1919-2013) angeführten Schule eine theoretische Erklärung für die Schwierigkeiten bei der Umsetzung angemessener Reformen. So wird z. B. über den sogenannten «Effekt der rationalen Uninformiertheit» gesprochen, demzufolge der einzelne Wähler das Ergebnis einer Wahl nur begrenzt beeinflussen kann. Das heisst, das demokratische System motiviert den Bürger bewusst oder unbewusst dazu, sich den Aufwand zu sparen und die verschiedenen komplexen Themen, die auf der politischen Ebene diskutiert werden, nicht mit der notwendigen Tiefe zu analysieren.[1]

Im Kontrast zum fehlenden Interesse der Bürger steht das sehr starke Interesse der Lobby- und Interessengruppen an Sonderbereichen, in denen sie ihre Kräfte erfolgreich mobilisieren können, um auf öffentliche Stellen Druck und Einfluss auszuüben und auf Kosten der schweigenden Mehrheit, für die niemand eintritt, Privilegien zu erhalten.

Desgleichen gibt es Theorien zur Kurzsichtigkeit staatlicher Politik, die auf das vorrangige Interesse der Politiker am Machterhalt zurückgeführt wird, was wiederum erkläre, dass ihre Entscheidungen vor dem Hintergrund einer kurzfristigen Zukunft (die nächsten Wahlen) getroffen würden. Es sei daher fast unvermeidbar, dass der langfristige Wohlstand der Gesellschaft dem Erhalt kurzfristiger politischer Vorteile geopfert werde.

Schliesslich konnte gezeigt werden, dass die Verwaltung dazu tendiert, ihre Kompetenzen ständig auszuweiten; immer auf der Suche nach Rechtfertigungen für ihre Existenznotwendigkeit und ihr Wachstum. Behörden hängen nicht von einer Gewinn- und Verlustrechnung ab und sind auch nicht gezwungen, ihre Dienstleistung wie ein privates Unternehmen auf dem Marktplatz zu behaupten. Die Existenz der Bürokratie wird durch den Staatshaushalt finanziert und durch ausreichende politische Unterstützung durch Interessengruppen garantiert.

Es gibt ein erhebliches Risiko, dass die Analysen der *Public Choice School* einen Nihilismus unter denjenigen hervor-

---

[1] Mit anderen Worten, demokratische Systeme generieren, in neoklassischer Terminologie gesprochen, ein gigantisches, unlösbares Problem der öffentlichen Güter oder Trittbrettfahrer, da jeder Wähler die hohen Kosten verantwortungsvollen Wählens internalisiert, während fast alle Vorteile seiner Handlung unter dem Rest der Mitbürger aufgeteilt werden. So ist es praktisch unmöglich, dass der individuelle Wähler die Vorteile für sich geniessen kann, die sein Handeln als informierter und verantwortungsvoller Wähler mit sich brächte.

rufen, die ihre Anstrengungen auf die Durchsetzung richtungsweisender politischer Reformen lenken wollen. Scheinbar erklärt und bekräftigt die *Public Choice*-Theorie einen Teufelskreis in der Politik, der kaum zu durchbrechen ist. Die Theorie zeigt, dass der Politiker den bereits existierenden Status der öffentlichen Meinung mehr oder weniger nur einfangen, aber nicht kurzfristig in die richtige Richtung umlenken kann. Der Kombinationseffekt aus der «rationalen Uninformiertheit» und den Aktivitäten privilegierter Interessengruppen führt zu einer Reihe frustrierender Erfahrungen, denen sich der Politiker ausgesetzt sieht, wenn er versucht, marktwirtschaftliche Reformen umzusetzen. Es ist verständlich, dass jemand leicht zweifelt und mutlos wird, wenn er zu der Schlussfolgerung kommt, das Hindernis der politischen Unmöglichkeit sei kaum oder gar nicht zu überwinden, zumal es theoretisch fundiert sei.

Historische Beispiele, die den Pessimismus widerlegen

Es gibt verschiedene historische Beispiele, die zeigen, wie man radikale Reformen selbst unter schwierigen Bedingungen umsetzen kann. Wir beziehen uns ausschliesslich auf bekannte Fälle seit dem Ende des Zweiten Weltkriegs.[2] An erster Stelle sollten wir die liberalen Reformen erwähnen, die Ludwig Erhard in der Bundesrepublik Deutschland nach dem Zweiten Weltkrieg umsetzte. Sie sind der Beweis für eine bewusste Abweichung von den interventionistischen Empfehlungen der ökonomischen Berater, die von den Siegermächten geschickt worden waren (Galbraith). Erhards liberale Reformen wurden

---

[2] Man könnte an dieser Stelle viele andere der früheren Freiheitsreformen aufzählen und sogar bis zu den gescheiterten Reformen zurückgehen, die Turgot im 18. Jahrhundert umzusetzen versuchte. Für unsere Zwecke reichen aber die erwähnten Beispiele.

1948 auf einen Streich und überraschend umgesetzt. Sie führten zu dem spektakulären «Wirtschaftswunder».[3]

Dreissig Jahre später hatte die «konservative Revolution» in den Vereinigten Staaten, die Ronald Reagan in seinen zwei Amtszeiten (1980 bis 1988) vorantrieb, ebenfalls einen grossen Einfluss. In dieser Zeit setzte Reagan eine wichtige Steuerreform durch, die den Grenzsteuersatz auf 28 Prozent reduzierte und die staatlichen Regulierungen sowie das Gewicht der Verwaltung erheblich minderte. Dies führte zu einem ökonomischen Wachstum, das in der Schaffung von mehr als zwölf Millionen Arbeitsplätzen zum Ausdruck kam.[4]

Erwähnt sei auch die konservative Revolution von Margaret Thatcher im Vereinigten Königreich, die für die Dauer von fast zwölf Jahren ein ambitioniertes Programm zur Privatisierung staatlicher Unternehmen bedeutete, das bis heute in der Welt einzigartig ist. Thatcher verkaufte Millionen von Sozialwohnungen an deren Mieter und verwandelte so eine grosse soziale Klasse in kleine Eigentümer. Sie setzte auch eine grundlegende Steuerreform durch, senkte den Spitzensatz der Einkommensteuer auf 40 Prozent und initiierte ein Programm der moralischen Erneuerung, das einen starken Einfluss auf die Volkswirtschaft ausübte, die nach dem Zweite Weltkrieg von einer jahrzehntelangen Interventionspolitik geprägt worden war; übrigens nicht nur durch sozialistische,

---

[3] Zu Erhards Reformen siehe dessen Buch: Ludwig Erhard (1957). *Wohlstand für Alle.* Düsseldorf, zusammen mit der Gesamtausgabe seine Werke: Ludwig Erhard (1992). *Deutsche Wirtschaftspolitik: Der Weg der sozialen Marktwirtschaft.* Düsseldürf/Wien. Ebenfalls aufschlussreich ist die Arbeit von Samuel Brittan und Peter Lilley (1977). *The Delusion of Income Policy.* London. Kapitel 4.
[4] Zu Reagans Reformen und deren philosophischen Grundlagen siehe Martin Anderson (1988). *Revolution.* New York/London; und Bruce Bartlett (1981). *Reaganomics.* Westpool, CT.

sondern auch durch verschiedene konservative Regierungen, die den strategischen Fehler des Pragmatismus begingen.[5]

In Anbetracht seiner grossen historischen Bedeutung müssen wir auch auf den Untergang des real existierenden Sozialismus in Osteuropa verweisen, der das Ergebnis einer Reihe von im Allgemeinen gewaltlosen Revolutionen war, die um das Jahr 1989 herum stattfanden. Diese Geschehnisse spielten sich zur grossen Verwunderung der westlichen Welt ab und überraschten auch die führenden intellektuellen und politischen Akteure.

Entgegen der oben genannten nihilistischen Versuchung zeigen diese und andere historische Beispiele, dass man selbst unter schwierigen historischen Bedingungen die Hürde der politischen Unmöglichkeit überwinden kann, die offenbar immer dann auftaucht, wenn der Versuch unternommen wird, marktwirtschaftliche Reformen auf den Weg zu bringen und in die Praxis umzusetzen. Wir werden nun die Strategien und Massnahmen untersuchen, die notwendig sind, um dasjenige zu erreichen, was heute als sehr schwierig oder politisch unmöglich erscheint, aber aus gesellschaftlicher Sicht notwendig ist.

Drei Handlungsebenen für liberale Reformen

An anderer Stelle habe ich die These vertreten, dass es für jede politische, ökonomische und gesellschaftliche Situation drei unterschiedliche Ebenen gibt: eine theoretische Ebene, eine historische Ebene und eine ethische Ebene.[6] Gemäss diesem Ansatz sollte man gesellschaftliche Phänomene von allen drei Standpunkten aus analysieren und interpretieren. Vor diesem

---

[5] Zu Bedeutung und Einfluss der Revolution durch Thatcher siehe insbesondere Thatchers eigene Bücher *The Downing Street Years* (1993) sowie *The Path to Power* (1995).
[6] Vgl. Jesús Huerta de Soto (2021). *Theorie der dynamischen Effizienz*. Berlin: Duncker & Humblot. Kapitel 3.

Hintergrund leuchtet es ein, dass jede fehlerhafte Politik aus einer Reihe von Faktoren hervorgeht, die mit jeder der drei Ebenen in Beziehung steht.

Hinter jeder schädlichen Politik stecken gravierende Fehler und Trugschlüsse, und zwar auf wissenschaftlicher bzw. *theoretischer* Ebene. Ständig werden falsche Theorien bemüht, um eine abträgliche Interventionspolitik zu rechtfertigen. Manchmal entstehen diese Theorien unabhängig oder zufällig, bevor sie anschliessend für eine Politik verwendet werden, welche die theoretischen Fehler gleich mit übernimmt. In anderen Fällen konstruiert man die fehlerhaften Theorien ad hoc, um im Nachhinein eine Politik zu rechtfertigen, über die im Vorfeld bereits entschieden wurde.[7]

Auf der *historischen* Ebene – das heisst auf der Ebene praktischer Alltagssituationen – ist einer der wichtigsten Faktoren fehlgeleiteter Politik die Intervention von Interessengruppen und privilegierten Lobbyverbänden, die von der Politik profitieren. Die Existenz bestimmter Personen oder sozialen Gruppen, die infolge eines bestimmten Politikansatzes besonders privilegiert oder bevorteilt werden, gehört zu den Konstruktionsfehlern auf der theoretischen Ebene.

Hinsichtlich der *ethischen* Ebene sollte man festhalten, dass eine schädliche Politik, die aus den Fehlern einer Theorie und der Unterstützung privilegierter Interessengruppen folgt, praktisch unvermeidbar ist, wenn die Moralprinzipien der Gesellschaft – gemeint sind die Grundregeln, die unser Verhalten bestimmen – in der Krise stecken. Anders ausgedrückt: Der

---

[7] Dies trifft z.B. auf die marxistische Theorie der Ausbeutung zu, die Karl Marx entwickelte, um seine bereits vorher feststehende revolutionäre Meinung zu rechtfertigen. Ein weiteres Beispiel ist John M. Keynes *General Theory*, die einen Grossteil ihrer Popularität der Tatsache verdankt, dass sie das theoretische Fundament und die wissenschaftliche Respektabilität zu jenem Interventionismus lieferte, den der Staat in fiskalischen, monetären und kreditären Fragen schon immer an den Tag legte; und zwar entgegen aller Prinzipien einer korrekten Wirtschaftstheorie.

einzige Schutzschild, der einer Gesellschaft bleibt, in der theoretische Fehler und privilegierte Interessengruppen auftreten, ist der Bestand an moralischen Verhaltensregeln, den sich Bürger und Verantwortliche bewahren. Fällt auch das weg, dann ist die Gesellschaft verloren und ein willfähriges Opfer für Demagogen, Interventionisten und schädliche Politiker, die immer eine irreführende theoretische Rechtfertigung und die Unterstützung einer privilegierten Lobbygruppe finden.

Dank der oben genannten Überlegungen können wir über eine passende Strategie nachdenken, damit das, was uns heute unmöglich erscheint, in Zukunft machbar ist. Anders gesagt, es geht um die Verhinderung bzw. den Austausch interventionistischer Politik gegen eine andere, die mit dem Ideal des freien Marktes leichter vereinbar ist. Wir werden daher eine Reihe von spezifischen Massnahmen und Handlungen vorschlagen, die auf den drei Ebenen (theoretisch, historisch und ethisch) unternommen werden sollten, um das zu bewältigen, was heute als ein unüberwindbares Hindernis gilt: die politische Unmöglichkeit, Reformen mit liberalem Inhalt durchzuführen.

Handlungen auf theoretischer Ebene

Im Kampf um die Freiheit spielt der reine Theoretiker eine wesentliche Rolle. Seine Rolle besteht im Kern in der radikalen Suche nach der wissenschaftlichen Wahrheit, ohne andere vorangestellte Verpflichtungen. Um den Teufelskreis der politischen Unmöglichkeit zu durchbrechen, spielt der Theoretiker auf lange Sicht die wichtigste Rolle. Es gibt keinen Zweifel daran, dass Ideen das Weltgeschehen bestimmen und der Gesellschaft auf die eine oder andere Weise ihren Stempel aufdrücken.

Nun sind vor allem in der Welt der liberalen Theorien die Fortschritte besonders gross gewesen. Heute kann man durchaus sagen, dass die liberalen Theorien einen Erdrutsch-

sieg gegen jene Theorien davongetragen haben, die zur Rechtfertigung von Sozialismus und Interventionismus herangezo-
gen werden. Es reicht, darauf zu verweisen, dass die von der
Österreichischen Schule der Nationalökonomie (Mises und
Hayek) aufgestellte These von der Unmöglichkeit des Sozialismus nach einigen Jahrzehnten der Auseinandersetzung nicht
nur durch den Untergang des real existierenden Sozialismus in
Osteuropa bewiesen wurde, sondern auch durch die scheinbar
unlösbare Krise, in die der Wohlfahrtsstaat in der gesamten
westlichen Welt geschlittert ist.[8]

Auf theoretischer Ebene besteht das wichtigste Handlungsprinzip in der Suche nach der wissenschaftlichen Wahrheit – ohne Konzessionen, die im Gegenzug kurzfristige Vorteile oder politischen Einfluss brächten. Wie Hayek sagte:

*«Ich glaube nicht, dass die Arbeit des Politikers mit der des
Gesellschaftsforschers vergleichbar ist. Mir scheint es eher
so zu sein, dass man nur dann als Politiker erfolgreich ist
oder zu einem politischen Anführer wird, wenn man keine*

---

[8] Es ist faszinierend zu lesen, wie einer der renommiertesten unter den früheren Sozialismustheoretikern, nämlich Robert L. Heilbroner, das Versagen des
Sozialismus und den Triumph der Theorie der Österreichischen Schule einräumt und Mises darin zustimmt, dass der Sozialismus die grosse Tragödie
des Jahrhunderts darstelle. Siehe dazu: Robert Heilbroner (1990). Analysis and
Vision in the History of Modern Economic Thought, in: *Journal of Economic Lit-
erature*, S. 1097 und 1010f. Siehe ebenfalls seine im *New Yorker* erschienenen
Aufsätze «The Triumph of Capitalism» (1989) und «Reflections after Commu-
nism» (1990). Eine detaillierte Analyse der Kontroverse über die Unmöglichkeit des Sozialismus findet man in Jesús Huerta de Soto (2013). *Sozialismus,
Wirtschaftsrechnung und unternehmerische Funktion*. Stuttgart. In jenem Buch erkläre ich auch, inwiefern der Fall der Berliner Mauer und das Scheitern des real
existierenden Sozialismus einen grossen Einfluss darauf haben, wie Ökonomie
betrieben wird. Bis heute herrscht in der Ökonomie das szientistische, neoklas-
sische Paradigma. Dessen Modelle und Theoriebausteine wurden oft dazu verwendet, eine interventionistische Wirtschaftspolitik zu rechtfertigen und zu argumentieren, dass der Sozialismus als System funktionieren könne. Siehe in
diesem Zusammenhang auch Joseph Stiglitz (1994). *Wither Socialism?*
Cambridge. S. xi-xii.

originelle Idee zu gesellschaftlichen Fragen vorstellt, sondern nur das ausdrückt, was die Mehrheit denkt. [...] Ich glaube, dass der Ökonom vermeiden sollte, sich einer Partei zu verschreiben, oder auch nur einer guten Sache. Das verfälscht nicht nur seine Meinung, sondern hat auch einen Preis. Seinen Einfluss bezahlt er mit seiner intellektuellen Unabhängigkeit. Zu ehrgeizig eine bestimmte Sache durchsetzen oder seine Macht über eine bestimmte Gruppe behalten zu wollen, hindert ihn bestimmt daran, unpopuläre Dinge zu sagen, die er sagen sollte. Das lässt ihn Kompromisse mit den herrschenden Ansichten eingehen, die auch dann akzeptiert werden müssen, wenn sie keiner ernsthaften Prüfung standhalten.»[9]

Kurzum, Hayek lässt uns auf der Hut sein, z. B. vor den Aktivitäten bestimmter liberaler Mitglieder der Chicagoer Schule, die Kompromisslösungen als wissenschaftliche Schlussfolgerungen ihrer Studien präsentieren. Man denke an die Geldmengenregel, die flexiblen Wechselkurse, die negative Einkommensteuer, die Schulgutscheine, die Reform der Einwanderungsgesetze und an sonstige Vorschläge, die unter Wissenschaftlern und in weiten Teilen der Bevölkerung diskutiert wurden. Derlei Positionen zu präsentieren und zu vertreten, ohne die eigentlichen theoretischen Ziele explizit darzulegen oder zu erklären, half zwar, politisch akzeptable Kompromisse zu erzielen, ging aber zu Lasten des Prestiges, das sie in ihrer Rolle als Theoretiker der Freiheit genossen.[10] Die

---

[9] Friedrich August von Hayek (1991). *The Collected Works of F.A. Hayek*. Band 3. W.W. Bartley III/Stephen Kresge (Hrsg.). London. S. 45f.; (On Being an Economist).

[10] Einst meinte ein führendes Mitglied der Mont Pèlerin Society mit Bedauern, es sei frustrierend, dass die Mitstreiter aus Chicago ihre grossen Talente damit verschwendeten, dem Staat dabei zu helfen, etwas effizienter zu erledigen, das dieser eigentlich gar nicht oder nur in sehr viel geringerem Ausmass erledigen sollte. Siehe: Edward H. Crane (Januar 1996). *A Property Rights Approach to Social Security and Immigration Reform*. Kommentar zum Aufsatz von Gary S.

Führungsrolle in der theoretischen Verteidigung marktwirtschaftlicher Prinzipien übernahm daher Schritt für Schritt die
Österreichische Schule, die in ihrer Freiheitstheorie reiner ist –
und der Suche nach kurzfristigen politischen Lösungen weitaus weniger verbunden.

Um die genannten und sonstigen Risiken zu vermeiden, eignet sich auf der theoretischen Ebene am besten eine
Doppelstrategie, wie sie William H. Hutt vorgeschlagen hat.[11]
Zunächst sollten die wesentlichen Prinzipien der marktwirtschaftlichen Theorie und deren Konsequenzen analysiert werden. Die übergeordneten Ziele, die auf lange Sicht erreicht werden sollen, müssen definiert und ihre wesentlichen theoretischen Implikationen ohne irgendeine Form vorgeschalteter
Verpflichtungen offengelegt werden. Gleichzeitig sollte eine
kurzfristige Politik entworfen werden, die uns diesen Zielen
näherbringt, und auf die Konsistenz der kurz- und langfristigen Ziele geachtet werden.

Kompromisslösungen, die in die entgegengesetzte
Richtung führen oder die Bürger über die übergeordneten
Ziele im Unklaren lassen, sollten vermieden werden. Nur diese
Strategie ermöglicht es, mittel- oder langfristig die politischen
Ziele zu erreichen, die heute noch als schwer erreichbar gelten.

Die wesentlichen Punkte der dualen Strategie, die von
allen liberalen Theoretikern weiter ausgestaltet werden sollte,
sind die folgenden:

1.   Die theoretischen Prinzipien und letztendlichen Kon-
     sequenzen, die sich ergeben, wenn man keine Konzes-

Becker «An Open Door for Immigrants?». Präsentiert beim Regionaltreffen der
Mont Pèlerin Society in Cancun, Mexiko. S. 6.

[11] William H. Hutt (1981). *Politically Impossible …?* London. Ich habe versucht,
die Prinzipien der dualen Strategie auf den Sonderbereich der Krisenanalyse
und Reform des Sozialsystems anzuwenden. Vgl. Jesús Huerta de Soto (2021).
Theorie der dynamischen Effizienz. Berlin: Duncker & Humblot. Kapitel 9.

sionen an kurzfristige politische Bedürfnisse macht, sollten erforscht werden.

2. Die oben genannte Aktivität sollte nie aufgegeben werden. Durch Bildung sollten die theoretischen Kernprinzipien und deren Implikationen an die Bürger weitergegeben werden.

3. Ohne die übergeordneten Ziele aus den Augen zu verlieren und ohne die Arbeit der Bildung aufzugeben, sollte am theoretischen Design alternativer Übergangsprozesse gearbeitet werden, die immer in die richtige Richtung weisen – ohne die theoretischen Prinzipien zu verletzen.

4. Wenn die Akzeptanz einer kurzfristigen politischen Verpflichtung unvermeidbar ist, so muss diese immer den Test bestehen, ob sie die Kernprinzipien verletzt oder nicht (die Verpflichtung darf also nie bedeuten, sich von den Zielen weiter zu entfernen). Des Weiteren wird es notwendig sein, den Bürgern zu erklären, dass es sich um ein kurzfristiges Zugeständnis aufgrund politischer Umstände handelt und nicht um ein theoretisches Prinzip, das logisch und unweigerlich aus liberalen Ideen folgte.

Auf der theoretischen Ebene können nur diejenigen Aktivitäten, die immer strikt diesen Prinzipien folgen, den liberalen Strategen vor der grössten der ihm drohenden Gefahren warnen.

Ein grosser Fehler besteht darin, politischen Pragmatismus zum Tagesgeschäft werden zu lassen. Dieser Fehler lässt Personen, die von jenen Schwierigkeiten überfordert sind, die kurzfristige politische Entscheidungen und eine angeblich undurchsetzbare Politik mit sich bringen, die eigentlichen Ziele aus den Augen verlieren. Der Pragmatismus ist das gefährlichste Laster des Liberalen und hat in der Vergangenheit grossen Schaden an der Ideenlehre angerichtet. Er führte dazu, dass politische Entscheidungen systematisch begrüsst oder übernommen wurden. Diese halfen zwar, an die Macht zu kommen oder dort zu bleiben, waren aber oft unvereinbar mit dem, was das eigentliche Ziel des Liberalen sein sollte. In Tat und Wahrheit führten sie genau in die andere Richtung. Und weil man oft nur darüber sprach, was kurzfristig politisch umsetzbar ist, und viele Wissenschaftler die eigentlichen Ziele zurückgestellt oder gar komplett vergessen hatten, kam es oft dazu, dass eine detailliertere Erforschung der theoretischen Prinzipien und der notwendige Prozess der Auseinandersetzung vernachlässigt wurden. All das bedeutete in der Vergangenheit für die marktwirtschaftliche Idee einen ständigen Verlust an Gehalt. Oft wurde sie von anderen Programmen, Interessen und Ideologien vollkommen verwässert.

Handlungen im ethischen Bereich

Bei aller Strategie, den Liberalismus im Allgemeinen und die freie Marktwirtschaft im Besonderen zu verteidigen und zu stärken, ist die Ethik ganz in Vergessenheit geraten. Der Grund für diese bedauerliche Ausblendung dürfte der Vorherrschaft des engen «szientistischen» Verständnisses in der Ökonomie geschuldet sein. Mit diesem Wissenschaftsbild hat man versucht, unsere Disziplin an eine Methodologie und wissenschaftliche Prozedur zu knüpfen, die in den Bereich der Physik und anderer Naturwissenschaften gehört.

Daher gründen die neoklassischen Modelle, die bis heute die Ökonomie dominieren, auf einem reduktionistischen Verständnis menschlicher Rationalität. Man unterstellt ein geschlossenes Umfeld, in dem alle Mittel und Ziele vorhanden sind. Mit anderen Worten, man unterstellt vollständige Informationen (die man für gewiss oder auch nur für wahrscheinlich hält). In diesem Umfeld treffe der Mensch im Rahmen seiner Beschränkungen nur nutzenmaximierende Ad-hoc-Entscheidungen. Gemäss diesem Ansatz ist es für den Menschen scheinbar nicht notwendig, sein Verhalten an irgendwelchen moralischen Richtlinien zu orientieren, weil seine richtige Entscheidung in jedem Fall allein durch das Kriterium, die bekannten Ziele zu optimieren, bestimmt wird (wobei all dies auch noch mit dem wissenschaftlichen Heiligenschein präsentiert wird, mit dem sich der mathematische Formalismus heute schmückt). Man unterstellt, dass Mittel genutzt würden, die ebenso bekannt seien wie die Ziele und sich in der Reichweite der Person befänden, welche die Entscheidung fällt. Das ist das szientistische Verständnis von Ökonomie, das die meisten Liberalen der neoklassischen Schule unermüdlich an den Tag legen.

Nichtsdestotrotz führen diese Autoren zur Verteidigung der Märkte nur utilitaristische Effizienzargumente ins Feld und überlassen das Theorienarsenal denen, die das Gegenteil propagieren: Staatsinterventionismus und Sozialismus. Wenn man erst einmal davon ausgeht, alle Informationen seien vorhanden und man könne nur einem engen Maximierungskriterium folgen, dann ist der nächste Theorienschritt fast unvermeidbar. Man glaubt dann, dass der Staat bzw. eine staatliche Planungsbehörde diesen Informationen und operationalen Kriterien mit noch grösserer Effizienz Rechnung zollen und die Gesellschaft im Allgemeinen und jeden ihrer einzelnen Bereiche durch entsprechende Befehle «angemessen» organisieren könne.[12]

Ungeachtet dieser reduktionistischen Vorstellung von Ökonomie haben Mises, Hayek und die späteren Vertreter der Österreichischen Schule gezeigt, dass es Handelnden, Wissen-

---

[12] Auf ähnliche Weise laufen viele liberale Theoretiker der Chicagoer Schule in jene Falle, die man das Paradox des liberalen Sozialingenieurs nennen könnte. Sie teilen die szientistische Arroganz der neoklassischen Sozialingenieure und geben dabei vor, mit ihrer analytischen Arbeit und den beschriebenen Mitteln jene Politik als liberal rechtfertigen zu können, die den Kernprinzipien der Freiheit oft entgegenstehen. Langfristig landen sie dann unbemerkt bei der Unterstützung des institutionellen Zwangs, der für den Interventionismus typisch ist.

schaftlern wie auch Staatsangestellten unmöglich ist, in den Besitz der Informationen zu kommen, die in neoklassischen Modellen als verfügbar angesehen werden. Der Grund für diese Unmöglichkeit liegt in der unternehmerischen Kreativität des Menschen, der ständig neue Ziele, Mittel und Gewinnmöglichkeiten entdeckt. Deshalb ist das von den neoklassischen Theoretikern bevorzugte «Rationalitätskonzept», das reduktionistisch bzw. statisch ist und die Kreativität der Menschen ausblendet, nicht zu akzeptieren.[13]

Die Unmöglichkeit, ein enges Maximierungskriterium als Exklusivorientierung für Handlungen des Menschen zu verwenden, macht es letzteren auch unmöglich, sich im Rahmen jener rechtlichen und moralischen Verhaltensregeln zu entwickeln, die sich gemäss der menschlichen Natur und im Laufe der Geschichte in einer Vielzahl von Prozessen sozialer Interaktionen entfaltet haben. Die moralischen und rechtlichen Institutionen können von Menschen nicht absichtlich geschaffen werden, da sie eine Informationsmenge beinhalten, die so reichhaltig ist, dass das menschliche Vermögen zur Voraussicht, Analyse und Erkenntnis von ihr vollkommen überfordert ist. Gleichwohl sind es genau diese rechtlichen, moralischen, ökonomischen und sprachlichen Institutionen, die für die Entwicklung des Lebens in der Gesellschaft und somit für die Zivilisation am wichtigsten sind. All diese Lehren, die Mises, Hayek und andere Theoretiker der Österreichischen Schule erarbeitet haben – hauptsächlich im Zusammenhang mit der Debatte über die theoretische Unmöglichkeit des Sozialismus –, legen uns nahe, die Marktwirtschaft und die ökonomische Freiheit nicht nur aus Gründen der «dynamischen Effizienz»[14] zu verteidigen (grössere Kreativität und Förderung

---

[13] Vgl. Jesús Huerta de Soto (2021). *Theorie der dynamischen Effizienz*. Berlin: Duncker & Humblot. Kapitel 2.

[14] Das statische Konzept der Pareto-Effizienz sollte durch ein dynamisches Konzept, das auf den kreativen Fähigkeiten der unternehmerischen Funktion basiert, ersetzt werden. Gemäss dem dynamischen Kriterium ist es am

effektiverer Koordination menschlicher Verhaltensweisen), sondern vor allem deshalb, weil – ethisch betrachtet – der Kapitalismus das einzige moralische Wirtschaftssystem ist.[15]

Wenn die Ethik im 20. und 21. Jahrhundert in die Krise geraten ist, dann wegen der Vergötterung des Verstandes, die für den übertriebenen Szientismus so typisch ist und zur Annahme verführt, jeder Mensch folge ad hoc seinen subjektiven Impulsen und solle und könne nur nutzenmaximierend und im Rahmen seiner Beschränkungen entscheiden. Diese fehlerhafte und von Hayek vehement kritisierte szientistische Konzeption der Ökonomie wurde zu einer wesentlichen Grundlage des Sozialismus, der letztlich nichts anderes ist als ein Wirtschaftssystem, in dem der Staat die Zivilgesellschaft durch Befehle steuert, ohne sich selbst dogmatischen Moralprinzipien unterwerfen zu müssen. Man geht davon aus, dass der Staat über die notwendigen Informationen verfügt, um jede

---

wichtigsten, die unternehmerische Kreativität zu unterstützen und die Produktionsmöglichkeiten-Kurve nach rechts zu verschieben (alternatives Kriterium für die dynamische Effizienz). Wir sollten uns darauf konzentrieren, Verschwendung zu vermeiden und das System irgendwo auf der besagten Funktion zu positionieren (Pareto-Kriterium). Logischerweise verwenden wir dann, wenn wir uns auf die Produktionsmöglichkeiten-Kurve berufen, nur eine Metapher, um unseren Lesern aus der neoklassischen Tradition zu ermöglichen, uns zu verstehen. Natürlich vergessen wir dabei nicht, dass diese Funktion gar nicht existiert, da diese Punkte weder gegeben sind, noch gewusst werden können.

[15] Dies schien die Meinung von Papst Johannes Paul II. gewesen zu sein, der die Frage, ob der Kapitalismus der Weg zu ökonomischem und gesellschaftlichem Fortschritt sei, wie folgt beantwortete: «Wird mit ‹Kapitalismus› ein Wirtschaftssystem bezeichnet, das die grundlegende und positive Rolle des Unternehmens, des Marktes, des Privateigentums und der daraus folgenden Verantwortung für die Produktionsmittel, der freien Kreativität des Menschen im Bereich der Wirtschaft anerkennt, ist die Antwort sicher positiv. Vielleicht wäre es passender, von ‹Unternehmenswirtschaft› oder ‹Marktwirtschaft› oder einfach ‹freier Wirtschaft› zu sprechen.» Papst Johannes Paul II. (1991). *Enzyklika Centesimus Annus.* Rom. Nummer 42.

Entscheidung auf Grundlage einer Kosten-Nutzen-Analyse fällen zu können.

Mit ihren Theorien haben Mises und Hayek nachgewiesen, dass derlei Entscheidungshandlungen unmöglich sind.[16] Auf diese Weise fiel die Führungsrolle im Feld der sozialen Kooperationen an die ethischen Prinzipien der traditionellen Moral zurück, die das Fundament der Marktwirtschaft bilden und bei Politikern, Wissenschaftlern und einem grossen Teil der Bevölkerung in Vergessenheit geraten sind. Zu diesen Prinzipien zählen das Eigentumsrecht, die friedliche Aneignung dessen, was die Frucht der eigenen unternehmerischen Kreativität ist, und die individuelle Verantwortung, verstanden als die Kostenübernahme des Handelnden. Dazu zählt auch die Beachtung der Tatsache, dass jede erzwungene «Solidarität» unmoralisch ist, weil sie durch den Zwang eben jenen ethischen Gehalt verliert, den man eigentlich bewahren sollte und allein der Freiheit und dem freien Willen zu verdanken hat. Kurzum, es geht um die Tatsache, dass die Anwendung staatlichen Zwangs zum Zwecke bestimmter Gesellschaftsziele unmoralisch ist, weil sie der menschlichen Natur und den Prinzipien der individuellen Freiheit sowie der Gleichheit vor dem Gesetz zuwiderläuft – und damit dem, worauf die wahre Herrschaft des Rechts gründet.

Die ethische und moralische Verteidigung der Marktwirtschaft ist unverzichtbar, um den politischen Erfolg liberaler Reformen sicherzustellen. Sie dürfte dem «Moralmonopol» ein Ende setzen, an dem sich die Interventionspolitiker (von links bis rechts) bisher vor allem deshalb erfreuen konnten, weil dem engen utilitaristischen Rationalismus der Neoklassischen Schule die ethischen Kriterien fehlen. Einer der wichtigsten Beiträge zur Theorie der Freiheit war der Nachweis, dass eine rein konsequentialistische Kosten-Nutzen-Analyse im

---

[16] Vgl. Jesús Huerta de Soto (2021). *Theorie der dynamischen Effizienz*. Berlin: Duncker & Humblot. Kapitel 4.

Sinne strikt utilitaristischer Effizienz alleine nicht reicht, um die Marktwirtschaft zu rechtfertigen.

Auf die Entwicklung ethischer Grundlagen für die Freiheitstheorie kann man aus folgenden Gründen nicht verzichten:

1. Die «Sozialtechnologie» und auch der Konsequenzialismus, der sich aus dem bis heute in der Wirtschaftswissenschaft vorherrschenden neoklassisch-walrasianischen Paradigma ableitete, hat versagt.

2. Die theoretische Analyse der Marktprozesse, welche die Österreichische Schule mithilfe der Theorie der unternehmerischen Funktion und der Idee der «dynamischen Effizienz» vornimmt, reicht ebenfalls alleine nicht aus, um eine Marktwirtschaft zu rechtfertigen. Das gilt vor allem, wenn man bedenkt, dass die privilegierten Interessengruppen immer versuchen werden, aus den Zwangseingriffen des Staates kurzfristig Profit zu schlagen. Ihre zeitliche Präferenz gilt immer den momentanen Subventionen, Privilegien und Vorteilsnahmen. Diese wiegen in ihrer subjektiven Wertung die Nachteile auf, die der Interventionismus, von dem sie jetzt profitieren, in der Zukunft vielleicht hat.[17]

3. Aus strategischer Sicht sind es vor allem moralische Abwägungen, die den Reformeifer der Menschen antreiben. Oft sind sie dazu bereit, grosse Opfer für etwas zu bringen, das sie moralisch für gut und gerecht halten. Es ist sehr viel schwieriger, derlei Verhalten vor dem Hintergrund eines engen Effizienzkriteriums zu erwarten, das sich ausschliesslich aus den kühlen Kalkulationen einer Kosten-Nutzen-Analyse speist, deren wissenschaftliche Aussagekraft und Grundlage obendrein auch noch sehr zweifelhaft sind.

---

[17] Siehe Murray N. Rothbard (1982). *The Ethics of Liberty*. Atlantic Highlands. S. 207f.

In Anbetracht des Gesagten sollten wir zu dem Schluss kommen, dass keine marktwirtschaftliche Reform auf lange Sicht erfolgreich sein wird, wenn ihre Protagonisten gegenüber den Mitbürgern nicht mit all ihrem Wissen und all ihrer Kraft argumentieren, die Marktwirtschaft sei nicht nur effizienter, sondern auch das einzige Wirtschaftssystem, das mit der Moral im Einklang steht. Gleichzeitig müssen sie auch argumentieren, dass der staatliche Interventionismus und die Handlungen der Interessengruppen, die ihn stützen, im Grunde genommen unmoralisch seien.

Handlungen im historischen Bereich

Die dritte und letzte Ebene, auf der gehandelt werden sollte, um den Teufelskreis der politischen Unmöglichkeit zu durchbrechen, nennen wir die historische Ebene. Wir wissen, dass politische Entscheidungen von der öffentlichen Meinung des Augenblicks und der Art, wie diese den politischen Prozess beeinflussen, abhängen.[18] Wir wissen auch, dass die öffentliche Meinung das Ergebnis einer Reihe von Ideologien, Glaubenssätzen und Prinzipien ist, die – obwohl oft falsch und in sich widersprüchlich – langsam in das soziale Netzwerk einsickern, und zwar aufgrund einer bestimmten Konstellation von ideologischen Mittelsmännern, die Hayek «second-hand dealers of ideas» nennt, also Leute, die mit Ideen aus zweiter Hand handeln. Zu diesen, die gemeinhin «Intellektuelle» genannt wer-

---

[18] «Die Vorherrschaft der öffentlichen Meinung bestimmt nicht nur die einzigartige Rolle, welche die Ökonomie im gesamten Bereich des Wissens und Denkens einnimmt, sondern auch den gesamten Prozess der menschlichen Geschichte. Das Wohlergehen einer menschlichen Gesellschaft hängt von zwei Faktoren ab: die intellektuelle Macht herausstehender Menschen, belastbare soziale und ökonomische Theorien zu erkennen, und die Fähigkeit anderer Menschen, diese Ideologien der Mehrheit verständlich zu machen.» Ludwig von Mises (1996). *Human Action: A Treatise on Economics.* New York. S. 863f.

den, gehören Schriftsteller[19], Historiker, Drehbuchautoren und natürlich Journalisten, die schon rein beruflich fremde Ideen verbreiten, weil sie die aktuellsten Nachrichten kommunizieren bzw. interpretieren.

Auf der Ebene der alltäglichen Realität ist vor allem eines nötig und dringend geboten: die öffentliche Meinung zu verändern und sie mit einer angemessenen Theorie und Moral auszustatten, die mit den liberalen Prinzipien im Einklang stehen. Um das zu erreichen, sind grosse Anstrengungen und Ausdauer notwendig, die in erster Linie darauf zielen, Intellektuelle und Zweitverwerter fremder Ideen zu unterrichten und sie für die wissenschaftliche und ethische Sache der Freiheit zu gewinnen, die bereits auf der theoretischen Ebene ausgestaltet ist. Auf diese Art kann das liberale Ideal in der Gesellschaft gären, d. h. dank der effektiven Arbeit einer «Armee» von Zweitverwertern und Intellektuellen, die in ihren Handlungen die Prinzipien der reinen Theorie der Freiheit auf das tägliche Leben anwenden.

Welche Aktivitäten im Besonderen sollten in diesem Feld ausgeführt werden? Obwohl hier keine erschöpfende Liste vorgelegt werden kann, sollen hier doch beispielhaft

---

[19] Der schädliche Einfluss etwa der Novellen von Dickens dürfen nicht unterschätzt werden, der die irrige Idee verbreitete, die industrielle Revolution habe den einfachen Menschen ernsthaft geschadet. Wie sich gezeigt hat, war genau das Gegenteil der Fall. Unglücklicherweise kommen auf jeden Schriftsteller, der die Realität im Einklang mit einer angemessenen Theorie und Moralität interpretiert, die auf liberalen Prinzipien gründet (wie etwa Ayn Rand), viele andere Autoren, die, wie Dickens, nur einen Teil der Realität reflektieren oder sogar erklären, die Kernprinzipien der kapitalistischen Wirtschaft abzulehnen. Auf diese Weise fügen sie der Zivilisation einen immensen Schaden zu und tragen direkt (wenn auch diffus) eine Verantwortung für die gossen Gesellschaftskonflikte. Vgl. Friedrich August von Hayek (1954). *Capitalism and the Historians*. Chicago. Zu Ayn Rand, Autorin der Romane *The Fountainhead* und *Atlas Shrugged*, und ihrem Einfluss auf die amerikanische klassisch-liberale Bewegung siehe Chris M. Sciabarra (1995). *Ayn Rand. The Russian Radical*. University Park, PA.

einige Aktivitäten genannt werden, die man ohne weiteres jeden Tag in Angriff nehmen kann und sollte:

1. Lehre und Weiterbildung: Sie umfassen die Organisation von universitären Seminaren und, ganz allgemein, die Unterstützung von Tagungen, Kongressen, Konferenzen und Diskussionsrunden, bei denen Intellektuelle und Zweitverwerter aus erster Hand Informationen über die Kernprinzipien und Argumente erhalten, auf denen die freie Marktwirtschaft fusst. Diese Zusammenkünfte dienen auch dazu, Erfahrungen auszutauschen und neue Erklärungsmuster für die praktische Anwendung liberaler Prinzipien vorzuschlagen.

2. Herausgabe und Verbreitung von Büchern, Aufsätzen und Studien zum liberalen Ideal: In diesem Zusammenhang sollte man erwähnen, dass einige Verlagshäuser und Institutionen einen immensen herausgeberischen Aufwand betreiben, damit die wichtigsten Klassiker der liberalen Theorie erscheinen. Es gibt ausserdem eine Vielzahl von Instituten, Unternehmen und Stiftungen etc., die in mehr oder weniger grossem Ausmass Forschungsprojekte fördern, die dazu gedacht sind, marktwirtschaftliche Prinzipien auf akute gesellschaftliche Probleme anzuwenden.

3. Medienaktivitäten, etwa die Unterstützung von Zeitschriften und Magazinen, die sich auf die Umsetzung liberaler Ideen spezialisieren: Es geht darum, angesehene Zeitungen zu haben, deren Redaktionen eine Linie verfolgen, die der freien Marktwirtschaft verpflichtet ist. Es müssen gute und nachhaltige Beziehungen zu den Profis der Massenmedien geknüpft werden, insbesondere zu denen, die liberalen Ideen offen gegenüberstehen. Schliesslich sollte man in den Medien an Einfluss gewinnen, weil sie es sind, welche die Gesellschaft täglich beeinflussen.

4. Die Schaffung und Unterstützung von Instituten und Think Tanks mit liberaler Ausrichtung: Hier geht es um den Support und die Reproduktion erfolgreich erprobter und bewährter Methoden zur Förderung marktwirtschaftlicher Institute und Stiftungen, die sich der liberalen Analyse gesellschaftlicher Probleme annehmen und dabei Stipendien und Preise für jene vergeben, die sich der Erforschung, Entwicklung und Darstellung bestimmter politischer Massnahmen zum Zwecke liberaler Reformen widmen.[20]

5. Schliesslich ist eine angemessene internationale Koordination all dieser Aktivitäten unverzichtbar. So ist z.B. der Erfahrungsaustausch mit Instituten in anderen Ländern und die gegenseitige Hilfe unter Gelehrten und Ideenverbreitern auf internationalem Parkett extrem nützlich. Im akademischen Milieu spielt die Mont Pèlerin Society, die nach dem Zweiten Weltkrieg von Hayek gegründet wurde, eine führende Rolle. Inzwischen hat sie viele liberale Intellektuelle als Mitglieder, darunter diverse Wirtschaftsnobelpreisträger.[21] Die

---

[20] Eine detaillierte Analyse der Geschichte und Bedeutung dieser Art von Institution und Stiftung während der liberalen Revolution findet man in Richard Cockett (1994). *Thinking the Unthinkable: Think Tanks in the Economic Counter-Revolution. 1931-1983.* Insbesondere S. 123f. Dort erklärt Anthony Fisher, wie wichtig Hayek für die Entscheidung war, das Institute of Economic Affairs (IEA) zu gründen: «Hayek warnte davor, Zeit damit zu verschwenden, eine politische Karriere zu verfolgen – was ich eigentlich wollte. Er erklärte seine Ansicht, dass der entscheidende Einfluss im Kampf um Ideen und Politik von Intellektuellen ausgehe, die er als Zweitverwerter von Ideen charakterisierte. Wenn ich seine Auffassung, dass bessere Ideen keine faire Chance bekämen, teilen würde, dann sollte ich mich mit anderen zusammentun und ein wissenschaftliches Forschungsinstitut einrichten, um die Intellektuellen an den Universitäten und Schulen sowie bei den Medien und Fernsehanstalten mit Studien zur Wirtschaftstheorie der Märkte und zu deren Anwendungspotential in praktischen Fragen zu versorgen.»
[21] Zur Mont Pèlerin Society siehe Ronald M. Hartwell (1995). *A History of the Mont Pèlerin Society.* Indianapolis.

von Anthony Fisher gegründete Atlas Research Foundation hat eine wichtige Rolle bei der Errichtung und Förderung von Instituten gespielt, als es in Lateinamerika, Asien und Osteuropa darum ging, den Liberalismus dort bekannt zu machen, wo noch kurz zuvor Marxismus und internationaler Sozialismus das Zepter in der Hand hielten.

Logischerweise müssen all diese Aktivitäten nach dem Prinzip der Spezialisierung und der Arbeitsteilung ausgeführt werden. Ein und dieselbe Person oder Institution sollte sich nicht darin verlieren, ihre Anstrengungen auf alle Bereiche auszudehnen. Es ist vielmehr notwendig, die unterschiedlichen Aktivitäten auf spezialisierter und professioneller Basis auszuführen. Gleichwohl gilt, dass eine adäquate Koordination und Organisation der Funktionen dazu führen, den Erfolg der einzelnen Initiativen zu verstärken. So führen Schritt für Schritt kombinierte und nachhaltige Handlungen in all diesen Bereichen dazu, dass der Bürger die Fehler des Interventionismus, dessen tiefgreifende Amoralität sowie den Egoismus der privilegierten Interessengruppen, die aus dem Mechanismus der politischen Macht kurzfristig einen Vorteil schöpfen, erkennt. Mehr noch! Sie führen auch dazu, dass die Etablierung interventionistischer Ideologien irreversibel erodiert wird und so eine Situation entsteht, in der die öffentliche Meinung langsam aber sicher Partei für Marktwirtschaft und Liberalismus ergreift, so dass diese in sozialpolitischer Hinsicht schliesslich unumgänglich und unvermeidbar werden.

Die Rolle der Politiker bei liberalen Reformen

Oft heisst es, ein guter Politiker sei derjenige, der am besten mit den Wählern klarkomme, sich also mit der existierenden öffentlichen Meinung arrangiert. Insofern sind Politiker schlicht der Schmelztiegel der Gesellschaft, aus der sie hervorkommen.

In der Tat liegt in dieser Idee eine Menge Wahrheit.[22] So haben z. B. Goldwater und Reagan bei ihren jeweiligen Kandidaturen um das Amt des US-Präsidenten sehr ähnliche marktwirtschaftliche Ideen propagiert. Trotzdem hat einer von ihnen, Goldwater, die Wahl verloren, weil die amerikanische Gesellschaft 1964 vom mythischen Kult des Wohlfahrtsstaates erfüllt war. Reagan hingegen gewann zwei Wahlen hintereinander (1980, 1984) mit absoluter Mehrheit; im Prinzip deshalb, weil sich der Schwerpunkt der öffentlichen Meinung in den Vereinigten Staaten weitgehend in Richtung der moralischen und theoretischen Prinzipien des kapitalistischen Systems verlagert hatte.

Auch wenn man zu Recht sagen kann, dass die Politiker ihre Macht und ihr Einkommen dem öffentlichen Meinungsklima verdanken, ist es sehr wichtig, auf die Intellektuellen und jene, die ihre Ideen weitertragen, besonders zu achten. Sie sind diejenigen, die am Ende jenen Wechsel in der öffentlichen Meinung sicherstellen, dem die Politiker dann folgen.

Nichtsdestotrotz birgt die These, wonach die Politiker nur das Klima der öffentlichen Meinung ausnutzen, nicht die ganze Wahrheit. Politiker haben trotz der offensichtlichen Restriktionen, die ihnen durch ihr Umfeld und die öffentliche Meinung gesetzt werden, einen grossen Handlungsspielraum – nicht nur, wenn es um das Erreichen angemessener Reformen geht, sondern auch, was die Gewinnung der öffentlichen Mei-

---

[22] «Die besten Theorien sind nutzlos, wenn sie von der öffentlichen Meinung nicht unterstützt werden. Sie können nicht funktionieren, wenn die Mehrheit der Menschen sie nicht akzeptiert. Ungeachtet des Regierungssystems ist es völlig unmöglich, eine Nation auf Grundlage von Lehrmeinungen, die von der öffentlichen Meinung abweichen, dauerhaft zu regieren. Am Ende siegt die Philosophie der Mehrheit. Langfristig gibt es kein unpopuläres Regierungssystem. Der Unterschied zwischen Demokratie und Despotismus verändert nicht das Ergebnis.» Siehe Ludwig von Mises (1996). *Human Action: A Treatise on Economics.* New York. S. 863.

nung betrifft. Ich stimme daher der klassischen Definition politischer Aktivität zu, die uns der spanische Politiker Cánovas del Castillo mit auf den Weg gegeben hat: «Politik ist die Kunst, zu jeder Stunde der Geschichte den Teil des Ideals zu verwirklichen, den die Umstände erlauben.»[23]

Thatcher und Reagan, die in den 1980er Jahren die liberal-konservative Revolution im Vereinigten Königreich und in den USA vorangetrieben haben, und der argentinische Präsident Menem, der – ungeachtet der Tatsache, dass er seine Wahl durch populistische Botschaften gewonnen hat – die politischen, gesellschaftlichen und ökonomischen Strukturen seines Landes marktwirtschaftlich umgestaltet hatte, sprechen als Beispiele für sich und zeigen, wie viel durch charismatische Politiker erreicht werden kann, die sich aufgrund ihrer Überzeugungen und der Umstände für die Durchführung marktwirtschaftlicher Reformen in ihren Ländern entscheiden.

Es ist daher sehr wichtig, so viele liberal geschulte und gesinnte «Berufspolitiker» unter die Staatsdiener zu mischen wie möglich. Sie sollten mit den Grundprinzipien marktwirtschaftlicher Reformen vertraut sein und die wichtigsten Konsequenzen, Implikationen und Argumente, die für diese Reformen sprechen, kennen, damit sie die liberale Idee auf eine Weise erklären können, die verstanden wird und für die Mehrheit der Bürger attraktiv ist. Die Fähigkeit des Berufspolitikers, diese Prinzipien den Menschen zu erklären und den Massen das liberale Projekt schmackhaft zu machen, ist von unschätzbarem Wert. Vor diesem Hintergrund ist es sehr nützlich, Berufspolitiker wie folgt in vier grosse Gruppen einzuteilen:

1. Berufspolitiker, die entschieden und ausschliesslich pragmatisch sind: Das sind diejenigen, die die Prinzipien des freien Marktes nicht kennen. Entweder wissen sie nichts oder wollen nichts von einer liberalen

---

[23] Zitiert nach Lucas Beltrán (2. September 1976). Seis nombres para una visión de Cataluña, in: *La Vanguardia Española*. Barcelona. S. 15.

Idee wissen, da ihr einziges Interesse darin besteht, politisch an die Macht zu gelangen und dort zu bleiben. Dazu reichen ihre persönlichen Fähigkeiten aus. Unglücklicherweise ist diese Gruppe von ignoranten und pragmatischen Politikern bis heute zahlenmässig die grösste Gruppe.[24]

2. Pragmatische Politiker, die zumindest ein wenig über die wesentlichen Prinzipien und Implikationen der marktwirtschaftlichen Theorie gelernt haben: Diese Politiker haben eine Vorstellung und auch eine gewisse Kenntnis von der korrekten Funktionsweise gesellschaftlicher Interaktionsprozesse, die sie im Zuge ihre Ausbildung oder während ihrer Zeit an der Macht gewonnen haben. Dank dieses Wissens sind sie sich zumindest bewusst, welchen Schaden sie anrichten, wenn sie für interventionistische Massnahmen plädieren. Es wäre allerdings angesichts ihrer fehlenden Überzeugungen und ihrer pragmatischen Natur illusionär zu glauben, dass sie im Zuge der von ihnen verantworteten Interventionsschäden auf politischer Ebene auch nur im Geringsten einen Schuldkomplex bekommen würden.

3. Politiker, die mit den Idealen des freien Marktes gut vertraut sind und zumindest teilweise versuchen, ihre politischen Handlungen in die richtige Richtung zu lenken: Diese Berufspolitikergruppe ist von der liberalen Idee erfüllt und versucht ihr Bestes, den Schaden, den ihre Handlungen verursachen, so gering wie möglich zu halten. Für sie gilt aber auch, dass die ernsten Schwierigkeiten und Restriktionen der alltäglichen Probleme sie aus dem Konzept bringen. Insofern kön-

---

[24] Über den Ursprung und die Rolle der Politiker als Händler gebrauchter Ideen siehe Max Weber (1926). *Politik als Beruf, Wissenschaft als Beruf.* Berlin/München.

nen sie in der Praxis nur wenige effektive Handlungen ausführen, um liberale Reformen umzusetzen.[25]

4. Politiker, die mit der liberalen Theorie vertraut und dazu in der Lage sind, den Fortschritt der politischen Geschehnisse auf die grösseren Ziele zu lenken. Ihre wichtigsten Merkmale sind: Sie können die liberale Idee optimistisch darstellen und zwar so, dass sie für die Masse der Wähler attraktiv wird. Sie besitzen die Fähigkeit, ihre Mitbürger von der Notwendigkeit der Reformen zu überzeugen. Sie können die Mehrheit der Wählerschaft von ihrem Projekt begeistern. Diese vierte und letzte Gruppe besteht aus einer Hand voll Ausnahmepolitikern. Nationen, die im Verlauf ihrer Geschichte solche «Vollblutpolitiker» mit den genannten Charakteristika hervorbringen, sollten sich sehr glücklich schätzen. Das gilt – wenn auch nicht für all ihre politischen Aktivitäten – für Erhard in Deutschland, Reagan in den Vereinigten Staaten, Thatcher in England und Vaclav Klaus in der Tschechischen Republik. Sie alle haben wichtige marktwirtschaftliche Reformen erfolgreich gefördert, entwickelt und erzielt. Zu denen, die Gleiches versucht, aber aus dem einen oder anderen Grund ohne Erfolg blieben, zählen Vargas Llosa in Peru und Antonio Martino in Italien. All diese Vertreter sind leuchtende Vorbilder für all jene Berufspolitiker, die bei ihrem Versuch, marktwirt-

---

[25] Diese Gruppe sollte auch jene Politiker einschliessen, die fälschlich oder korrekt glauben, dass die politischen Umstände ihnen weitere Schritte verwehrten, und die eine Änderung der Umstände abwarten, um dann als Politiker der vierten Gruppe in der Lage zu sein, radikalere Reformen voranzutreiben. Ob diese Einschätzung richtig oder falsch ist oder nur eine Illusion, um sich die eigenen Unzulänglichkeiten schön zu reden, muss in jedem Fall separat bewertet werden.

schaftliche Ideen durchzusetzen, erfolgreich sein wollen.[26]

Es ist offensichtlich, dass die Aktivitäten, die im vorangegangenen Abschnitt beschrieben wurden, zunächst darauf zielen sollten, die grösstmögliche Gruppe der derzeitigen und künftigen Spitzenpolitiker auszubilden und zu beeinflussen. Ziel ist es, sie in die dritte oder vierte der oben beschriebenen Gruppen einordnen zu können. Um dieses hochgesteckte Ziel zu erreichen, sollten wir eine grösstmögliche Kombination aus Ideen und Aktivitäten an den Tag legen. Die liberalen Institutionen sollten dabei eine führende Rolle einnehmen und die Prinzipien der liberalen Ethik und Theorie mit praktischen Politikmassnahmen verknüpfen, die in die richtige Richtung weisen, politisch wohlgestaltet und für weite Teile der Gesellschaft attraktiv sind. Die Reformen sollten ausserdem Elemente enthalten, die sie de facto unumkehrbar machen. Das erzielt man, indem man wichtige und zahlreiche Bevölkerungsgruppen profitieren lässt und sie so für die Sache des freien Marktes gewinnt.[27] Insofern ist es unverzichtbar, alle Elemente, die möglich sind, kreativ einzusetzen, um die liberalen Reformen irreversibel zu machen.

---

[26] Dem englischen Beispiel folgend, wäre es für ein Komitee liberaler Beobachter, die ihre Ergebnisse regelmässig veröffentlichen, hilfreich, die aktuellen Politiker zu jedem Zeitpunkt in diese vier Gruppen einzuteilen. So könnten sie deutlich machen, wer von allen die widersprüchlichste oder schädlichste Strategie verfolgt, und einen gesunden Wettbewerb unter liberalen Politikern erzeugen, damit diese in der Klassifikation nach oben kommen, ihr Wissen erweitern und ihr professionelles Verhalten verbessern.

[27] Das Paradebeispiel einer unumkehrbaren Reform war die Privatisierung der englischen Sozialwohnungen, welche die Regierung unter Thatcher an die Mieter (Millionen von meist bescheidenen Arbeitern) verkauft hat. So wurden diese zu Eigentümern. Keine Partei, nicht einmal die der Linken würde es wagen, ihnen ihr Eigentum wegzunehmen.

Wieviel sollten Politiker lügen?

Trotz der vorangegangenen Überlegungen sollten wir uns über Folgendes im Klaren sein: Politiker sind vielen Beschränkungen ausgesetzt, die ihnen häufig nur wenig Spielraum lassen. Zudem gibt es so viele Probleme im täglichen Politikgeschäft, dass man es inzwischen allgemein für eine typische Charaktereigenschaft des Politikers hält, zu täuschen oder die Wähler zu betrügen. Ist dies unvermeidbar? Wo liegen aus unserer Sicht die Grenzen, die ein Politiker niemals überschreiten sollte?

Das Bewusstsein der engen Grenzen, denen sich der liberale Politiker ausgesetzt sieht, sollte ihn nie vergessen lassen, dass es absolut notwendig ist, die Doppelstrategie zu beherzigen, die wir weiter oben erklärt haben. Der liberale Politiker sollte deshalb nie seinen Bezugspunkt (das grössere Ziel und die wesentlichen theoretischen und ethischen Implikationen) aus dem Auge lassen. Es ist bestenfalls hinnehmbar, dass er sein Verhalten an die Schwierigkeiten anpasst, die sich situativ für ihn ergeben. Man kann ihm deshalb nachsehen, wenn er gelegentlich und sofern es die Umstände erlauben über einige Reformen, die er gerne umsetzen möchte, Stillschweigen bewahrt oder einige Konsequenzen und Implikationen seiner politischen Entscheidungen nicht erwähnt. Berechnende und doppelbödige Handlungsstrategien können insbesondere in Wahlzeiten in Erwägung gezogen werden, um Diskussionen über Themen zu vermeiden, die aufgrund ihrer Komplexität der Öffentlichkeit nur schwer zu erklären sind und so der vereinfachenden Demagogie der Opposition nur eine offene Flanke böten. Schliesslich ist es auch hinnehmbar, dass ein liberaler Politiker «weiss, wie man die Wahrheit sagt», wenn es passt, und eine gesunde Portion Demagogie nutzt, wenn er z.B. über Massnahmen redet, die sowohl populär als auch inhaltlich wichtig sind.[28]

---

[28] Auf alle Fälle sollten interventionistische Parteien kein Monopol auf Demagogie haben. Es ist tatsächlich so, dass es für einen marktwirtschaftlichen

Die folgenden Verhaltensweisen dürfen allerdings aus liberaler Sicht unter keinen Umständen erlaubt sein:

1. Bewusstes Lügen in Bezug auf spezifische Aspekte politischer Aktivitäten, indem der Öffentlichkeit das genaue Gegenteil von dem erzählt wird, was man eigentlich machen will;

2. Programmänderungen hinnehmen, die der gesamten Ideenlehre des freien Marktes entgegenstehen;

3. Massnahmen zu ergreifen, die den langfristigen Zielen zuwiderlaufen und die ethischen bzw. theoretischen Kernprinzipien des liberalen Programms verraten.

Wenn die oben genannten Grenzen nicht überschritten werden, könnte man sogar eine Art «leninistische Strategie»[29] akzeptieren, die darauf abzielt, die notwendige Unterstützung für die Durchführung liberaler Reformen zu finden, indem man, je nach Thema und Umstände, Verbündete in anderen gesellschaftlichen Gruppen oder Institutionen sucht. Ausserdem ist es bei der Ausgestaltung liberaler Reformen besser, zu viel als zu wenig zu tun. Nichts ist bedauerlicher als all die vielen Politiker, die mit einem marktwirtschaftlichen Programm an die Macht kommen, von der öffentlichen Meinung unterstützt werden und dann, wenn es hart auf hart kommt, aufgrund mangelnden Stehvermögens und Vertrauens in die eigenen Ideen nicht einmal an die Erwartungen herankommen, die sie selbst geschaffen haben, und dabei ihr eigenes Prestige ver-

---

Politiker schwieriger ist, sich dieser Mittel zu bedienen. Das bedeutet aber nicht, dass es keine wichtigen liberalen Ratschläge gäbe, deren demagogischen Gehalt man bei passender Gelegenheit vorteilhaft nutzen könnte.

[29] Der Name stammt von Stuart Butler und Peter Germanis. Sie haben ihn für ihre Strategie gewählt, die sie für liberale Reformen vorschlagen, und zwar in ihrem Aufsatz aus dem Jahr 1983 *Achieving Social Security Reform: A Leninist Strategy*. Zur besten Strategie, um der Freiheit zum Triumph zu verhelfen, siehe Murray N. Rothbard (1982). *The Ethics of Liberty*. Atlantic Highlands. S. 253-268.

lieren, oder schlimmer noch, das Prestige der liberalen Ideale, die sie zu verteidigen vorgeben.[30]

Die jeweils erzielten politische Ergebnisse hängen von spezifischen Umständen ab, die situativ vorherrschen und über die sich keine Theorie aufstellen lässt. Nichtsdestotrotz können einige Daumenregeln skizziert werden, die dem Politiker das Handeln erleichtern, wenn er versucht, die Beziehung zwischen der öffentlichen Meinung und dem spezifischen Politikfeld, in dem er sich bewegt, zu verstehen.

- So könnte man – ceteris paribus – sagen: Je aufgeklärter die öffentliche Meinung ist, desto radikaler kann die politische Botschaft des Liberalen sein. Und anders herum gilt entsprechendes: Je unbedarfter die öffentliche Meinung ist, desto schwieriger ist es, liberale Inhalte in einer politischen Botschaft unterzubringen, die von den Bürgern verstanden und geteilt wird.

- Je traumatischer die gesellschaftliche Ausgangslage ist, desto radikaler kann die Botschaft sein. In wirklichen Gesellschaftskrisen kommt es eher vor, dass die Bürger bereit sind, Opfer zu bringen und eine Schockpolitik hinzunehmen.[31]

---

[30] «Nachdem der Politiker über die Reformen, die er in Angriff nimmt, nachgedacht hat, und nachdem feststeht, dass sie opportun und vorteilhaft sind, sollte er sie in die Welt hinaustragen und mit ganzer Kraft für sie kämpfen. Ein Politiker sollte sich vor allem durch Hartnäckigkeit auszeichnen. Er sollte eine begonnene Arbeit nie verwerfen, wenn er von deren Nutzen überzeugt ist. Er sollte sie ernsthaft verfolgen und all seine Zeit und Energie in sie stecken. Wenn er für seine Anstrengungen nicht mit Erfolg belohnt wird, so wird die Zeit kommen, da seine Arbeit doch anerkannt wird und alle Augen auf ihn gerichtet sind, hoffend, dass er die Initiative ergreift.» Siehe José Martínez Ruiz (1919). *El político (con un epílogo futurista)*. Obras completas. Band VIII. Madrid. S. 194f.

[31] Dies ist einer der Gründe, die einen grossen Einfluss auf die öffentliche Akzeptanz der Liberalisierungen hatten, die Ludwig Erhard 1948 in der Bundesrepublik Deutschland umsetzte. Im Gegensatz zu den Vorhersagen der

- Je mehr Berufspolitiker der dritten oder vierten Gruppe angehören (die mit den liberalen Prinzipien am besten vertraut und bei der Vermittlung und Anpreisung dieser Ideen am fähigsten sind), desto radikaler kann auch die vorgeschlagene liberale Politik sein. Und auch hier gilt wieder umgekehrt: Je schlechter die Berufspolitiker geschult sind – also den Gruppen eins und zwei angehören –, desto schwerer fällt es ihnen, die liberale Botschaft angemessen vorzutragen und zu verteidigen.

- Und für die Wahlzeiten gilt schliesslich: Je sicherer jemand glauben kann, aus untergeordneten Gründen die Wahl gewinnen zu können, desto unwichtiger ist es, im Wahlkampf mit radikal-liberalen Botschaften aufzuwarten. Und andersherum gilt: Je ferner der Wahlerfolg liegt, desto radikaler kann die Botschaft gegen den interventionistischen Status quo vorgetragen werden.

Schlussfolgerung

Zum Schluss folgen hier Empfehlungen für liberale Politiker, denen das Ziel der Vorbereitung, Unterstützung und Verwirklichung einer allgemeinen Reform zur Liberalisierung von Ökonomie und Gesellschaft wichtiger ist als der Wunsch, an die Macht zu kommen und dort zu bleiben.

Zunächst wollen wir erneut betonen, dass es immer besser ist, zu viel als zu wenig zu tun. Mit anderen Worten, die Botschaft sollte in einem Ausmass radikalisiert werden, dass sie sowohl die Mitglieder der eigenen Partei als auch den Rest der Bevölkerung auf die Probe stellt. Nur auf diese Weise kann man herauszufinden, ob ein Politiker tatsächlich die Bedingungen erfüllt, zur Gruppe vier zu gehören; ob er in der Lage ist,

---

Besatzungsmächte ermöglichten diese Reformen das sogenannte «Wirtschaftswunder».

die Wähler zu begeistern und sie von einer korrekt ausge-
drückten liberalen Reformpolitik zu überzeugen. Das
Schlimmste wäre, wenn er infolge seiner relativ radikalen Haltung in der eigenen Partei keinen Erfolg hätte und im Schatten
seiner «pragmatischen Kollegen» bliebe. Nichtsdestotrotz,
oder gerade deshalb, ist die Akzeptanz seiner Person und Botschaft der unwiderlegbare Beweis dafür, ob er sein politisches
Engagement weiterverfolgen sollte. Fehlt es an Akzeptanz,
dann könnte es besser sein, einem anderen, weniger hinge-
bungsvollen Berufspolitiker (Gruppe drei oder zwei) zeitweise
die Führung zu überlassen und sich selbst nicht zu verbrennen,
sondern die eigene Energie für andere, langfristige (nicht politische) Aktivitäten aufzusparen, z. B. um die Verbreitung des
Liberalismus auf dem Weg der Aufklärung und Bildung voranzutreiben.

Auf diese Weise wird er keine Zeit verschwenden und
sich nicht in Aktivitäten verlieren, die es ihm angesichts der si-
tuativen Restriktionen schwer machen, sein Ideal zu erreichen,
und die lieber ein weniger überzeugter Politiker durchführen
sollte. Es ist aber immer ratsam, eine notwendige Anzahl von
liberalen Politikern in «Reserve» zu haben, falls die Umstände
sich mal ändern sollten und man die Reserve angesichts drin-
gender Notwendigkeiten braucht, um grössere Politikverant-
wortung in einem Umfeld wahrzunehmen, wo sie ihr liberales
Programm entfalten können, ohne überflüssigerweise von der
eigenen Partei an die Kette gelegt zu werden.[32]

Offensichtlich gibt es also eine Beziehung zwischen einerseits dem, was das politische Umfeld erlaubt, und andererseits dem, was für die persönliche Einbindung eines Politikers
mit starken liberalen Überzeugungen ratsam ist. Je grösser die

---

[32] In diesen Phasen, wenn die «lauen» Politiker der Gruppen 1, 2 und 3 an der
Macht sind, ist es nichtsdestotrotz ratsam, nicht alle Verbindungen zur Partei
abzubrechen. So kann man die wichtige Rolle des kritisch-liberalen Gewissens
spielen, das ständig die Aufmerksamkeit auf die Widersprüche und Fehler der
Machthabenden lenkt.

Restriktionen, desto schwieriger ist es für den Politiker, sich in diesem Umfeld zu bewegen, und desto wahrscheinlicher ist es, dass andere Kollegen mit geringerer ideeller Überzeugung in der Lage sind, ihre Arbeit an seiner Stelle zu verrichten. Wenn es im Gegensatz dazu die Umstände erlauben, ein radikaleres Programm voranzutreiben, wird er immer unverzichtbarer, da die Kollegen mit geringerer Schulung und ideologischer Hingabe nicht in der Lage sind, die historischen Möglichkeiten für tiefgreifende liberale Reformen zu erkennen und zu nutzen. Logischerweise hängt die Bewertung der Frage, ob die bestehenden Umstände von der einen oder anderen Art seien, von der Intuition und der Intelligenz eines jeden marktwirtschaftlichen Politikers ab.

In jedem Falle bleibt das Risiko der empfohlenen Strategie bestehen: Ein Politiker aus Gruppe vier kann, nachdem er von seiner eigenen Partei akzeptiert wurde und sein Programm standfest vertreten hat, die Wahl oder gar die Macht verlieren. Aber selbst unter derart misslichen Umständen, die es in der Geschichte immer wieder gegeben hat[33], sollte das negative Ergebnis nicht als Versagen im engeren Sinne des Begriffes verstanden werden. Echtes Versagen aus liberaler Sicht ist entweder der Verrat der Prinzipien oder das Verpassen der Möglichkeit, liberalisierende Politik umzusetzen, wenn die Umstände es erlaubt hätten. Ausserhalb dieser beiden Fälle sollte eine Wahlniederlage in bestimmten historischen Umständen nur als taktische Niederlage in einem langen und schwierigen Kampf für die Zukunft der Freiheit verstanden werden.[34]

---

[33] Man denke nur an die erfolglosen liberalen Reformen, die Jacques Turgot im Frankreich des 18. Jahrhunderts unternahm, oder an Barry Goldwaters Kandidatur um das Amt des US-Präsidenten oder an Mario Vargas Llosa in Peru oder an das gescheiterte liberale Programm der Forza Italia, das Antonio Martino entworfen hatte.

[34] Bei diesem Text handelt es sich um einen Auszug aus dem Buch «Die Theorie der dynamischen Effizienz» (2021, Duncker & Humblot). Die Veröffentlichung erfolgt mit freundlicher Genehmigung des Verlags.

Die wichtigsten Erkenntnisse im Überblick

Was bedeutet Macht?

- Dass die friedensstiftende, freiheits- und wohlstandsfördernde liberale Vision bislang noch nirgendwo auf der Welt konsequent umgesetzt werden konnte, liegt vor allem an ihrer ärgsten und hartnäckigsten Widersacherin: der Verlockung der Macht.

- Mit *Macht* ist in diesem Buch nicht die natürliche Autorität einer Vorbilds- oder Vertrauensperson gemeint, die ein Mensch aufgrund seiner Erfahrung, Rolle, Ausstrahlung, Handlungen oder seines Wissensvorsprungs erlangen kann. Es geht auch nicht um die Fähigkeit, seine Mitmenschen mit guten Argumenten oder Angeboten überzeugen zu können, ihm freiwillig zu folgen oder ein Produkt von ihm zu erwerben.

- *Macht* meint in diesem Werk die Möglichkeit, andere zu einer Verhaltensänderung zu zwingen, indem man ihnen droht und Gewalt anwendet, ohne dass die Geschädigten dagegen auf dem rechtlichen Weg vorgehen könnten, weil die Zwangsausübung von bestimmten Personengruppen durch das staatliche Gesetz legalisiert wurde.

Macht als Hauptwidersacherin des Liberalismus

- Für die «Sozialisten in allen Parteien» (F.A. Hayek) stellt Zwang das Kernelement ihrer Politik dar: Es wird versucht, den eigenen Vorlieben und Geschmäckern mittels Gebote, Verbote oder Umverteilung zum Durchbruch zu verhelfen, weil man die Andersartigkeit seiner Mitmenschen nicht erträgt oder die Ergebnisse freiwilliger menschlicher Interaktion nicht zu akzeptieren bereit ist.

- Der Liberalismus ist die Philosophie der Freiheit. Im Hinblick auf das gesellschaftliche und politische Leben meint die so verstandene Freiheit die Minimierung des menschlichen Zwangs. Es geht hier nicht etwa um natürliche Sachzwänge wie etwa die Notwendigkeit zu Atmen, Trinken oder Essen, sondern um menschliche Gewaltandrohung und -anwendung.

- Unter liberal-marktwirtschaftlichen Bedingungen sind ausschliesslich freiwillig eingegangene Verträge zulässig. Hier gilt das Nicht-Aggressions-Prinzip: Die Androhung und Anwendung von Gewalt sind also nur zur Abwehr von Gewalt erlaubt.

- Macht ist deshalb die Hauptwidersacherin des Liberalismus, weil die Möglichkeit zur Machtausübung die humanistische Essenz der liberalen Philosophie beeinträchtigt oder sogar zerstört, wonach jeder Mensch Zweck an sich und nicht unfreiwilliges Mittel zum Zweck eines Dritten sein soll.

- Zwang erschwert oder verunmöglicht es den Betroffenen, ihren eigenen Präferenzen nach zu handeln und ihre eigenen Ziele mit selbstdefinierten Mitteln zu erreichen. Durch diesen Interventionismus werden Märkte verfälscht und der Lebensstandard reduziert: Sie spiegeln bei zunehmendem Eingreifen des Staates in abnehmendem Mass die Bedürfnisse der Bevölkerung und in zunehmendem Mass die Kommandos und Befehle der politischen Klasse wider.

- Jede Rechtfertigung der Staatsgewalt mit dem Hinweis auf Wohltaten, die sie angeblich zu bieten habe, scheitert daran, dass der, der tatsächliche Wohltaten verteilen will, dazu keine Gewalt einzusetzen braucht. Denn wenn der Staat, wie behauptet, einen nutzbringenden Service leisten würde, könnten er, statt andere gewaltsam zu unterwerfen, auf deren freiwillige Kooperation setzen. Mit anderen Worten: Er könnte dann unternehmerisch tätig werden und müsste keinen Zwang anwenden.

- Je höher die Staatsquote ist, desto mehr Macht wird ausgeübt, desto mehr mischen sich Funktionäre und Politiker in das Leben der Bürger ein, desto weniger kann noch von einer liberalen Ordnung gesprochen werden.

- Die Entwicklung in den meisten Industrieländern ist besorgniserregend: Während die Steuereinnahmen alleine des Bundes in der Schweiz 1990 noch 29.5 Mia. Franken betrugen, waren es 2020 mit 68.2 Mia. Franken bereits mehr als das Doppelte. In derselben Zeitspanne haben sich die Personalausgaben des Bundes von 4.1 Mia. auf über 8.6 Mia. Franken ebenfalls mehr als verdoppelt. In den Kantonen und Gemeinden sieht es ähnlich aus.

Problematisches Gleichheitsverständnis

- Eine wesentliche Ursache für das immer masslosere Eingreifen des Staates ist die von einzelnen Interessengruppen bewirtschafteten Erwartungshaltung an Gleichheit.

- Die Wertehaltung, wonach jemand auf Gedeih und Verderb Gleichheit schaffen müsse, weil sonst irgendjemand benachteiligt werde, wird bereits an unseren Schulen eingerichtet.

- Doch die Gesellschaft besteht nun mal nicht aus natürlicher oder künstlich erzwungener Gleichheit aller, sondern aus einzigartigen Individuen, und sie wird in dieser Vielfalt auch erst lebendig, spannend und kreativ. Mit dem Anspruch an Gleichheit wird diese wertvolle Verschiedenheit durch Normierung ausgeglichen und auf eine

gerade noch zumutbare Bandbreite von Unterschiedlich-
keit zurechtgestutzt. Wer aus diesem genormten Rahmen
herausragt, wird psychologisch abgeklärt oder massen-
medial erniedrigt.

- Eine solcherart verstandene Gleichheit bedeutet Konfor-
mität anstelle von Individualität, Angepasstheit anstatt
Skeptizismus, Nivellierung auf dem kleinsten gemeinsamen Nenner. Nicht ein Strecken zur Decke, sondern ein
Bücken zum Boden wird angestrebt. Dieses propagierte
«Mindset» macht es für die staatlichen Herrscher einfacher, die Bevölkerung zu kontrollieren.

- Liberale Gruppierungen sollten darauf hinarbeiten, dieses
derzeit vorherrschende Gleichheitsideal durch ein positiveres Gleichheitsideal zu ersetzen, das keine staatliche
Macht benötigt. Eine so verstandene Gleichheit beruht
nicht auf einer passiven Anspruchs- und Erwartungshaltung an den Staat, sondern auf der Möglichkeit, dass jeder
Mensch nach der Verbesserung der eigenen Situation streben kann, ohne vom Staat daran gehindert zu werden
(etwa durch Markteintrittsbarrieren). Der direkteste Weg,
um diese Eigenverantwortung zu fördern, ist die Begrenzung der personellen Ressourcen des Staates und damit
auch der staatlichen Macht an sich.

Notwendigkeit einer Politikerhaftung

- Politiker treffen Entscheide und geben fremdes Geld aus,
ohne bei einem Scheitern die persönliche Verantwortung
zu übernehmen.

- Eine adäquat ausgestaltete Politikerhaftung könnte in der
Lage sein, politische Fehlentscheide zu reduzieren und
damit auch den Schaden zu minimieren, der durch solche
Beschlüsse für die Allgemeinheit entsteht.

Medien als kritische Begleiter der Mächtigen

- Neben den drei Staatsgewalten werden Medien oft als «vierte Gewalt» bezeichnet, was problematisch ist, weil dies impliziert, dass Medien ebenfalls Bestandteil des Staates sein sollen oder eine Finanzierung durch den Staat mit ihrer Rolle vereinbar sei. Vielmehr müsste diese «vierte Gewalt» aber konsequent vom Staat getrennt werden, damit sie überhaupt einen effektiven Beitrag zum Erhalt der freien Gesellschaft leisten kann.

- Die wichtigste Funktion der Medien besteht darin, den Mächtigen – also den Inhabern des staatlichen Gewaltmonopols – kritisch auf die Finger zu schauen, damit diese ihre Macht nicht missbrauchen. Wenn die Medien selbst in der Gunst des Staates stehen, kommt es zu einem Zielkonflikt.

- Abhilfe schafft eine Kontrolle der staatlichen Macht durch nichtstaatliche Akteure, von jemandem also, der nicht vom Staat angestellt ist und auch nicht auf seiner Lohn- und Subventionsliste steht.

Die Rolle der Demokratie bei der Beschränkung der Macht

- Die Demokratie wird oft als einzige Alternative zur monarchischen und tyrannischen Herrschaft angesehen. Doch das demokratische Mehrheitsprinzip wird in ihrer Rolle zur Verteidigung einer freiheitlichen Ordnung überschätzt. Demokratische Mitbestimmung und liberale Selbstbestimmung beissen sich in vielen Fällen. Die Demokratie garantiert aus sich heraus keine individuellen Abwehrrechte. Wer Freiheit als höchsten Wert einstuft, wird jede Herrschaft von Menschen über Menschen ablehnen, auch solche, die sich auf Mehrheitsbeschlüsse abstützen.

- Demokratische Abstimmungen mögen bei bestimmten Angelegenheiten wie etwa der Frage, ob auf Strassen Links- oder Rechtsverkehr herrschen soll, ein geeigneter Entscheidungsmechanismus sein, sofern alle Beteiligten diesem Verfahren zuvor zugestimmt haben. Wenn jedoch ethische und ökonomische Aspekte betroffen sind, kann die schrankenlose Demokratie rasch in eine Mehrheitsdiktatur ausarten, weshalb in diesen Fragen die Selbstbestimmung der Mitbestimmung überlegen ist.

- Das demokratische Mehrheitsprinzip garantiert zwar einen unblutigen Machtwechsel, allerdings kaum eine Zähmung der Macht per se.

- Durchaus machtbeschränkend können Referenden im Sinne eins Volksvetos wirken, gerade wenn neue Steuern und Regulierungen eingeführt werden sollen. Theoretisch denkbar wären auch Volksinitiativen mit liberalen Ansinnen, die zu einem Rückbau der staatlichen Macht führen können, wobei hier oftmals starke Sonderinteressen-Gruppierungen ihre Privilegien durch propagandistische Demagogie zu verteidigen verstehen.

- Es ist nicht auszuschliessen, dass in Demokratien, die auf konkurrierenden kleineren, ebenfalls demokratisch organisierten Einheiten aufbauen, durch die dauernden Vergleichsmöglichkeiten der Resultate und das leicht zu praktizierende «Abstimmen mit den Füssen» so etwas wie «aufgeklärte Mehrheiten» entstehen, welche zu «Hütern der Freiheit» werden, die die fremdbestimmende Umverteilung im intelligenten Eigeninteresse der jeweiligen Gebietskörperschaft limitieren.

Förderung des politischen Wettbewerbs

- Gliedstaaten stehen im Föderalismus zueinander in einem Wettbewerbsverhältnis, wenn ihnen hinreichende Autonomie gewährt wird. Dieser Wettbewerb beeinflusst direkt die politischen Entscheidungsträger und setzt Anreize, die Vorstellungen der Bürger zu berücksichtigen (anstatt nur jene der politischen Machthaber). Die Bürger haben nämlich die Möglichkeit, in einen anderen Kanton bzw. andere Gemeinde abzuwandern, wenn die erhobenen Steuern und angebotenen Leistungen nicht mehr ihren Präferenzen entsprechen.

- Die grössere Nähe zwischen Bürgern und politischen Entscheidungsträgern ermöglichen in föderalistischen Systemen eine wirksamere Kontrolle der Politik. Es besteht die Möglichkeit, die Leistungen des eigenen Kantons oder der eigenen Gemeinde mit jenen der benachbarten Kantone bzw. Gemeinden zu vergleichen. Die Vergleichsmöglichkeiten im Föderalismus entfalten eine Wirkung auf die Politik, ohne dass die Sanktionsmöglichkeiten von Abwahl oder Abwanderung tatsächlich zur Anwendung kommen müssen. Die beschriebenen Mechanismen setzen Anreize für eine nahe am Bürgerwillen orientierte, transparente und kostengünstige Leistungserstellung. Der Föderalismus führt so zu einem schlankeren Staat und einer verantwortungsvollen Finanzpolitik – vorausgesetzt Kantone und Gemeinden haften auch für ihr eigenes Handeln.

- Der Schweizer Föderalismus befindet sich seit den 1990er-Jahren sowohl innen- als auch aussenpolitisch zunehmend unter Druck. Die machthemmende Wirkung des politischen Wettbewerbs wird durch mehrere entgegengesetzte Entwicklungen massgebend beeinträchtigt.

- Innenpolitisch sind dies der Autonomieverlust der Kantone durch hoheitlich tätige, gesamtschweizerische Fachdirektorenkonferenzen sowie die Konferenz der Kantonsregierungen (KdK), die verfehlte Wirkung der Neugestaltung des Finanzausgleichs und der Aufgabenteilung

(NFA) sowie das unaufhörliche Wachstum der Zuständigkeiten des Bundes.

• Schliesslich wird die machthemmende Wirkung des politischen Wettbewerbs zwischen den Gebietskörperschaften sowohl durch die stärkere Integration der Schweiz in ihrem bilateralen Verhältnis zur EU unterlaufen, als auch durch internationale Organisationen, die mit ihren Regelwerken auf die Gesetzgebungen sowohl des Bundes als auch der Kantone immer stärkeren Einfluss ausüben. Als prominentes Beispiel ist hierzu die kürzlich im Schulterschluss zwischen den G-20-Staaten und der OECD beschlossene Einführung einer globalen Mindeststeuer zu nennen.

• Zwei wesentliche Massnahmen sind erforderlich, um die Wirkungskraft des Föderalismus vital zu erhalten und nachhaltig zu schützen: Es ist erstens unabdingbar, die bestehenden komplexen Aufgaben- und Finanzierungsverflechtungen zu beheben. Gleichzeitig ist die Schaffung gemischter Verbundpartnerschaften zu vermeiden und die Rolle interkantonaler Konferenzen kritisch zu durchleuchten sowie deren Machteinfluss zu beschränken.

• Sodann ist die effektive Einhaltung der föderalistischen Verfassungsgrundsätze zu bewerkstelligen. Denn die Bundesverfassung versagt nachweislich als Schranke oder Bremse der Zentralisierung, solange es den Kantonen verwehrt bleibt, sich gegen Bundesgesetze sowie auf diese gestützte Bundesverordnungen zur Wehr zu setzen, die ihre Autonomie auf verfassungswidrige Weise einschränken (Art. 190 BV). Die Kantone benötigen deswegen zwingend einen effektiven Rechtsschutz gegenüber dem Bund. Unabhängige Gerichte müssen überprüfen können, ob Normen und Entscheide des Bundes das verfassungsrechtliche Prinzip der Subsidiarität und/oder das Prinzip der fiskalischen Äquivalenz beachten und den Kantonen zumutbar sind.

Geschütztes Privateigentum: Zentraler Pfeiler von Frieden, Freiheit und Wohlstand

- In der öffentlichen Debatte stark unterschätzt wird die elementare Rolle des Privateigentums bei der Limitierung von Macht. Dabei ist das Privateigentum nichts Geringeres als das wichtigste Abwehrrecht aller Menschen gegen staatliche Anmassung, Übergriffe und Willkür.
- Eigentumsrechte an materiellen Dingen vermögen Konflikte über die Verwendung knapper Ressourcen friedlich zu lösen, indem sie jedem aufgrund freiwillig abgeschlossener Arbeits-, Kaufs- oder Schenkungsverträge (also Verträge, welche den Übergang von Eigentumstiteln im gegenseitigen Einvernehmen regeln) das Seinige zuweisen. Für eine friedliche Koexistenz von Menschen, die um knappe Ressourcen konkurrieren, sind gesicherte Eigentumsrechte (also das Verbot eines unfreiwilligen Übergangs eines Eigentumstitels) unabdingbar.
- Die Alternative ist eine barbarische Gesellschaft, in welcher Ressourcen nicht auf Basis von freiwillig abgeschlossenen Verträgen den Besitzer wechseln, sondern auf Basis von Drohung und Gewaltanwendung (also Macht).

Der Staat als Grundproblem

- Es gibt Gründe, daran zu zweifeln, dass es mit einem verfassungsmässig beschränkten Staat möglich sei, Eigentumsrechte und die individuelle Freiheit der Bürger dauerhaft zu erhalten.
- Jede *minimale* Regierung hat die inhärente Tendenz, sich in eine *maximale* Regierung, in einen freiheits- und eigentumsfeindlichen Tyrannen zu verwandeln.

- Wenn einmal das Prinzip des Staates – verstanden als Institution mit einem Rechtsprechungsmonopol und der Macht zur Besteuerung – fälschlicherweise als gerecht akzeptiert worden ist, erscheint jede Vorstellung der Zügelung der Staatsmacht und des Schutzes individueller Freiheitsrechte als illusorisch.

- Es ist vorherzusehen, dass der Preis der Gerechtigkeit und des Schutzes unter monopolistischer Schirmherrschaft kontinuierlich steigen und die Qualität der Gerechtigkeit und des Schutzes sinken wird. Eine steuerfinanzierte Schutzagentur ist ein Widerspruch in sich, denn sie ist ein enteignender Eigentumsschützer, was unweigerlich zu mehr Steuern und weniger Sicherheit führen wird.

- Selbst wenn eine Regierung ihre Aktivitäten ausschliesslich auf den Schutz von Privateigentumsrechten beschränkte, würde die Folgefrage auftauchen, *wie viel* Sicherheit denn zu produzieren sei. Motiviert (wie es jeder ist) durch Eigeninteressen und den negativen Nutzen der Arbeit, aber ausgestattet mit der einzigartigen Macht der Besteuerung, wird es unweigerlich das Ziel des Staates sein, die Ausgaben für den Schutz zu maximieren (das gesamte Vermögen einer Nation kann denkbar für die Schutzkosten ausgegeben werden) und gleichzeitig die Produktion des Schutzes zu minimieren.

Strategie zur Umsetzung machtbegrenzender Reformen

- Oftmals wird behauptet, dass es chancenlos sei, liberale Reformen auf den Weg zu bringen. Es gibt jedoch verschiedene historische Beispiele, die zeigen, wie man solche Reformen selbst unter schwierigen Bedingungen umsetzen kann, so etwa in Deutschland unter Ludwig Erhard, in Grossbritannien unter Margaret Thatcher oder in den USA unter Ronald Reagan.

- Es bestehen verschiedene Strategien und Massnahmen auf *theoretischer, ethischer* und *historischer* Ebene, die notwendig sind, um dasjenige zu erreichen, was heute als sehr schwierig oder politisch unmöglich erscheint, aber aus gesellschaftlicher Sicht notwendig ist, um schädliche Macht zu limitieren und unsere Zivilisation zu erhalten.

- Auf *theoretischer* Ebene besteht das wichtigste Handlungsprinzip in der Suche nach der wissenschaftlichen Wahrheit – ohne Konzessionen, die im Gegenzug kurzfristige Vorteile oder politischen Einfluss brächten. Im Zentrum steht das Verständnis für die Funktionsweise und Prinzipien einer marktwirtschaftlichen Ordnung. Die übergeordneten Ziele, die auf lange Sicht erreicht werden sollen, müssen definiert und ihre wesentlichen theoretischen Implikationen ohne irgendeine Form vorgeschalteter Verpflichtungen offengelegt werden. Gleichzeitig sollte eine kurzfristige Politik entworfen werden, die uns diesen Zielen näherbringt, und auf die Konsistenz der kurz- und langfristigen Ziele geachtet werden.

- Auf *ethischer* Ebene ist die moralische Verteidigung des Marktwirtschaft unverzichtbar, um den politischen Erfolg liberaler Reformen sicherzustellen. Sie muss dem «Moralmonopol» ein Ende setzen, an dem sich die Interventionspolitiker von links bis rechts bisher vor allem deshalb erfreuen konnten, weil vielen Befürwortern der Marktwirtschaft – vor allem jene in der Tradition des engen utilitaristischen Rationalismus der Neoklassischen Schule – die ethischen Kriterien fehlen. Es muss aufgezeigt werden, dass die Marktwirtschaft nicht nur effizienter, sondern auch das einzige Wirtschaftssystem ist, das mit der Moral im Einklang steht, denn nur dieses respektiert den Willen anderer Menschen, ohne bei andersgelagerten Präferenzen zum Mittel der Gewaltandrohung oder -anwendung zu greifen. Gleichzeitig muss auch darauf hingewiesen werden, dass der staatliche Interventionismus und die Handlungen der Interessengruppen, die ihn stützen, in hohem Grade unmoralisch sind.

- Auf *historischer* Ebene ist zu beachten, dass politische Entscheidungen von der öffentlichen Meinung des Augenblicks abhängen. Die öffentliche Meinung ist das Ergebnis einer Reihe von Ideologien, Glaubenssätzen und Prinzipien, die – obwohl oft falsch und in sich widersprüchlich – langsam in das soziale Netzwerk einsickern. Dies aufgrund einer bestimmten Konstellation von ideologischen Mittelsmännern, also Leute, die mit Ideen aus zweiter Hand handeln. Zu diesen «Intellektuellen» gehören unter anderem Publizisten, Drehbuchautoren und Journalisten. Um die öffentliche Meinung zu beeinflussen und damit den Boden für liberale Reformen zu bereiten, sollten grosse Anstrengungen unternommen werden, die darauf zielen, Intellektuelle und Zweitverwerter fremder Ideen zu unterrichten, z.B. mit der Schaffung und Unterstützung von Instituten und Think Tanks mit liberaler Ausrichtung, mittels Seminaren und Tagungen, der Herausgabe und Verbreitung von Büchern, Aufsätzen und Studien, der Produktion von Videos und anderen Medienaktivitäten, sowie einer liberalen Nachwuchsförderung.

- Ein unabhängig von der Politik wirksames Mittel gegen angemasste Macht ist der Humor. Was einmal als lächerlich entlarvt ist, hat keine Macht mehr. Alle Individuen, welche die allgemeine Heuchelei nicht mitmachen, leisten daher einen wichtigen Beitrag zur Limitierung von Macht.

DER HERAUSGEBER

Olivier Kessler

Olivier Kessler ist Ökonom, Publizist und Direktor des Liberalen Instituts. Zuvor war er für mehrere Public-Affairs-, Medien- und Finanzunternehmen tätig. Kessler hat an der Universität St. Gallen International Affairs & Governance studiert. Er ist Stiftungsrat der Free Private Cities Foundation, Mitglied der Friedrich A. von Hayek Gesellschaft und der Jury zur Vergabe der Roland-Baader-Auszeichnung. Als Präsident des Vereins zur Abschaffung der Medienzwangsgebühren leitete er die Kampagne der liberalen No-Billag-Initiative. Er veröffentlichte Beiträge unter anderem in der *Neuen Zürcher Zeitung, Finanz und Wirtschaft, Weltwoche, Basler Zeitung,* im *TagesAnzeiger,* in *CH-Media*-Publikationen, auf *Finews,* im *Schweizer Monat* und in *Le Temps.*

Kessler ist Co-Autor des Buches *64 Klischees der Politik: Klarsicht ohne rosarote Brille* (2020) sowie Autor und Mitherausgeber der Bücher *Liberalismus 2.0: Wie neue Technologien der Freiheit Auftrieb verleihen* (2021), *Null-Risiko-Gesellschaft: Zwischen Sicherheitswahn und Kurzsichtigkeit* (2021), *Mutter Natur und Vater Staat: Freiheitliche Wege aus der Beziehungskrise* (2020), *Explosive Geldpolitik: Wie Zentralbanken wiederkehrende Krisen verursachen* (2019), *Zu teuer! Warum wir für unser Gesundheitswesen zu viel bezahlen* (2019) und *Staatliche Regulierung: Wie viel und überhaupt?* (2018).

2

DIE AUTOREN

Philipp Bagus

Philipp Bagus ist Professor für Volkswirtschaftslehre an der Universität Rey Juan Carlos in Madrid. Seine Forschungsgebiete umfassen die Geld- Kapital- und Konjunkturtheorie. Er ist Autor von *Die Tragödie des Euro*, *In Defense of Deflation*, *Deep Freeze – Iceland´s Economic collapse* (mit David Howden), *Warum andere auf Ihre Kosten immer reicher werden* (mit Andreas Marquart) und *Wir schaffen das – alleine!* (ebenfalls mit Andreas Marquart). Er ist Mitglied des Akademischen Beirats des Liberalen Instituts, wissenschaftlicher Beirat des Ludwig von Mises Instituts Deutschland und IREF Fellow. Ihm wurde 2016 der Ludwig-Erhard-Preis für Wirtschaftspublizistik verliehen.

Stefan Blankertz

Stefan Blankertz ist Sozialwissenschaftler und Schriftsteller sowie Theorie-Trainer am InKontakt Gestaltinstitut Berlin. Er ist Autor unter anderem der Bücher *Rothbard denken* (2021), *Penelope Heiler: Kampf dem Gesundheitsterror 2068-2077* (2016), *Das libertäre Manifest: Zur Neubestimmung der Klassentheorie* (2015) und *Mit Marx gegen Marx: 11 x 11 Thesen* (2014). Ausserdem ist Blankertz Autor zahlreicher Romane und Fachbücher.

David Dürr

David Dürr lehrt an der Universität Zürich Privatrecht und Rechtstheorie und praktiziert als selbständiger Wirtschaftsanwalt und Notar bei SwissLegal Dürr+Partner in Basel. Er publiziert und referiert regelmässig in den Bereichen Sachenrecht und Rechtstheorie, letzteres mit pointiert anarchokapitalistischer Ausrichtung. Seine Ausbildung absolvierte er in Basel, Genf und an der Harvard Law School. Er habilitierte an der Universität Zürich.

Florian Follert

Florian Follert ist Assistant Professor für Unternehmensrechnung und Sportökonomik an der Fakultät für Management der Privatuniversität Schloss Seeburg in Seekirchen am Wallersee (Österreich). Zu seinen Arbeitsschwerpunkten zählt die Übertragung mikroökonomischer Ansätze und betriebswirtschaftlicher Instrumente auf verschiedene gesellschaftliche Bereiche, insbesondere die Politik. Nach einer Ausbildung zum Bankkaufmann und einer einschlägigen Weiterbildung an der Frankfurt School of Finance and Management studierte er von 2011 bis 2016 Wirtschaft und Recht an der Universität des Saarlandes. Im Anschluss war Florian Follert wissenschaftlicher Mitarbeiter am Institut für Wirtschaftsprüfung an der Universität des Saarlandes und wurde 2019 zum Dr. rer. oec. promoviert. Florian Follert verfügt über nationale und internationale Praxiserfahrung in der Organisationsberatung und der Finanzbranche.

Hans-Hermann Hoppe

Hans-Hermann Hoppe ist Ökonom, Distinguished Fellow am Ludwig von Mises Institute (USA) sowie Gründer und Präsident der Property and Freedom Society. 1986-2008 war er Professor für Ökonomie an der University of Las Vegas in Nevada. Er lebt heute als Privatgelehrter in Istanbul. Hoppe studierte Philosophie, Soziologie, Geschichte und Ökonomie an der Universität des Saarlandes in Saarbrücken, der Goethe-Universität in Frankfurt am Main und der University of Michigan in Ann Arbor. Anschliessend promovierte und habilitierte er sich in Frankfurt. Zu seinen vielbeachteten Büchern gehören u.a. *Economy, Society and History* (2021), *The Great Fiction* (2021), *Über den demokratischen Untergang* (2020), *Eine kurze Geschichte der Menschheit* (2019), *Getting Libertarianism Right* (2018), *Der Wettbewerb der Gauner* (2012), *A Theory of Socialism and Capitalism* (2005), *The Myth of National Defense* (2003), *Demokratie. Der Gott, der keiner ist* (2003), *The Economics and Ethics of Private Property* (1993), *Eigentum, Anarchie und Staat* (1987), *Kritik der kausal-*

wissenschaftlichen Sozialforschung (1983) sowie *Handeln und Erkennen* (1976).

Jesús Huerta de Soto
Jesús Huerta de Soto ist Professor für politische Ökonomie an der Universität Rey Juan Carlos in Madrid und Mitglied des Akademischen Beirats des Liberalen Instituts. Er wurde 1984 in Rechtswissenschaften und 1992 in Wirtschaftswissenschaften von der Universität Complutense in Madrid promoviert. Als Stipendiat der Spanischen Zentralbank war er auch Student an der Stanford University, von der er einen MBA erhielt. Ab 1979 war er Professor für Wirtschaftspolitik an der rechtswissenschaftlichen Fakultät der Universität Complutense. Seit 2000 ist er Ordinarius für Wirtschaftspolitik an der rechts- und sozialwissenschaftlichen Fakultät der Universität Rey Juan Carlos in Madrid. Seit Oktober 2007 leitet er an der gleichen Universität das Masterprogramm in Ökonomie der Österreichischen Schule.

Urs Leemann
Urs Leemann ist seit 2012 Mitglied der Direktion sowie Leiter des Departements «Corporate Services» bei der Empa. Zudem ist er Verwaltungsratspräsident der Raiffeisenbank an der Limmat. Er studierte 1996-2001 an der Universität St. Gallen Rechtswissenschaften und promovierte 2004-2006 an der Universität Luzern. 2001-2012 war er Leiter des Bereichs Lehre, Organisation und Informatik an der Rechtswissenschaftlichen Fakultät der Universität Zürich.

Andreas Marquart
Andreas Marquart absolvierte nach dem Abitur eine klassische Bankausbildung und machte sich 1998 nach 15 Jahren Banktätigkeit in der Finanzdienstleistung mit dem Schwerpunkt Vermögensanlage selbstständig. Er orientiert sich bei der Beratung an den Erkenntnissen der Österreichischen Schule der Nationalökonomie. Seit 2012 ist er Vorstand des Ludwig von Mises

Institut Deutschland. Gemeinsam mit Philipp Bagus schrieb er die Bücher *Warum andere auf Ihre Kosten immer reicher werden* (2014) und *Wir schaffen das - alleine!* (2017). Sein Buch *Crashkurs Geld* ist 2019 erschienen.

Robert Nef
Robert Nef ist Philosoph und Publizist. Er leitete das Liberale Institut von 1979 bis 2007. Er präsidierte anschliessend dessen Stiftungsrat bis 2014. Seine Kommentare erscheinen etwa in der *Neuen Zürcher Zeitung*, der *Frankfurter Allgemeinen Zeitung* und *Finanz und Wirtschaft*. Er war bis 2008 Mitherausgeber der *Schweizer Monatshefte* (heute *Schweizer Monat*) und ist Autor und Herausgeber mehrerer Bücher wie *Lob des Non-Zentralismus* (2006), *Politische Grundbegriffe* (2002) und *Neidökonomie* (2000, mit Gerhard Schwarz). Nef ist ausserdem Mitglied der Mont Pèlerin Society und der Friedrich August von Hayek Gesellschaft.

Jürg Marcel Tiefenthal
Jürg Marcel Tiefenthal ist seit 2018 Richter am Bundesverwaltungsgericht in St. Gallen, Lehrbeauftragter für Öffentliches Recht und Öffentliches Prozessrecht an den Universitäten Zürich und St. Gallen sowie Mitherausgeber der juristischen Fachzeitschrift «Sicherheit & Recht». Von 1990 bis 2001 absolvierte er die Kaufmännische Ausbildung/Matura mit langjähriger Berufstätigkeit im Finanzsektor. 2008-2011 war er Gerichtsschreiber am Bundesverwaltungsgericht, 2011-2016 Leiter des Rechtsdienstes der Kantonspolizei (Verwaltung Kanton Schaffhausen). 2017-2018 war er als Post-Doc, Gutachter am Rechtswissenschaftlichen Institut der Universität Zürich tätig, wo er auch zum Lehrbeauftragten für Öffentliches Recht gewählt wurde. Tiefenthal studierte 2001-2006 in Zürich und Luzern und promovierte 2008 zum Doktor der Rechtswissenschaften an der Universität Zürich.

Das Liberale Institut

Das 1979 gegründete Liberale Institut verfolgt das Ziel der Erforschung freiheitlicher Ideen. Das Institut fördert die Schweizer Tradition und Kultur individueller Freiheit, des Friedens und der politischen Vielfalt und setzt sich für die Weiterentwicklung der liberalen Geistestradition ein. Privatautonomie auf der Basis von Eigentum und Vertrag und der freie Austausch von Ideen und materiellen Gütern auf offenen Märkten in einer dezentralen Ordnung stehen dabei im Mittelpunkt.

Als unabhängige, privat finanzierte Stiftung befasst sich das Liberale Institut mit den grundlegenden Fragen der Gegenwart und Zukunft und bereichert damit die öffentliche Debatte mit zivilgesellschaftlichen und marktwirtschaftlichen Perspektiven.

Edition Liberales Institut ist die Buchverlagsaktivität des Liberalen Instituts. Zuletzt erschienen hier die Bücher
- *Liberalismus 2.0: Wie neue Technologien der Freiheit Auftrieb verleihen* (2021)
- *Null-Risiko-Gesellschaft: Zwischen Sicherheitswahn und Kurzsichtigkeit* (2021)
- *Mutter Natur und Vater Staat: Freiheitliche Wege aus der Beziehungskrise* (2020)
- *64 Klischees der Politik: Klarsicht ohne rosarote Brille* (2020)
- *Explosive Geldpolitik: Wie Zentralbanken wiederkehrende Krisen verursachen* (2019)

Liberales Institut
Hochstrasse 38
8044 Zürich, Schweiz
www.libinst.ch
institut@libinst.ch